Hans J. Eysenck / Carl Sargent:
Der übersinnliche Mensch

HANS J. EYSENCK / CARL SARGENT

Der übersinnliche Mensch

Report der Psi-Forschung

Übersetzt von Edwin Ortmann
und Bettina Runge

Kösel-Verlag München

Dieses Buch wurde entwickelt von
Multimedia Publications Inc

Die englische Originalausgabe
erschien unter dem Titel *Explaining the Unexplained* bei
Weidenfeld and Nicolson, London
© 1982 Multimedia Publications Inc Willemstad (Curaçao),
Personality Investigations, Publications and Services Ltd,
und Carl Sargent

CIP-Kurztitelaufnahme der Deutschen Bibliothek

Eysenck, Hans Jürgen:
Der übersinnliche Mensch : Report d. Psi-For-
schung / Hans J. Eysenck ; Carl Sargent. –
München : Kösel, 1984.
   Einheitssacht.: Explaining the unexplained ⟨dt.⟩
   ISBN 3-466-11039-4
NE: Sargent, Carl

Deutsche Ausgabe:
© 1984 Kösel-Verlag GmbH & Co., München
Alle Rechte vorbehalten
Umschlag: Design Team, München
Koordination der Übersetzung: Edwin Ortmann
Redaktionelle Betreuung: Hubert Stadler
Satz und Bindearbeiten: Kösel, Kempten
Druck: Appl, Wemding
Printed in Germany
ISBN 3-466-11039-4

Inhalt

Vorwort

Über drei Viertel der Durchschnittsbevölkerung glauben an ASW (Außersinnliche Wahrnehmung), eine Mehrheit glaubt an »Träume, die die Zukunft künden« (Präkognition). Das starke Interesse am »Paranormalen« spiegelt sich in der ständig wachsenden Zahl populärwissenschaftlicher Bücher, Filme und Fernsehsendungen, die sich mit diesem Thema auseinandersetzen. Viele der Interessenten wollen sich jedoch nicht allein mit Berichten über paranormale Erlebnisse begnügen. »Warum geschehen solche Dinge?« und »*Wie* geschehen solche Dinge?«, so fragen die Wißbegierigen – und ihre Fragen sind *wissenschaftliche* Fragen. Zwar sind die Fragesteller häufig keine professionellen Wissenschaftler, doch macht die Art ihrer Fragen deutlich, daß der wissenschaftliche Geist – die Neugier, der Drang zu erforschen, zu messen und zu verstehen – wohl in uns allen steckt.

Betrachten wir jedoch die Gemeinde der Wissenschaftler, so stellen wir fest, daß nur etwa zehn Prozent dieser Leute an die mögliche Existenz von ASW glauben. Liegt das nun daran, daß bis heute noch zu wenig wissenschaftliche Forschung auf diesem Gebiet betrieben wurde, Studien nämlich, die bestätigen würden, daß die Existenz außersinnlicher Wahrnehmungen zumindest in hohem Maße wahrscheinlich ist? Oder zeugt ihre Ablehnung von übertriebener Skepsis?

Wir verfügen bereits über eine beachtliche Menge Beweismaterial, das auf ASW und andere »paranormale« menschliche Fähigkeiten wie Psychokinese hindeutet. Dieses Buch will dem parapsychologisch Interessierten eine Übersicht über den Reichtum an Tatsachen vermitteln, die bereits gesichert werden konnten. Doch das ist nicht alles. Bei der Begutachtung des Beweismaterials treten Beweis*muster* zutage, systematische Bezüge innerhalb der Experimente, Gesetzmäßigkeiten bei den Abläufen von ASW und Psychokinese. Wir wollen uns nicht mit Anomalien befassen, die jedem Versuch trotzen, verstanden oder gesteuert zu werden. Wir beschäftigen uns vielmehr mit Daten, die aus vielen Experimenten zusammengetragen wurden und gemeinsam einen deutlichen *Sinn* zu ergeben scheinen.

Der Leser darf dabei nie aus den Augen verlieren, daß sich dieses Buch einzig und allein mit wissenschaftlichen Experimenten befaßt. Solche Untersuchungen konnten nur deshalb zustandekommen, weil Menschen von ältester Zeit bis heute von merkwürdigen Erlebnissen berichtet haben, die auf die Existenz von ASW- und Psychokinese-Phänomenen hindeuten. Hätte es diese Erlebnisse nicht gegeben, so gäbe es auch keine diskussionswürdigen Experimente. Teile des eindrucksvollsten Beweismaterials innerhalb der *Parapsychologie* (wie die wissenschaftliche Erforschung des Paranormalen bezeichnet wird) ergeben sich aus ASW-Experimenten, bei denen Voraussetzungen geschaffen wurden, die den Situationen von ASW-Erlebnissen im realen Leben möglichst ähnlich und die für die Psi-Entfaltung förderlich sind.

Ganz besonders möchten wir hervorheben, daß die Parapsychologie eine deutliche wissenschaftliche Zukunft hat – was ihren möglichen praktischen Wert angeht, ihre enge Verflechtung mit anderen Wissenschaften, die parapsychologische Theorien- und Hypothesenbildung (basierend auf Ergebnissen aus wissenschaftlichen Studien) und nicht zuletzt unser Bild von den menschlichen Fähigkeiten überhaupt.

Betrachtet man die Naturwissenschaft als ein großes Puzzlespiel, so sammeln die Parapsychologen Steinchen für Steinchen zusammen, bis schließlich Teile des Gesamtbildes immer klarer hervortreten. Und es hat ganz den Anschein, als würden uns die kommenden Jahre mehr und mehr von diesem Bild offenbaren!

Hans J. Eysenck
Carl Sargent

1 Was ist paranormal?

Die Naturwissenschaft ist ein großartiges Werkzeug zur Erforschung des Universums. Der ungeheure wissenschaftliche Fortschritt des zwanzigsten Jahrhunderts erlaubt uns, Einblick in die fundamentalen Prozesse der belebten und unbelebten Natur zu gewinnen. Dieser Fortschritt stellt zweifellos auch eine Gefahr für das Leben auf unserem Planeten dar. Gleichzeitig bietet er uns unschätzbare Freiheiten und Erleichterungen – von Krankheit, Hunger, totaler Gebundenheit an eine bestimmte Umgebung – was für den einzelnen eine außerordentliche Bereicherung des Lebens bedeuten kann. Aufgrund der enormen Erfolge und des Nutzens der Wissenschaft ist man leicht geneigt, diese als einen Entdeckungsprozeß zu betrachten, der uns mit der Zeit einen Komplex von feststehenden und endgültigen Antworten liefert. Nichts aber ist weiter von der Wahrheit entfernt und potentiell gefährlicher. Eine solche Anmaßung stellt ein wahres Hindernis bei der Suche nach Wissen dar. Als Ernest Rutherford, der Experimentalphysiker, der als erster eine Kernspaltung nachwies, noch Student war, riet ihm sein Tutor vom Studium der Physik ab, weil Naturwissenschaftler schon ein so vollständiges Bild von der Natur der Materie gewonnen hätten, daß nur noch allerletzte Details zu klären seien. Versuchen wir uns auszumalen, welche Entwicklung die Wissenschaft genommen hätte, wäre Rutherford auf diesen Rat eingegangen!

Die Naturwissenschaft setzt sich aus einem Netzwerk von Theorien und Modellen zusammen, die veranschaulichen, wie das Universum organisiert ist und wie es funktioniert. Bei der Entwicklung und Überprüfung dieser Theorien gelten gewisse Grundregeln: Die Theorien sollten aus sich selbst heraus schlüssig sein; sie sollten das Ergebnis von Experimenten voraussagen können, auch wenn diese noch nicht durchgeführt wurden; und sie müssen so beschaffen sein, daß sie, falls erforderlich, auch widerlegt werden können. Genauso ist auch die Durchführung wissenschaftlicher Experimente gewissen Regeln unterworfen. Es gibt gute Methoden, Experimente durchzuführen, und schlechte.

Überdies ist die Wissenschaft eher eine dynamische als eine statische Methode, Wissen zu erlangen. Neue Fakten, neue Ideen, neue Spekulationen kommen ins Spiel und verändern unser Weltbild. Nehmen wir ein Beispiel aus der jüngsten Vergangenheit: Die Erforschung der sonderbaren Ringe um den Saturn durch das Raumschiff Voyager II (1981) hat zu einer bedeutenden Neubewertung längst etablierter Denkschemata in der Physik geführt. Die Struktur dieser Ringe scheint die Prinzipien physikalischer Grundgesetze zu widerlegen. Und das beweist, daß kein »Naturgesetz«, das einmal von Wissenschaftlern aufgestellt wurde, als für alle Zeiten gültig betrachtet werden darf. Denkschemata müssen flexibel, wandelbar sein, wenn sie auf regelwidrige Fakten stoßen.

In jedem Stadium innerhalb der Geschichte der Naturwissenschaften

Die Ringe um den Saturn, fotografiert von Voyager II. Ungewöhnliche Strukturen innerhalb der Ringe lassen Zweifel an existierenden physikalischen Gesetzen aufkommen. Echte Wissenschaftler sind stets bereit, ihre Theorien neuen Erkenntnissen anzupassen.

Anomalien in der Wissenschaft: Unerklärte Phänomene

ASW (außersinnliche Wahrnehmung). Die bekanntgemachte Fähigkeit, aus einem räumlichen oder zeitlichen Abstand heraus Kenntnisse über Menschen, Ereignisse oder Gegenstände zu gewinnen, die sich mit bislang der Wissenschaft bekannten Verfahren nicht erklären lassen. ───────

Psychokinese. Die bekanntgemachte Fähigkeit, andere Menschen, Gegenstände oder Ereignisse durch die Kraft des Willens zu beeinflussen, ohne eine bislang bekannte physikalische Energie einzusetzen. ───────

Astrologie. Der Einfluß der Planeten auf Persönlichkeit und Verhalten des Menschen durch physische Kräfte, die der Wissenschaft bislang unbekannt sind. ───────

Ufos (unbekannte Flugobjekte). In der Luft gesichtete Flugkörper und andere Ereignisse, von denen es heißt, daß sie mit Hilfe von bekannten Phänomenen (Wolken, Wetter, Ballons, Flugzeugen usw.) nicht erklärt werden können. ───────

Diese sicherlich nicht erschöpfende Auflistung von anomalen Phänomenen und Prozessen weist auf einen Hauptproblembereich der Wissenschaft hin: Auf die Frage nämlich, welche von diesen Erscheinungen real und ernst zu nehmen und welche auf bloße Sinnestäuschungen, verzerrte Augenzeugenberichte oder aufgeblähte Pseudo-Beweise zurückzuführen sind.

tauchten neue Fakten auf, die mit Hilfe der zeitgenössischen gültigen Theorien nicht erklärt werden konnten. Dieses Buch befaßt sich mit einigen dieser »Anomalien«, die außerhalb des »normalen« wissenschaftlichen Denkens und der wissenschaftlichen Theorienbildung liegen. Solche Anomalien, die mit physikalischen Begriffen nicht erklärbar sind, machen das scheinbar *Paranormale* aus. Hier begegnen wir einem bunten Durcheinander von ganz unterschiedlichem Material. Nicht all diese Begebenheiten und Anomalien müssen ähnlichen Kausalmechanismen zugrundeliegen. Was sie jedoch gemeinsam haben, ist die Tatsache, daß keine von ihnen gänzlich mit Hilfe der heutigen wissenschaftlichen Denkweisen erklärt werden kann.

Konfrontiert mit Berichten von paranormalen Phänomenen – ganz gleich ob es sich um Astrologie, ASW oder das Ungeheuer von Loch Ness handelt – läßt sich die Gemeinde der Wissenschaftler in zwei Gruppen einteilen: Auf der einen Seite stehen jene, die sagen: »Nun gut, schauen wir uns die Sache mal näher an.« Für uns sind sie die wahren Wissenschaftler. Natürlich unterscheiden sie sich, was ihre Einstellungen und Interpretationen angeht, stark voneinander. Die einen meinen, daß vieles für die Astrologie spricht, die anderen hingegen sind stark skeptisch. Alle jedoch stimmen darin überein, daß die Pflicht des Wissenschaftlers die *unvoreingenommene Erforschung der Natur* ist.

Auf der anderen Seite stehen jene, die es rundweg ablehnen, sich mit solchen Phänomenen überhaupt auseinanderzusetzen. So gibt es zum Beispiel Forscher, die ASW für unmöglich halten und für die astrologische Theorien keinen Platz in einer wissenschaftlichen Erklärung der Natur haben. Sie begründen ihre Haltung damit, daß ASW mit den physikalischen Gesetzen in Widerspruch stehe, oder daß die Gestirne

Vier Arten von Psi – das ist der umfassende Begriff für alle angeblich paranormalen menschlichen Fähigkeiten.

keinen Einfluß auf menschliches Verhalten haben können, da es keine bekannte physikalische Variable gebe, die eine derartige Wirkung ermöglichen könnte. Eine solche Einstellung ist sehr gefährlich. Denn im Verlauf der Naturwissenschaften hat es immer wieder berühmte Forscher gegeben, die neue (heute allgemein akzeptierte) Theorien für indiskutabel hielten, weil sie mit dem Wissensstand von *damals* unvereinbar waren.

Wir lehnen solche Biertischzweifel strikt ab. *Im Prinzip* sollte es möglich sein, jede Anomalie wissenschaftlich zu erforschen. Wir müssen dabei das uns gelieferte Beweismaterial *kritisch* betrachten. Nur so können wir etablierte wissenschaftliche Denkweisen in Frage stellen oder ändern.

Es besteht jedoch ein wesentlicher Unterschied zwischen einer skeptischen und einer kritischen Betrachtungsweise. Uns ist zum Beispiel ein Forscher bekannt, der sich mit *Poltergeistern* (Phänomenen, die scheinbar auf unerklärliche Weise Gegenstände bewegen oder Lärm verursachen) auseinandersetzt. Nach etwa 25jähriger Forschungsarbeit ist dieser Mann nur auf wenige Fälle gestoßen, die er für eindeutig bewiesen hielt. Die meisten konnten als Betrug entlarvt oder auf simple physikalische Ursachen zurückgeführt werden. Dieser Forscher ist hinsichtlich der Beweisgrundlage außerordentlich *kritisch,* aber nicht *skeptisch.* Seiner Ansicht nach gibt es Poltergeister, doch ihre Existenz ist wissenschaftlich schwer zu beweisen. Wir sollten also kritisch, nicht aber skeptisch sein.

ASW und Psychokinese

Bei der wissenschaftlichen Untersuchung paranormaler Phänomene sollten wir strategisch folgendermaßen vorgehen: Wir sollten uns zuerst auf die Phänomene konzentrieren, die *leicht* zu untersuchen sind, und dann auf solche, denen ein verwandtes, *sie verbindendes Prinzip* zugrunde liegen könnte. Erst wenn ein gemeinsamer grundlegender Faktor entdeckt werden kann, sind wir als Wissenschaftler gezwungen, unser Denken zu ändern.

Psi-Phänomene: Vier Varianten eines Themas?

Psi —

┌ ASW – – – – *Telepathie.* Empfang von Informationen über eine Person in der Ferne, und zwar ohne Zuhilfenahme eines uns bekannten Sinnes oder einer logischen Schlußfolgerung

Hellsehen. Wie oben – doch geht es hier um den Empfang von Informationen über ein Ereignis oder einen Gegenstand

Präkognition. Ähnlicher Empfang von Informationen, jedoch ausschließlich von Ereignissen, die sich erst in der Zukunft abspielen werden

└ Psychokinese Der Einfluß des menschlichen Geistes auf eine andere Person, einen Gegenstand oder ein Ereignis durch einen direkten Akt des Willens, ohne daß eine bislang bekannte physische Kraft im Spiel wäre

Zwei offensichtlich paranormale menschliche Fähigkeiten bieten sich hier an erster Stelle an: ASW und Psychokinese. Die Kategorie ASW umfaßt die augenscheinliche Fähigkeit, Informationen über andere Menschen *(Telepathie)* oder Ereignisse bzw. Gegenstände *(Hellsehen)* an entfernten Orten durch bislang unbekannte Mittel zu »empfangen«. Zur Kategorie Psychokinese zählt die offenkundige Fähigkeit, andere Menschen oder Ereignisse bzw. Gegenstände allein durch die Kraft des Willens zu beeinflussen, ohne daß irgendeine bekannte physische Kraft wirksam wird. Berichte über ASW und Psychokinese gibt es seit ältester Zeit, und Untersuchungen haben gezeigt, daß viele Menschen glauben, schon die eine oder andere Erfahrung (besonders im Bereich der Telepathie) selbst gemacht zu haben.

Wissenschaftler wie auch Laien meinen, daß, weil diese Informationen nicht über die gewöhnlichen Kanäle unserer fünf Sinne empfangen werden (und die ganze Problematik des Experimentierens in diesem Bereich liegt natürlich in der Ausschaltung der »normalen« sinnlichen Wahrnehmung), ein zusätzlicher »Sinn« ins Spiel kommen muß – daher der Begriff »außersinnliche Wahrnehmung«. Ergibt sich aus der Existenz eines solchen zusätzlichen Sinnes zwangsläufig, daß wir die orthodoxe Wissenschaft hinter uns lassen müssen? Keineswegs! Betrachten wir einige kürzlich durchgeführte Experimente: Die Testpersonen wurden längere Zeit mit verbundenen Augen auf einer kreisförmigen Bahn herumgeführt und dann aufgefordert, die Richtung anzuzeigen, aus der sie gekommen waren. Dies gelang ihnen besser, als es der »Zufall« erlaubt hätte. Ihr Orientierungssinn schien jedoch zu versagen, wenn man ihre Augenbinden abnahm – vielleicht hat sie die Möglichkeit, sich umzuschauen, auf irgendeine Weise abgelenkt. Hier scheinen wir es mit einer Form von ASW zu tun haben. Mit keinem der bekannten Sinne hätte dieses bestimmte Ergebnis erzielt werden können. Jedoch erwies sich diese Anomalie als durchaus vereinbar mit unserem allgemeinen Wissensstand.

Offenbar sind viele Menschen mehr oder weniger empfänglich für das magnetische Feld der Erde und können sich mit seiner Hilfe orientieren. Diese ungewöhnliche Fähigkeit kann als zusätzlicher Sinn betrachtet werden, der vergleichbar, wenn auch weniger ausgeprägt, ist als der Hör-, Seh- oder Tastsinn. Er ist aber keineswegs paranormal, da er sich sehr leicht ausschalten läßt. Wissenschaftler haben herausgefunden, daß durch Anbringen eines Elektromagneten am Kopf einer Testperson ihr Orientierungssinn aufgehoben wird. Das durch den Magneten erzeugte lokale Feld überdeckt das viel schwächere Erdfeld. Die unterschiedlichen Leistungen des Orientierungsvermögens lassen sich ähnlich erklären. In der Nähe von Starkstromleitungen zum Beispiel werden die Kraftlinien des Erdfeldes unterbrochen, und so ist es nicht mehr möglich, sich mit ihrer Hilfe zu orientieren.

Zweifellos erwarten uns noch viele solcher Überraschungen, und wir werden sehen, daß die Naturwissenschaften durch ASW-Untersuchungen viele solcher mysteriösen Phänomene erklären können.

Bei einem Experiment entdecken freiwillige Versuchspersonen der Universität von Manchester, daß magnetisch geladene Helme den natürlichen Orientierungssinn beeinträchtigen – könnte auch Psi eine physiologische Basis besitzen?

Die göttliche Gabe der Prophetie wurde in vielen Kulturen der alten Welt anerkannt. Doch existiert die präkognitive Fähigkeit auch wirklich?

Spontane ASW- und Psychokinese-Phänomene

Zunächst einmal wollen wir uns mit Berichten von ASW- und Psychokinese-Phänomenen beschäftigen, und zwar mit *spontanen* Fällen, das heißt mit Berichten aus dem realen Leben – und nicht mit Vorgängen, die im Labor untersucht wurden.

Eines der erstaunlichen ASW-Phänomene ist die *Präkognition.* Der Begriff bedeutet wörtlich »Voraus-Erkennen«, Wissen über künftige Ereignisse, das weder über die Kanäle der Sinnesorgane, noch durch logische Schlußfolgerungen hätte erlangt werden können. Seit frühester Zeit haben Menschen daran geglaubt, daß bestimmte Individuen eine göttliche Fähigkeit zum Vorhersehen zukünftiger Ereignisse besitzen. Dieser Glaube verlieh alten Orakeln wie dem von Delphi, ungeheure Autorität. Ähnlich spielen die Propheten des Alten Testaments in der geistigen und politischen Geschichte des jüdischen Volkes eine zentrale Rolle.

Historische Berichte sind eine Sache, wie aber steht es mit den Fakten? Nehmen wir ein besonders drastisches Beispiel. Im Jahr 1966 ereignete sich in der Bergarbeiterstadt Aberfan in Süd-Wales ein verheerendes Unglück. Im Verlauf von nur wenigen Augenblicken starben 128 Kinder und 16 Erwachsene bei einem Bergrutsch, den eine Zeitung als »das größte Unglück, das unser Volk jemals in Friedenszeiten getroffen hat« beschrieb. Hier eine Beschreibung des Vorfalls:

»Zuerst sah ich ein altes Schulhaus, eingebettet in ein Tal, dann einen walisischen Bergarbeiter, dann eine Kohlenlawine, die einen Berg hinabstürzte. Am Fuß des Berges stand ein kleiner Junge mit einer Ponyfrisur, der zu Tode erschrocken schien. Dann sah ich eine Weile lang Rettungsmannschaften am Werk. Ich hatte den Eindruck, daß der kleine Junge verschont blieb und gerettet werden konnte. Er blickte so kummervoll drein! Ich konnte ihn nicht vergessen...«

Ein Augenzeugenbericht? In gewisser Weise. Das Unglück ereignete sich am 21. Oktober um 9 Uhr 15, die Frau aber, die jenen Bericht

schrieb, »sah« die Ereignisse in Form einer Vision am Abend des Vortages in Plymouth, 300 Kilometer vom Unglücksort entfernt. Sechs Personen waren als Zeugen zugegen. Außerdem erzählte die Frau ihre Vision am Unglücksmorgen um 8 Uhr 30 einem Nachbarn. Sie war übrigens nicht die einzige, die dieses Unglück »vorausgesehen« hatte.

Wir wollen die Berichte an dieser Stelle nicht als *Beweis* für die Existenz von präkognitiven Fähigkeiten anführen, sondern dem Leser nur ein Beispiel für die Art von Berichten geben, die unsere Aufmerksamkeit verdienen.

Im Bereich der Telepathie gibt es ebenso bemerkenswerte Beispiele. Hier ein Bericht, der von der British Society for Psychical Research veröffentlicht wurde:

»1867 starb meine einzige Schwester ganz plötzlich an Cholera. Etwa ein Jahr nach ihrem Tod wurde ich Handelsvertreter. 1876 fand das Ereignis statt. Es war Mittag, und die Sonne schien in mein Zimmer. Mit einem Male wurde mir bewußt, daß jemand zu meiner Linken saß... Ich drehte mich herum, und sah neben mir ganz deutlich die Gestalt meiner Schwester... Und hier die höchst bemerkenswerte *Bestätigung* meiner Behauptung...«

Ein plötzlicher Autounfall und, weit entfernt, das lebhafte Gefühl (rechts), daß ein Freund oder ein geliebter Mensch in Gefahr ist. Solche Erlebnisse sind eine häufig berichtete Form von spontanem Psi.

Der Mann berichtete, daß die Erscheinung seiner Schwester eine leuchtend rote Schramme auf der rechten Gesichtshälfte hatte. Als er seinen Eltern von seinem Erlebnis berichtete, war seine Mutter zutiefst erschüttert. Denn sie allein wußte, daß sie das Gesicht der Toten bei der Aufbahrung versehentlich gekratzt hatte, eine Einzelheit, die sie bis dahin vor niemandem erwähnt hatte.

Ist dies nun ein Beispiel für Kommunikation zwischen Lebenden und Toten? Oder handelt es sich eher um Telepathie zwischen Mutter und

Das Schreckensbild von Aberfan. Rettungsgruppen durchsuchen die Trümmer, in denen 128 Kinder starben. Doch mehrere Personen hatten das Unglück vorausgesehen.

Quelle: ein Kind, Opfer von Aberfan
Zeit: 14 Tage vor dem Unglück
Zeugen: Eltern und der Pfarrer des Ortes

Quelle: eine Frau aus Sidcup
Zeit: 7 Tage vor dem Unglück
Zeugen: Zwei Freunde, darunter eine Frau die schriftlich bestätigte, daß sie von diesem Traum vier Tage vor dem Unglück erfuhr

Quelle: eine Frau aus Aylesbury
Zeit: Traum, zwei Tage vor dem Unglück; Gottesdienstversammlung am Vorabend
Zeuge (von Traum und Versammlung): ein Freund

Sohn? Wir wissen nicht einmal, ob überhaupt eines der beiden Phänomene zutrifft – und doch sind Berichte dieser Art so interessant, daß wir sie nicht ignorieren können.

Eine häufig beobachtete Art von möglicher Telepathie hat einer der Autoren selbst erlebt: Eines Abends verspürte er den Wunsch, eine Freundin aufzusuchen, die er noch nicht lange kannte. Es war schon sehr spät, zu spät eigentlich für einen unangemeldeten Besuch. Als er bei der jungen Frau eintraf, war diese in Tränen aufgelöst; sie hatte eine Auseinandersetzung mit ihrem Freund gehabt, der sie sogar körperlich angegriffen und verletzt hatte. Der unerwartete Besuch stellte sich als sehr tröstlich für sie heraus.

War dies der telepathische Empfang eines »Notsignals«? Vielleicht. Übrigens trug sich diese Begebenheit zu, *nachdem* der Autor begonnen hatte, sich mit paranormalen Phänomenen zu beschäftigen und nicht vorher.

Die Grenzen zwischen Telepathie und Hellseherei sind fließend. Genaugenommen ist Hellsehen das paranormale Erspüren von Vorgängen und Gegenständen, weniger von Gedanken. Andererseits kann eine solche Information stets auch telepathisch von Personen eingeholt werden, die bereits Kenntnis davon haben.

Und schließlich ist da noch die Kategorie, die sich mit den sonderbaren Vorgängen der Psychokinese befaßt. Viele Leser haben sicher von dem berühmten (oder berüchtigten) Uri Geller gehört, dessen Fähigkeit, Metall zu biegen, vielleicht (vielleicht aber auch nicht) auf Psychokinese beruht. Metallbiegen ist eine verhältnismäßig junge Kategorie von Psychokinese. Ursprünglich zählte man zu den Psychokinese-Phänomenen nur die unerklärliche Bewegung von Gegenständen, Schweben von schweren Körpern (Levitation) usw. In einem protokollierten Fall von Telepathie *und* Psychokinese sah eine Frau die Erscheinung einer Person, die an einem entfernten Ort gestorben war. Und genau in diesem Augenblick blieb eine Uhr in dem Raum stehen, in dem sie die Erscheinung wahrnahm.

Dieser vier Phänomene – Präkognition, Telepathie, Hellsehen und Psychokinese – bilden den Kern des Paranormalen, was die vorerst unergründeten Fähigkeiten des Menschen angeht. Sie dürfen jedoch nicht als vier völlig voneinander getrennte Phänomene betrachtet werden. Häufig ist es schwer, ASW und Psychokinese auseinanderzuhalten; in solchen Fällen bedient man sich des allgemeinen Terminus *Psi*.

Ist es denn nun überhaupt möglich, bei spontanen Erlebnissen die Existenz von Psi nachzuweisen? Manche Menschen, vor allem die Spiritualisten, werden behaupten: »Ja.« Wir aber meinen, daß, selbst wenn dies möglich wäre – und unserer Ansicht nach ist das nur bei Psychokinese, nicht aber bei ASW möglich –, dann trotzdem wissenschaftliche Untersuchungen wünschenswert und notwendig sind. Die Erfahrung beweist, daß die Erforschung von spontanen Fällen angeblicher Psi-Phänomene eine undankbare Aufgabe ist, die voller Fallen und Gefahren steckt.

Die Hauptschwierigkeit bei all diesen Untersuchungen ist die Frage, ob es sich um zuverlässige Berichte über echte Wahrnehmungen handelt. Sind die Fakten – so wie sie dargestellt sind – tatsächlich glaubwürdig?

Wir wollen dieses Problem anhand eines Beispiels näher erläutern. 1964 strahlte ein britischer Fernsehsender ein Interview mit einem

Bei einer Fernsehsendung wird der Wissenschaftler Tony Cornell (links) vor einem angeblichen Spukhaus interviewt. Zuschauer glaubten, eine »Erscheinung« im Fenster hinter seiner linken Schulter gesehen zu haben – ein deutlicher Fall von Suggestion und optischer Täuschung!

*Wie Sam Goldwin gesagt
haben könnte: aufgrund
vom Hörensagen
entstandene Zeugnisse zu
paranormalen Ereignissen
sind nicht einen Heller
wert.*

Forscher (Tony Cornell) vor einem angeblichen »Spukhaus« aus. Nach der Sendung meldeten sich fünf Personen, die eine Erscheinung »gesehen« zu haben glaubten, die über Cornells Schulter schaute. Also wurde das Programm ein zweites Mal ausgestrahlt, und man forderte die Zuschauer auf, sich schriftlich zu melden, falls sie etwas Außergewöhnliches während des Programms beobachteten. Dieses Mal meldeten sich 27 Personen! Da das Beweismaterial im Film festgehalten ist, können wir es genau untersuchen: Hinter Cornell befindet sich ein auf dem Bildschirm grobkörnig erscheinendes Fenster, das mit einem Mittelpfosten versehen ist, und das man, bei reger Phantasie, für die Silhouette eines »Gespenstes« halten könnte. Es braucht wohl nicht erwähnt zu werden, daß die 27 Personen jeweils völlig verschiedene Gespenstertypen gesehen hatten!

Daraus können wir folgendes lernen: Unsere Sinneswahrnehmungen sind nicht zuverlässig; Menschen sind beeinflußbar; der Bericht von einer Wahrnehmung *allein* ist wertlos. Dieses Beispiel beweist, daß, obwohl mehrere Personen unabhängig voneinander vorgaben, ein »Gespenst« gesehen zu haben, solche Berichte als Beweis für ein paranormales Phänomen wertlos sein können.

Natürlich treffen solche Bedenken wegen der Fehlbarkeit unserer menschlichen Sinne auf einige Fälle mehr, auf andere weniger zu. Greifen wir zur Verdeutlichung auf den Fall des jungen Mannes zurück, der den »Geist« seiner toten Schwester sah; der entscheidende Beweis für Psi ist in diesem Fall die *Schramme*. Ob er tatsächlich den Geist genau wie er ihn beschrieb »gesehen« hat, ist ohne Bedeutung.

Das nächste Problem ist auf die Fehlbarkeit des menschlichen Gedächtnisses zurückzuführen, die häufig Zeugenberichte verzerrt. Viele Leser werden das Spiel ›Chinesisches Geflüster‹ kennen. Dabei sitzen mehrere Leute im Kreis. Der erste erfindet eine kurze Geschichte und flüstert sie dem zweiten ins Ohr, der sie möglichst originalgetreu dem dritten weiterflüstert usw. Wenn die Geschichte wieder beim ersten angelangt ist, hat sie meist erstaunliche Veränderungen erfahren!

Zeugenberichte aus zweiter oder dritter Hand sind ganz einfach unzulänglich; wir können uns nicht auf sie verlassen. Ebenso wenig können wir uns auf das Erinnerungsvermögen nur *eines* Menschen verlassen, wenn das Erlebte weiter zurückliegt. Ideal ist deshalb ein schriftlicher Bericht, wenn dieser möglichst bald nach dem Erlebnis festgehalten wurde. Leider stehen uns solche Berichte nur selten zur Verfügung. Wer hat schon einen Parapsychologen zur Hand, der an seinen Erlebnissen interessiert sein könnte? Oft sind die Leute auch emotionell viel zu befangen, wenn sie ein solches Erlebnis hatten, und nicht geistesgegenwärtig genug, um zu erkennen, wie wichtig ein schriftlicher Bericht sein kann.

Schließlich müssen wir das Problem des rationalen Erschließens erwähnen. Stellen wir uns eine Person vor, die nachts aufwacht und einen Onkel »sieht«, der in einem fernen Land lebt und plötzlich am Fußende des Bettes steht. Haben wir es hier mit einem Fall von Telepathie zu tun? Möglicherweise – das heißt wenn der Onkel noch relativ jung war und sich vor seinem Tod bester Gesundheit erfreute. War er hingegen, sagen wir, 85 Jahre alt und an einem schweren unheilbaren Leiden erkrankt, so wird es sich kaum um Telepathie gehandelt haben. Wir müssen den Grad der

Vorhersehbarkeit, oder Nichtvorhersehbarkeit, der Begebenheit kennen, die das angebliche telepathische Erlebnis ausgelöst hat. In manchen Fällen ist es extrem schwer, das einzuschätzen.

Noch schwieriger ist es, die Beweiskraft in Hinblick auf die Persönlichkeit des telepathischen Empfängers oder *Perzipienten* zu untersuchen. Träumt zum Beispiel eine Mutter vom Tod ihres Sohnes, der von Beruf Bankangestellter, außerdem jung und bei bester Gesundheit ist, so ist die Wahrscheinlichkeit des geträumten Erlebnisses gering. Was aber wenn die Mutter unter einer chronischen Neurose, verbunden mit einer Fixierung auf ihren Sohn, leidet und jede Nacht träumt, daß ihm etwas Schreckliches zustößt? Nun, um diese Möglichkeit auszuschalten, müssen wir Charakter, Integrität und Persönlichkeit der betreffenden Personen erkunden. Das ist eine unbequeme und oft recht anstrengende Aufgabe.

Psi-Tests

Derartige Probleme erschweren die Untersuchung spontaner Psi-Erlebnisse natürlich besonders stark und machen sie oft hinfällig. Die Umstände, die jedem einzelnen Fall zugrundeliegen, machen es unmöglich, allgemeine Schlußfolgerungen zu ziehen. Es gibt dennoch eine ausreichende Anzahl hervorragend getesteter Berichte über Psi-Phänomene, die rechtfertigen, daß sich Wissenschaftler näher mit ihnen befassen. Um jedoch wissenschaftlich gültig zu sein, müssen unsere Untersuchungen bestimmte Kriterien erfüllen. Wir müssen eine *Maßeinheit* für

Joseph Banks Rhine (rechts), Pionier der Parapsychologie, bei einem seiner frühen ASW-Tests.

Die berühmten ASW-Karten, die Rhine entwickelte, sind heute eine der Standardhilfen bei ASW-Tests.

Psi-Fähigkeiten zur Verfügung haben; wir müssen die Wahrscheinlichkeit des Zufalls, die Zufallserwartung, errechnen können; wir müssen subjektive Faktoren ausschalten. Und das wohl Wichtigste ist, wir müssen unsere Experimente so durchführen, daß andere sie wiederholen und überprüfen können, ob sie zu denselben Ergebnissen kommen.

Beginnen wir mit einer der grundlegenden Testmethoden, einem simplen, leicht verständlichen Experiment. Es mag künstlich und vereinfachend erscheinen, verglichen mit dem Reichtum und der Fremdartigkeit spontaner Erlebnisse. Ein solcher Test ist jedoch sehr lehrreich. Erst später wollen wir uns mit differenzierteren und komplexeren Psi-Tests beschäftigen.

Links auf der Seite sehen Sie die Reihe der fünf Karten, die von Joseph Banks Rhine, dem Vater der experimentellen Parapsychologie, entwickelt wurde. Er verwendete die Karten schon in den 30er Jahren an der Duke-University, North Carolina, um ASW-Fähigkeiten zu testen. Rhines Experimente erregten großes Interesse in der ganzen wissenschaftlichen Welt und erhoben die Parapsychologie zu einer wissenschaftlich ernstzunehmenden Disziplin. Doch warum gerade mit Karten arbeiten – und wie?

Um diese Frage beantworten zu können, müssen wir zunächst erläutern, welches die Voraussetzungen für einen guten ASW-Test sind. Wenn wir die Transmission von Informationen durch ASW beobachten wollen, so müssen die Bedingungen in unserem Experiment alle anderen Möglichkeiten der Informationsbeschaffung ausschalten. Führen wir zum Beispiel ein Telepathie-Experiment durch, so müssen wir dafür sorgen, daß sich die beiden Testpersonen weder sehen, hören, fühlen noch riechen können. *Wir müssen also zuerst einmal alle gewöhnlichen Sinne ausschalten.* Als nächstes müssen wir auch hier *Gedächtnisirrtümer ausschließen,* indem wir alle Ergebnisse bei dem ASW-Experiment protokollieren. Und – allem voran – müssen wir die ASW-Wirkung *messen,* und dies ist der Punkt, wo die Karten ins Spiel kommen.

Bei Rhines ursprünglichen Testmethoden wurden die Versuchspersonen aufgefordert, die Reihenfolge der ASW-Karten in mehreren Kartenpäckchen zu erraten. Jedes Päckchen besteht aus 25 Karten, 5 von jedem Zeichen. Die Karten werden gründlich gemischt, so daß sie in zufälliger Reihenfolge erscheinen. Nach der statistischen Erwartung ist mit 5 Treffern zu rechnen. *Eine zufällige Reihenfolge ist unvoraussagbar.*

Und genau das ist der springende Punkt. Wie wir bereits festgestellt haben, ist die Untersuchung von spontanen ASW-Erlebnissen deshalb problematisch, weil es so schwer ist festzustellen, ob ein Ereignis (wie der Tod eines Menschen nach einer schweren Krankheit) mit logischen Denkmitteln oder Rückschlüssen nicht auch hätte erraten werden können. Der Nachweis für ASW ist positiv, wenn das Ereignis nicht hätte vorausgesagt werden können. Bei unseren ASW-Tests schließt der Gebrauch von zufälligen Kartenfolgen solche Rückschlüsse aus, da die Reihenfolge ja nicht voraussagbar ist. Mit logischem Denken ist den Gesetzen des Zufalls nicht beizukommen.

Bei dem Gebrauch der ASW-Karten wissen wir *genau,* wie unwahrscheinlich ein bestimmtes Erlebnis nach den Gesetzen des Zufalls ist. Und das führt uns in den Bereich der Statistik, was manche Leser erschrecken, bei anderen Mißtrauen wecken wird, sogar Angst, Angst? Ja, weil sich viele Leute viel zu leicht durch Statistiken verwirren lassen und sicher sind, sie nicht zu verstehen. Dabei ist die Grundlogik der Statistik verblüffend einfach. Es gibt nur zwei grundlegende Prinzipien. Alles andere ergibt sich aus ihnen.

Der erste Begriff, den wir uns zu eigen machen müssen, ist der des *Zufallsdurchschnittts*. Betrachten wir einen ASW-Kartentest mit einem Päckchen von 25 Karten in zufälliger Reihenfolge. Gehen wir davon aus, daß die Voraussetzungen des Experiments so sind, daß die Intervention der konventionellen Sinne und des ›Mogelns‹ ausgeschlossen sind und daß die Protokollbedingungen günstig sind. Wir testen zwei Subjekte, einen Empfänger und einen Sender, auf ihre telepathischen Fähigkeiten. Zum Empfänger sagen wir: »Wenn das Experiment beginnt, wird dem Sender alle zehn Sekunden eine Karte gezeigt. Also werde ich Sie alle zehn Sekunden fragen, welche Karte diese Person sieht. Sie dürfen jeweils nur einmal raten.« Das Experiment beginnt: dem Sender wird alle zehn Sekunden eine Karte vorgelegt, und der Versuchsleiter an seiner Seite notiert die Karten. Der Empfänger »rät«, welche Karten es sind, und auch das wird protokolliert. Nach vier Minuten und zehn Sekunden ist der erste Teil des Tests abgeschlossen.

Welche Erfolgsquote wäre nun rein zufällig zu erwarten – wenn kein ASW im Spiel ist? Wie hoch läge der *Zufallsdurchschnitt*? 25 Karten müssen erraten werden. Es gibt 5 verschiedene Kartentypen. Jeder wird sofort verstehen, daß, wenn die Wahrscheinlichkeit, richtig zu raten 1:5 ist, die durchschnittliche Zufallstreffersumme für 25 Vermutungen $\frac{1}{5}$, also 5 richtige Antworten wäre. Das wäre der Zufallsdurchschnitt. Bei, sagen wir, 250 Vermutungen läge die durchschnittliche Treffersumme bei 50 (20 Prozent Treffer – 1:5). Würden wir also einen Test mit 250 Vermutungen durchführen und die Gesamttrefferzahl unserer Versuchsperson betrüge 50, so können wir davon ausgehen, daß keine ASW im Spiel ist, da es sich ja um den Trefferdurchschnitt (mittlere Zufallserwartung) handelt. Was aber wenn die Versuchsperson nun 60, 70, 80 oder 100 Treffer verzeichnen kann? Können wir daraus schließen, daß ASW im Spiel ist?

Um das herauszufinden, müssen wir das zweite Grundkonzept der Statistik erläutern: den Begriff der *Streuung* (oder Varianz). Die Gesetze des Zufalls sagen voraus, daß bei einer Testserie mit 25 Vermutungen der Trefferdurchschnitt bei 5 liegt. Das aber bedeutet nicht, daß bei jedem einzelnen Test 5 Treffer herauskommen müssen. Es können auch 4 oder 6 Treffer sein; manchmal (wenn auch nicht sehr häufig) 3 oder 7; noch seltener 2 oder 8 usw.

Das kann jeder testen: Nehmen Sie 2 Münzen und werfen Sie sie in die Luft. Wie werden sie fallen? Nach dem Gesetz des Zufalls ist die Wahrscheinlichkeit am größten, daß die eine Münze Kopf und die andere Zahl zeigt. Die mittlere Zufallserwartung im Fall von 2 Münzen läge also bei 50 Prozent Kopf und 50 Prozent Zahl; $\frac{1}{2}$ (50 Prozent) mulitpliziert mit 2 = 1.

Manchmal aber, das heißt bei etwa 25 Prozent der Fälle, kommen zweimal Kopf oder zweimal Zahl heraus.

Bei zwei Münzen gibt es vier Kombinationen. Das Diagramm zeigt die Möglichkeiten. Einmal bei vier Würfen zwei Köpfe bzw. zwei Zahlen, zweimal bei vier Würfen ein Kopf und eine Zahl.

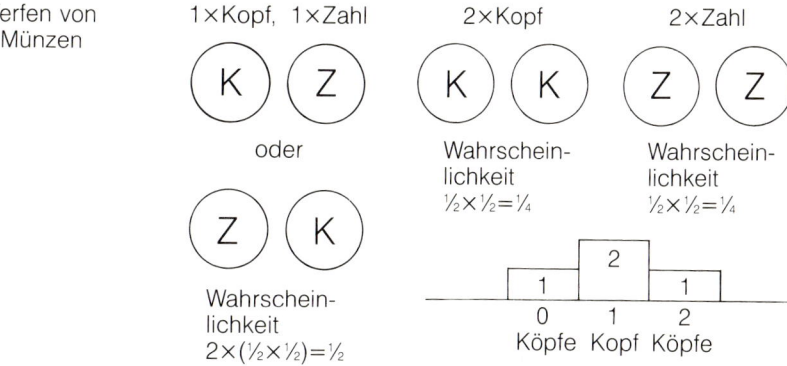

Der Zufallsdurchschnitt für die Anzahl von Kopf (oder Zahl) ist *eine* Sache. Wir erwarten jedoch *nicht*, daß die Münzen stets ein Kopf und eine Zahl zeigen. Nehmen wir an, wir werfen vier Münzen in die Luft:

Bei vier Münzen gibt es 16 Kombinationen. Das Diagramm zeigt die Möglichkeiten. Einmal bei 16 Würfen vier Köpfe bzw. vier Zahlen, viermal bei 16 Würfen einen Kopf und drei Zahlen bzw. drei Köpfe und eine Zahl usw.

Werfen von 4 Münzen

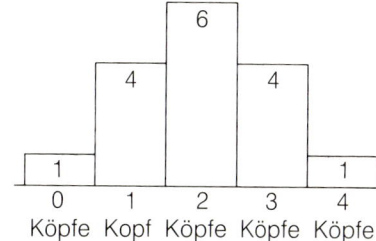

Anhand dieses Beispiels wird das Prinzip der *Streuung* deutlich. Es gibt einen Durchschnittswert, doch nicht alle Beobachtungen entsprechen genau der Höhe dieses Wertes. *Aber die Wahrscheinlichkeit eines stattfindenden Ereignisses wird um so geringer, je weiter wir uns vom Durschnittswert entfernen.* Das geht aus dem obigen Vier-Münzen-Beispiel hervor. Dreimal Kopf bei vier Münzen (eine mehr als der Durchschnitt) ist kein seltener Fall; das wird sich etwa einmal innerhalb von vier Würfen ereignen. Viermal Kopf bei vier Münzen kommt nur etwa alle 16 Würfe vor.

Diese Gesetzmäßigkeit läßt sich graphisch in Form der sogenannten *Normalverteilungskurve* darstellen:

Der Durchschnitt dieser Möglichkeiten kann mittels einer Kurve ausgedrückt werden: der Normalverteilungskurve.

Normalverteilungskurve

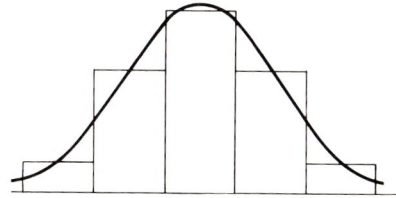

Die Graphik zeigt zwei Dinge ganz deutlich: erstens, daß die Beobachtung des Durchschnitts am wahrscheinlichsten ist; zweitens, daß etwas mit jeweils geringerer Wahrscheinlichkeit zu beobachten ist, je weiter man sich vom Durchschnitt entfernt. *Durchschnitt und Streuung,* das sind die beiden Schlüsselkonzepte der Statistik.

Nun gibt es jedoch gewisse willkürliche, aber anerkannte Regeln in der Wissenschaft, anhand derer ein experimentelles Ergebnis als nicht allein vom Zufall abhängig definiert werden kann. In der Sozialwissenschaft zum Beispiel gelten folgende Kriterien: Wenn ein Forscher ein Experiment durchführt und dabei einen Vorfall beobachtet, der sich derartig vom Zufallsdurchschnitt unterscheidet, daß er innerhalb von 20 ähnlichen Experimenten nur einmal (oder noch seltener) eintreffen würde, so wird er annehmen, daß es sich nicht allein um einen Zufall handelt. Etwas anderes muß dafür verantwortlich sein. Es gibt keine logischen oder empirischen Gründe dafür; es ist lediglich eine Vereinbarung (Konvention). Je geringer die Wahrscheinlichkeit also, desto beglückender ein Treffer. 1:20 (die Wahrscheinlichkeit liegt bei 0,05) ist akzeptabel; 1:100 aber (die Wahrscheinlichkeit liegt bei 0,01) ist weitaus befriedigender.

Wenden wir uns nun wieder unserem AWS-Experiment zu, bei dem wir von 250 Vermutungen 50 Treffer protokollieren konnten. Oder waren es 60, 70, 80, 100? Wenn es 50 waren, so liegt keine ASW vor. Und wenn es 60 wären? Nun, mit Hilfe unserer simplen statistischen Berechnungen – basierend auf den Begriffen des Zufallsdurchschnitts und der Zufallsstreuung – können wir erreichen, daß wir, um eine Wahrscheinlichkeit von 0,05 oder weniger zu erhalten, mindestens 61 Treffer brauchen. Die Wahrscheinlichkeit, rein zufällig 70 Treffer zu erzielen, liegt bei 0,001. Das heißt, daß ein solches Ergebnis zufällig nur einmal in 1000 Fällen vorkommt. Wir können auch sagen, daß die »Antizufallswahrscheinlichkeit« *(odds against chance)* 1:1000 beträgt. Das ist ein hoher Wert, sehr viel höher als 1:19, was wir als Kriterium betrachten, um zu sagen, daß es sich um keinen Zufall handelt.

Je weiter wir uns also vom Durchschnitt entfernen, desto schlechter ist es um den »glücklichen Zufall« bestellt. Bei 80 (oder mehr) richtigen Vermutungen liegt die Chance eines zufälligen Treffers bei 1:50000 (und mehr); bei 100 (oder mehr) liegt sie bei 1: mehreren Millionen. Die genauen Zahlen sind hier unbedeutend; wichtig dagegen ist, das System zu begreifen, das heißt zu erkennen, daß bei unserem ASW-Kartentest ein bestimmter Zufallsdurchschnitt existiert, und die Wahrscheinlichkeit, daß die Trefferzahl auf reinem Zufall beruht, um so geringer ist, je weiter wir uns von diesem Wert entfernen. Ist das klar, so haben wir den grundlegenden Gebrauch der Statistik für die Parapsychologie begriffen.

Der Schlüssel für das wissenschaftliche statistische ASW-Experiment ist folgender: Wir können genau messen, wie hoch die Zufallstrefferquote ist. Der Zufall ist also meßbar. Wenn wir bei einem ASW-Test feststellen, daß unser Empfänger ein Resultat mit einer »Antizufallswahrscheinlichkeit« von 1: über 1000000 verzeichnen kann, so ist dies ein hochsignifikantes Ergebnis, das wir bei einem spontanen Fall von ASW (ganz gleich wie subjektiv interessant wir es finden) nicht haben können.

Das gilt natürlich nicht allein für Karten als Zielobjekt *(target).* Forscher verwenden gleichermaßen Farben, Tiere, Namen und astrologische Symbole. Jedes Zielobjekt ist zu Testzwecken geeignet, solange die obengenannten Voraussetzungen eingehalten werden.

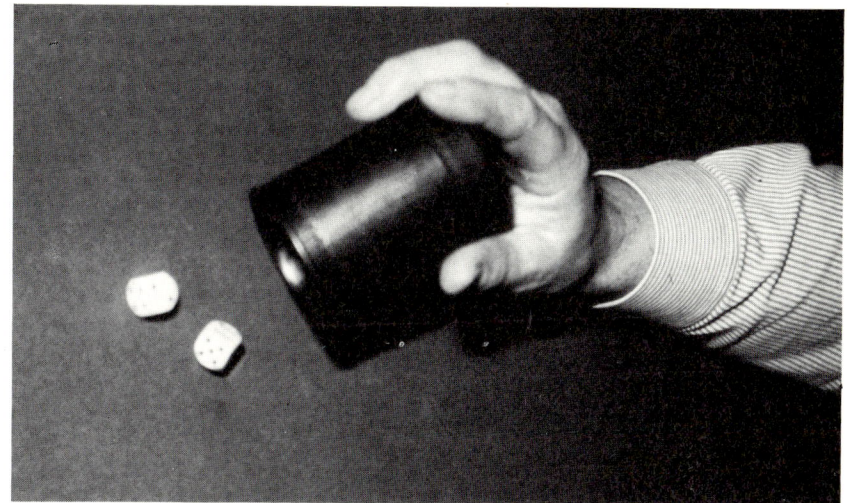

Zufall oder Absicht? Ist das Fallen der Würfel durch Psychokinese beeinflußbar? Viele Spieler sind davon überzeugt – Parapsychologen können ihnen sagen, ob sie recht haben oder nicht.

Ähnlich können wir auch psychokinetische Fähigkeiten testen. Hier sind vor allem die Würfelexperimente zu erwähnen: Die Versuchsperson muß beim Fallen der Würfel aus einer Würfelmaschine bestimmte Punktzahlen »wünschen«. Ist nur der Zufall im Spiel (und die Würfel sind völlig ausbalanciert), so erscheint einmal unter 6 Würfen die gewünschte Zahl.

Werden bei einem Experiment andere Faktoren als die Psi-Fähigkeiten ausgeschaltet, so muß auch der Zufall als »Erklärung« für ein außergewöhnliches Phänomen ausgeklammert werden – denn wir können genau ausrechnen, wie unwahrscheinlich dieses Phänomen ist. Außerdem erlauben uns solche Berechnungen, verschiedene Messungen *zu vergleichen*. So können wir zum Beispiel sagen: »X besitzt größere ASW-Fähigkeiten als Y; die Bedingung A ist geeigneter Psychokinese hervorzurufen als die Bedingung B.« Dies trifft (von wenigen Ausnahmen abgesehen) bei spontanen Fällen nicht zu, weil unsere Maßeinheiten hier im allgemeinen ungenau und häufig subjektiv sind.

Es gibt noch andere Probleme, die zumindest erwähnt werden sollten: Es besteht die Möglichkeit, daß nur erfolgreich durchgeführte Experimente in der wissenschaftlichen Literatur aufgeführt werden, nicht aber die mißglückten. Wenn das der Fall wäre, so würden unsere so sorgfältig ausgearbeiteten Wahrscheinlichkeitsberechnungen in der Tat keine Gültigkeit mehr haben. Nehmen wir einmal an, ein Psi-Forscher berichtet von einem statistisch signifikanten Resultat (sagen wir 1:20). Das wäre gewöhnlich akzeptabel. Nehmen wir aber weiter an, daß 19 andere Forscher dasselbe Experiment durchgeführt, dabei aber nur Ergebnisse erzielt haben, bei denen es sich um reine Zufallswerte handelte. Wenn sie ihre Experimente nicht veröffentlichen, oder wenn die parapsychologischen Zeitschriften sich weigern, negative Ergebnisse publik zu machen, so würden wir gar keine Kenntnis von ihnen haben. Alle 20 Experimente zusammengenommen aber würden darauf hindeuten, daß allein der Zufall im Spiel war – denn nur eines von 20 Experimenten erbrachte ein signifikantes Ergebnis! Negative Ergebnisse werden jedoch sehr häufig veröffentlicht (einer von uns hat zum Beispiel die negativen Resultate bei

Präkognitionstests mit Ratten veröffentlicht). Niemand aber kennt genau das effektive Ausmaß von negativen Ergebnissen.

Auf der Grundlage der von uns zusammengefaßten statistischen Methoden wurden innerhalb der letzten 50 Jahre Tausende von Psi-Tests durchgeführt. Die Fachliteratur hierzu ist enorm angewachsen. Wie können wir dieses umfassende Material über die Welt des Paranormalen am besten untersuchen? Zunächst einmal sollten wir uns sicherlich mit den Phänomenen beschäftigen, bei denen das Beweismaterial am signifikantesten ist, und wir sollten uns vergewissern, ob sich alle vernünftigen Gegenargumente entschärfen lassen. Gelingt uns das, so müssen wir akzeptieren, daß die Wahrscheinlichkeit der Existenz von Psi groß ist; bewiesen ist sie deshalb jedoch noch lange nicht, denn der Beweis ist ein Konzept, das in den Bereich der Logik und der Mathematik gehört. Wir können uns jedoch glücklich schätzen und sagen: »Das Beweismaterial ist beachtlich. Es erscheint uns deshalb wahrscheinlich (oder sehr wahrscheinlich), daß Psi existiert.« Genauso gut können wir zu dem Ergebnis kommen, daß das Resultat nicht signifikant ist. Erscheint es uns dagegen als signifikant, so stellen sich eine Reihe von weiteren Fragen: Unterscheiden sich verschiedene Leute, was ihre Psi-Fähigkeiten angeht? Freilich, denn schließlich ist das bei jeder beliebigen anderen Fähigkeit auch der Fall. Gibt es bestimmte Bedingungen, die Psi-Phänomene begünstigen? Und warum? Wie läuft ein solcher Vorgang ab – könnte ein Physiker ihn erklären? Oder widerspricht Psi den »Gesetzen« der Physik? Wie läßt sich Psi mit unserem psychologischen Wissen vereinbaren? Und schließlich: Ist Psi für das Problem Geist-Körper relevant? Gibt es, wie Rhine behauptete, eine nicht physikalische Komponente in uns, die für Psi verantwortlich ist – und nach unserem Tod überleben könnte?

So viele Fragen! Zunächst jedoch müssen wir uns mit der *crème de la crème* in der Parapsychologie beschäftigen – den in der Literatur als am meisten signifikant geltenden Phänomenen. Wir können natürlich nicht das gesamte Material in Augenschein nehmen, dazu ist es viel zu umfassend. Wir können jedoch das untersuchen, was mit zu dem besten Beweismaterial gehört und erklären, warum es in unseren Augen auf die Existenz von Psi hindeutet. Drei Beispiele werden in den nächsten Kapiteln erörtert – zwei aus der Laborforschung, während es sich bei dem dritten um die ebenso romantische wie atemberaubende Karriere eines Mediums aus dem 19. Jahrhundert handelt. Und damit betreten wir die Welt der großen Psi-Stars.

2 Fast alles spricht für Psi

Zwei Psi-Stars

Psi-Stars sind Personen mit herausragenden Psi-Fähigkeiten. Sie liefern das signifikanteste Beweismaterial für die Existenz paranormaler Fähigkeiten. Wir haben insbesondere zwei Beispiele aus der Literatur der Parapsychologie herausgegriffen, zum einen D. D. Home, das berühmte Medium den 19. Jahrhunderts, und zum anderen den Tschechen Pavel Stepanek, der durch seine außerordentlichen Leistungen bei ASW-Tests in den sechziger Jahren in den Ruf des »begabtesten Mediums der Welt« gelangte.

Der bemerkenswerte D. D. Home

Daniel Douglas Home, 1833 in Edingburgh geboren, wurde von einer Tante aufgezogen und siedelte im Alter von neun Jahren mit ihr in die USA über. Er war ein neurotisches und kränkliches Kind, dessen Mutter die Gabe des Zweiten Gesichts besessen zu haben schien. Sehr jung noch begann auch Daniel in diese Familientradition einzutreten. Im Alter von 13 sah er die Erscheinung eines engen Freundes. Der »Geist« zog drei

Was war sein Geheimnis? Psi-Star Daniel Homes Ruhm als Medium ebnete ihm den Weg bis an die Kaiserhöfe von Frankreich und Rußland. Er wurde oft des Betruges beschuldigt – jedoch nie bei einem Betrugsversuch ertappt.

Kreise in der Luft, und Daniel erklärte, seinem Onkel und seiner Tante, dies müsse bedeuten, daß der Junge vor drei Tagen gestorben sei. Seine Verwandten lachten ihn aus, dann aber erfuhren sie, daß der Junge tatsächlich drei Tage, bevor Daniel seine Erscheinung gehabt hatte, gestorben war. Vier Jahre später starb Daniels Mutter, und er sah auch ihre Erscheinung. Anschließend erklärte er, in ständigem Kontakt mit dem Geist der Toten zu sein.

Mary Cook und ihr Mann hatten in der Tat ein sonderbares Kind in Pflege, und sie waren aufs höchste verwirrt, als die »Geister«, mit denen Daniel offenbar in Kontakt stand, ihre Gegenwart durch lärmende Geräusche im ganzen Haus manifestierten. In dem Glauben, daß Daniel den Teufel selbst ins Haus gebracht habe, setzten die Cooks ihren Neffen auf die Straße.

Dies fand zu einer Zeit statt, da die USA von einer regelrechten spiritistischen Woge erfaßt waren. Diese nahm 1848 ihren Anfang, als in Neu-England drei Schwestern öffentlich behaupteten, mit den Geistern von Verstorbenen in Kontakt zu stehen. Bald suchten Tausende, dann Millionen von Menschen Seancen auf, bei denen angeblich psychisch begabte Medien sonderbare Effekte produzierten, um die Anwesenden zu überzeugen, daß sie tatsächlich mit einer anderen, von den Geistern der Verstorbenen bevölkerten Welt in Kontakt standen. Zu diesen Effek-

Requisiten, um Materialisationen bei Seancen vorzutäuschen. Als die spiritualistische Welle ihre Höhepunkt erreichte, war der Druck auf die Medien, »Effekte« zu produzieren, unerträglich groß.

ten gehörten mysteriöse Klopfgeräusche, Stimmen, leuchtende Erscheinungen, automatisches Schreiben, Ertönen von Musikinstrumenten und sogar Levitationen. In dieser Umgebung brauchte Home nicht lange nach wohlhabenden Gönnern zu suchen. Schon innerhalb kurzer Zeit hielt er selbst Seancen ab, bei denen die Geister der Verstorbenen den Lebenden regelmäßig Botschaften übermittelten.

Homes Levitationen wur-
den von vielen Menschen
bezeugt. Diese zeit-
genössische Illustration
spiegelt die Sensationslust
wider, mit der Home in der
Presse behandelt wurde.

In dieser Hinsicht unterschied sich Home durch nichts von den etwa 15 000 anderen Medien in den USA. Die ungeheure Vielfalt und das Niveau der Phänomene, die er bei seinen Seancen produzierte, räumten ihm jedoch schon bald eine Sonderstellung ein. Levitationen (nicht nur von Gegenständen, sondern auch des Mediums selbst), Klopfgeräusche und Berührungen von Phantomhänden wurden von vielen Zeugen bestätigt. Diese Manifestationen hatten das Interesse der Forscher geweckt. Sollten sich diese Phänomene wirklich zugetragen haben, so wären sie ein signifikanter Beweis für die Existenz von Psychokinese.

Zunächst einmal müssen wir die Fakten unter die Lupe nehmen – was genau hat Home getan und unter welchen Umständen? War er ehrlich oder ein Betrüger? Betrachtet man Homes erstaunliche Karriere, die sich über viele Jahre erstreckte, und zu denen auch Seancen am Hof Napoleons III. und Zar Alexanders II. von Rußland gehörten, so ist das Auffallendste wohl, daß er niemals bei einem Betrugsversuch ertappt wurde. Ungewöhnlich war auch, daß er seine Seancen vorzugsweise in hell erleuchteten Räumen hielt und anwesende Forscher aufforderte, ihm mit größtem Mißtrauen zu begegnen. Er nahm wohl auch niemals Geld für seine Seancen. All diese Fakten zusammengenommen deuten darauf hin, daß Home wirklich eine herausragende Figur des Spiritualismus war. Doch sehen wir uns nun etwas näher an, wie sich seine Seancen abspielten.

Ein sehr häufiges Phänomen bei seinen Seancen war das *Geisterklopfen*. Home pflegte sich in leichte Trance zu versetzen, woraufhin die anderen Teilnehmer klappernde und klopfende Geräusche vernahmen. Hätten diese durch Betrug hevorgerufen werden können? Zwei Beispiele: Das erste trug sich bei einer Seance in Frankreich am Hof Napoleons III. im Januar 1863 zu. Natürlich machte sich Home, da er am Hofe sehr beliebt war, auch Feinde, und zu seinen ärgsten Feinden am kaiserlichen Hof zählte der skeptische Fürst Metternich. Einmal hatte Home während einer Seance in einem hell erleuchteten Raum gerade eine Tischdecke in Levitation gebracht. Die Decke schwebte über dem Tisch, und Home war ein Stück beiseite getreten. Plötzlich sprang Metternich auf und suchte unter dem Tisch nach einer Apparatur, die dieses Phänomen hervorgerufen haben könnte. Er wurde von einem Klappern und Klopfen begrüßt, das *aus dem Tisch selbst* kam!

Während einer Seance in England, bei der sechs Zeugen zugegen waren, beobachtete der bedeutende Physiker Sir William Crookes »höchst sonderbare Vibrationen in unseren Stühlen, dann im Tisch und im Fußboden, und schließlich schienen auch die Wände und Fenster zu vibrieren!« Wie kann man ein solches Phänomen rational erklären? Reiner Schwindel? Nun, um solche Effekte zu erzeugen, wären eine ganze Maschinerie oder Helfershelfer (oder beides) vonnöten gewesen. Doch mit dem Problem des Betrugs wollen wir uns an späterer Stelle befassen. Zunächst sollten wir lediglich festhalten, daß die Manifestationen bei der Crookes-Seance (und bei anderen) ganz außerordentlich waren.

Levitation war ein weiteres Psychokinese-Phänomen, das bei Homes Seancen häufig zu beobachten war. Lord Adare, ehemals Auslandskorrespondent des *Daily Telegraph,* führte ein vorbildliches Protokoll über viele von Homes Seancen. Er beschrieb nicht weniger als 16 Levitationen von Tischen, die zum Teil so schwer waren, daß eine Person allein sie nicht hätte heben können. Home unternahm auch Levitationen von Menschen, und gelegentlich levitierte er selbst. Crookes berichtete, daß bisweilen über 100 Personen bei Homes Levitationen zugegen waren; ja gelegentlich sollen Homes Zeugen regelrecht an dessen Beinen gehangen haben! Crookes selbst konnte bezeugen, daß Home eine Frau samt ihrem Sessel zum Schweben brachte.

Crookes, der ja ein Wissenschaftler war, führte Experimente mit Home durch, wobei er sich insbesondere auf das Phänomen Levitation konzentrierte. Home liebte die Musik, und zu seinen bevorzugten Manifestationen zählte die Levitation eines Akkordeons, das sich im Walzertakt im Raum bewegte und dazu die Melodie »Home Sweet Home« spielte. Crookes kaufte ein Akkordeon und schloß es in einen Drahtkäfig ein, so daß Home es nicht manipulieren konnte. Trotzdem begann das Instrument innerhalb des Käfigs zu schweben und spielte dabei erbauliche Melodien.

Die spektakulärsten von Homes Manifestationen wurden gegen Ende seiner Karriere dokumentiert. Sein ganzes Leben lang war man ihm häufig mit Argwohn und Feindseligkeit begegnet – Napoleon III. engagierte Zauberkünstler, um ihn zu entlarven (was ihm nicht gelang); Home wurde aus Rom verbannt, weil man ihn für einen Hexenmeister hielt. Deshalb können wir uns besonders glücklich schätzen, zwei ausführliche zeitgenössische Protokolle zur Verfügung zu haben – von Crookes und von Lord Adare, zwei Männern, die ihn sehr schätzten und dennoch scharfe und kritische Beobachter waren. Beide protokollierten neben Levitationen zwei weitere psychokinetische Phänomene: das Phänomen der Körperdehnung (oder Elongation) und den Umgang mit Feuer.

Körperdehnung war ein sonderbares Phänomen, das wiederum von Dutzenden von Teilnehmern bezeugt wurde. Home konnte seinen Körper gelegentlich um nicht weniger als 15 Zentimeter strecken. Dabei bat er seine Zuschauer immer wieder, ihn kritisch zu beobachten. Zu Crookes sagte er zum Beispiel: »William, ich möchte, daß Sie sich so verhalten, als wäre ich ein berüchtigter Trickkünstler, der Sie mit allen Mitteln an der Nase herumführen will ... Nehmen Sie dabei keine Rücksicht auf meine Person. Ich werde nicht verletzt sein.« Und obgleich er von scharfen Beobachtern umgeben war, die seine Arme, Hände, Füße, Beine und seinen Rumpf festhielten, war Home in der Lage, seinen Körper zu dehnen. Ein Zeuge berichtete, gefühlt zu haben, wie Homes Rippen unter seinen Händen wegglitten. In einigen wenigen Fällen hat Home sogar den Körper anderer Personen gedehnt.

Und schließlich kommen wir zum *Umgang mit Feuer.* Crookes sah Home während einer Seance »ein rotglühendes Stück, groß wie eine Orange, aus dem Feuer nehmen, auf seine rechte Handfläche legen und mit der linken bedecken, so daß dieses Stück vollständig umschlossen war. Dann blies er solange, bis das Stück Holzkohle fast weißglühend war und richtete schließlich meine Aufmerksamkeit auf die Flamme, die über der Kohle flackerte und um seine Finger züngelte ...« Auch Adare konnte

In einem Drahtkäfig eingeschlossen beginnt Homes Akkordeon frei zu schweben, gespielt von unsichtbaren Händen. Dieses außerordentliche Phänomen wurde bei Gelegenheit auch von Sir William Crookes, einem berühmten Physiker und Chemiker, beobachtet. Er schrieb, das Instrument habe eine »süße und klagende Melodie« gespielt.

dies bezeugen, und beide waren zugegen, als Home bäuchlings vor einem offenen Kamin lag und *seinen Kopf in die glühenden Kohlen legte!*

Dieses Phänomen ist so unglaublich, daß wir an dieser Stelle mit einer wirklichen kritischen Prüfung beginnen sollten. Könnte dies nicht eine Art von Sinnestäuschung gewesen sein? Crookes beschloß, dies herauszufinden. Er ließ einen Schwarzen zu sich kommen, der vorgab, feuerunempfindlich zu sein, und testete ihn. Dabei fand er heraus, daß der Mann für sehr kurze Zeit ein rotglühendes Stück Eisen halten konnte, »daß aber das Haus anschließend über Stunden nach geröstetem Neger roch«. Also untersuchte er Homes Hände – sie waren »zart und weich wie die einer Frau«.

Mehrmals benutzte Home Taschentücher, die andere Teilnehmer ihm reichten und mit denen er die Kohle hielt. Die Taschentücher waren nicht einmal angesengt. Crookes unternahm eine chemische Analyse der Tücher und konnte nichts Außerordentliches an ihnen feststellen.

Waren diese Phänomene das Resultat einer Massenhalluzination? Vielleicht war Home ein besonders begabter Hypnotiseur. Ein zeitgenössischer Journalist von *Nature,* der renomierten wissenschaftlichen Zeitschrift, behauptete, Home sei entweder ein Massenhypnotiseur oder ein Werwolf!

Die Hypnose-»Erklärung« ist nicht sehr stichhaltig, vor allem deshalb, weil nur wenige Menschen so hypnose-empfänglich sind, daß sie zu halluzinieren beginnen, wenn dies von ihnen verlangt wird. Außerdem begünstigten die Bedingungen, unter denen diese Manifestationen stattfanden, nur selten Massenhalluzinationen: Home bevorzugte ja helle Beleuchtung. Daneben führte Crookes Experimente durch, die zeigten, daß Home das Gewicht von Gegenständen beeinflussen konnte; diese Resultate wurden auf Meßgeräten registriert – und die können schließlich nicht halluzinieren.

Fehlerhafte Augenzeugenberichte oder Fälschungen durch die Erinnerung? Gewiß waren nicht alle Zeugen vertrauenswürdig; sicher gaben Leute fehlerhafte Berichte von Seancen ab, die Jahre zurücklagen. Nun aber stellt sich die Frage: Kann alles, was Home tat, so einfach abgetan werden? Die Antwort lautet »Nein«, da Adare und Crookes ausführliche Tagebücher führten, in denen Protokolle von Sitzungen unverzüglich festgehalten wurden. Gedächtnisfehler sind hier einfach nicht möglich.

Oder sollte Home ein durchtriebener Schwindler gewesen sein? Nun, einige seiner Manifestationen mögen nach Tricks ausgesehen haben. Manchmal veranstaltete er seine Seancen im Dunkeln, manchmal brachte er Gläser zum Schweben und ließ sie an anderer Stelle wieder auftauchen, nachdem er sie hatte durch die Luft fliegen lassen. Und dennoch ist es nicht möglich, *alles* was Home tat, als bloßen Schwindel zu erklären.

Phänomene wie Levitationen von schweren Tischen hätten nur mit Hilfsvorrichtungen oder Helfershelfern verwirklicht werden können. Wäre das möglich gewesen?

Hilfsapparaturen. Homes Seancen fanden häufig auf freien Plätzen statt oder in Häusern, zu denen er vorher keinen Zugang hatte. Außerdem hatten Adare und andere den Ort oft vor den Seancen nach eventuellen Apparaturen absuchen lassen.

Helfershelfer. Nun, sie hätten teuer bezahlt werden müssen, und, wie wir gesehen haben, hat Home niemals Geld für seine Seancen angenommen. Einmal war er sogar so arm, daß er literarische Lesungen halten mußte, um seinen Lebensunterhalt zu verdienen. Er hätte viele Mitwisser haben müssen, und die finanzielle Belohnung für einen jeden von ihnen, der die Geschichte den Zeitungen hätte preisgeben wollen, wäre enorm gewesen. Außerdem war die Mitwisserschaft anderer Leute viel zu riskant. Und vergessen wir nicht – *Home ist niemals als Betrüger entlarvt worden.*

Vielleicht bestand die große Tragödie in Homes Leben darin, daß viele Wissenschaftler einfach nicht den Mut hatten, ihn zu testen. Eine rühmliche Ausnahme stellt hier Crookes dar. Immer und immer wieder lud er bekannte Wissenschaftler ein, um Homes Fähigkeiten zu untersuchen, doch sie machten von dieser Gelegenheit keinen Gebrauch. Und deshalb können wir Homes Manifestationen auch nur als historische Manifestationen betrachten, wenn wir einmal von Crookes eigenen Untersuchungen absehen. Was können wir nun mit diesem Material anfangen, wo wir doch wissen, daß wir es in den meisten Fällen mit Augenzeugenberichten und nicht mit wissenschaftlichen Daten zu tun haben?

Crookes meinte dazu: »Lehnt man die protokollierten Augenzeugenberichte in diesem Zusammenhang ab, so muß man jede Art von menschlicher Zeugenaussage ablehnen.« Angesichts der Menge der gesammelten Zeugenaussagen und der ausgezeichneten Beschaffenheit eines Großteils dieser Aussagen ist Crookes Behauptung nur schwer von der Hand zu weisen. Bis zu einem gewissen Grad *müssen* wir solchen Zeugenaussagen trauen, so wie wir dies auch bei Gerichtsverfahren tun.

Ein gerechtes Urteil müßte in etwa so lauten: Während *einige* der behaupteten Dinge auf fehlerhaften Zeugenaussagen, Gedächtnismängeln, geschickten Manipulationen oder Massenhalluzinationen beruhen *könnten*, darf doch ein Großteil nicht so einfach als unrichtig abgetan werden. Home scheint die ergiebigste Psychokinese-Quelle gewesen zu sein, über die jemals Protokolle angefertigt wurden. Niemand kann so viele Meisterstücke aufweisen. Vielleicht ist das auch der Grund dafür, daß selbst nach 120 Jahren noch keine umfassende Studie über das Medium Home veröffentlicht wurde.

Home ist lange tot. Der Wissenschaftler benötigt Fakten, die aufs neue untersucht und ausgewertet werden können. Deshalb machen wir jetzt einen Sprung um 100 Jahre nach vorn in die Tschechoslowakei, wo wir einem Mann begegnen, der im *Guinness Book of Records* als der paranormal begabteste Mensch der Welt vermerkt ist: Pavel Stepanek.

Der übersinnliche Bankangestellte

Russen und Osteuropäer hatten schon immer ein großes Interesse an der Verbindung von Hypnose und ASW. Und das aus gutem Grund, denn die Hypnose ist ein äußerst wirksames Mittel, um ASW zu begünstigen (siehe Kapitel 5). Einer der herausragenden Forscher auf diesem Gebiet war Milan Ryzl. Zu Beginn der 60er Jahre machte er sich daran, ASW-Fähigkeiten mit Hilfe von Hypnose zu *trainieren*. Dieser Prozeß war langwierig und komplex. Die Testpersonen wurden trainiert, geistige Bilder zu entwickeln (»mit dem geistigen Auge zu sehen«, wenn man so will), und sich immer tieferen Trancezuständen zu überlassen. Anschließend wurden sie aufgefordert, mittels ASW bestimmte Aufgaben auszuführen, zum Beispiel Gegenstände zu identifizieren, die in Schachteln versiegelt waren. Im Verlauf dieser Arbeiten, die zum Teil sehr positive Ansätze zeigten, traf Ryzl auf Stepanek, der für zehn Jahre der führende Psi-Star der Welt werden sollte.

Robert und Elizabeth Browning. Elizabeths Begeisterung für den Spiritismus im allgemeinen und Home im besonderen rief eine der seltenen Auseinandersetzungen des Paares hervor. Brownings Mr. Sludge, the Medium *(1864) war eine heftige Attacke gegen Home, den er als Scharlatan beschrieb.*

Stepanek, ein ruhiger, bescheidener Bankangestellter, suchte Ryzl auf, weil er sich für paranormale Phänomene interessierte. Ryzl testete ihn, um zu prüfen, ob er sich als Subjekt für seine Hypnose-ASW-Experimente eignete. Anfangs erwies sich Stepanek als ein höchst unzulängliches Hypnose-Subjekt, und nach der zweiten Sitzung war Ryzl fast entschlossen, die Sache aufzugeben. Die dritte Sitzung ergab geringfügig bessere Resultate, die aber immer noch unbefriedigend waren. Ryzl gab danach alle Hoffnung auf, Stepanek weiter in seine ASW-Trainings-Experimente einzubeziehen und testete ihn stattdessen mit Hilfe von Testmaterial aus früheren Arbeiten.

Dabei handelte es sich um Karteikarten (7,5 cm zu 12,5 cm) eine Seite weiß, die andere schwarz. Diese Karten waren in lichtundurchlässigen Pappumschlägen versiegelt. Ryzl legte ihm die Umschläge vor und forderte ihn auf, mit Hilfe von ASW die Farbe der Kartenoberseite zu ermitteln. Bereits bei seinen anfänglichen Arbeiten mit Stepanek sorgte Ryzl dafür, daß die Kartenreihenfolge auch wirklich zufällig war. Stepaneks Antworten waren zu weit über 50 Prozent richtig, und schon nach wenigen Wochen beschlossen Ryzl und Stepanek, mit richtigen Untersuchungen zu beginnen.

Im Juli 1961 schlossen Ryzl und Stepanek ein erstes richtiges Experiment ab. Zu jener Zeit arbeitete Stepanek in einem Stadium sehr leichter Hypnose (später fiel diese Vorarbeit völlig weg). Ryzls Assistent, der allein in einem geschlossenen Raum arbeitete, nahm zehn Karteikarten, steckte sie in lichtdichte Umschläge, wobei er völlig zufallsgemäß entschied, welche Kartenseite innerhalb des Umschlags nach oben zu liegen kam. Die Umschläge wurden Ryzl überreicht, der sie einen nach dem anderen Stepanek vorlegte. Stepanek jedoch konnte die Umschläge nicht sehen: Sein Gesicht war durch eine Leinwand abgeschirmt. Er durfte sie auch nicht berühren, sondern mußte lediglich raten: »Schwarz« oder »Weiß«. Ryzl protokollierte jede Vermutung. Nachdem Stepanek zehn Antworten abgegeben hatte, verglich Ryzl sie mit der Liste seines Assistenten.

Nun, bei einer Auswahl von zwei Möglichkeiten liegt die Zufallserwartung bei 50 Prozent. Da Ryzl und Stepanek 2000 Rateversuche durchführten, war mit einer Zufallstrefferzahl von 1000 zu rechnen. Stepanek konnte jedoch knapp über 1140 Treffer verzeichnen, also knapp über 57 Prozent. Die Antizufallswahrscheinlichkeit betrug 1 zu über 10 Millionen.

Unsere statistische Methode besagt, daß der Unterschied zwischen 50 und 57 Prozent kein Zufall sein kann. Trotzdem wäre ein Ergebnis von 60 oder 70 Prozent natürlich noch befriedigender – und genau das war es, was Ryzl anstrebte. Er stellte folgende Überlegung an: Vielleicht bedient sich Stepanek nur gelegentlich seiner ASW (da nicht alle Vermutungen korrekt waren, konnte dies der Fall sein). Wir haben es hier mit einem (wenn man so will) *infrequenten Signal* zu tun. Bei etwa sieben Vermutungen kommt etwas durch. Die restlichen sechs beruhen auf Zufall. Wenn eines unter sieben ein Signal ist, und die anderen sechs sind nur diffuser *Lärm*, dann gibt es eine spezielle Technik, um dieses Signal zu verstärken. Stepanek kann veranlaßt werden, ein und dasselbe Zielobjekt immer und immer wieder zu raten. Die Signale beginnen sich dann zu summieren und lassen sich deutlicher vor dem Hintergrund des Lärms ermitteln.

Diese Technik trägt die Bezeichnung *majority vote*-Experiment. Stepanek rät mehrmals am selben Zielobjekt (anfangs zehnmal), und der Experimentator schaut auf das, was er am *häufigsten* rät. Sagt Stepanek siebenmal »Schwarz« und nur dreimal »Weiß«, so wird seine Vermutung als »Schwarz« gewertet, daher *majority vote* (etwa »Stimmenmehrheit«). Also ließ Ryzl seinen Assistenten einen Satz von 100 Karten mit jeweils einer weißen und schwarzen Seite (wieder in zufälliger Reihenfolge) vorbereiten und in lichtdichten Umschlägen versiegeln. Als zusätzliche Sicherheitsmaßnahme fügte Ryzl noch eine undurchsichtige äußere Verpackung hinzu. Dieser Satz wurde Stepanek zum jeweils zehnmaligen Raten vorgelegt und zu 100 Vermutungen zusammengefaßt. Das heißt es waren nur 93, da Stepanek bei sieben Zielobjekten fünfmal »Weiß« und

Psi-Star Stepanek, der durch seine Leistungen bei ASW-Tests eine Eintragung im Guinness Book of Records *erhielt – »der übersinnlichste Mann der Welt«.*

fünfmal »Schwarz« riet. Von den restlichen 93 waren nur 27 falsch. 66 dagegen richtig – eine Erfolgsquote von 71 Prozent. Die Antizufallswahrscheinlichkeit liegt hier bei 1 zu 20 000, ein schlüssiges Ergebnis.

Zunächst einmal zeigt uns Stepaneks Leistung, daß ASW *gesetzmäßig ist*, daß sie sich also logisch widerspruchsfrei verhält. Es *sollte* so sein, daß ein *majority-vote-Test* die Trefferrate steigert. Wissenschaftler bedienen sich häufig dieser Technik, um schwache Signale zu verstärken, und es wäre erstaunlich, würde sich eine ASW nicht so verhalten. Stepaneks Leistung ist in dieser Hinsicht sehr ermutigend.

Stepaneks Resultate waren so bemerkenswert, daß sich bald auch Forscher aus dem Westen für ihn zu interessieren begannen. 1962 reiste Gaither Pratt vom Parapsychology Laboratory der Duke University in North Carolina nach Prag, um Ryzl aufzusuchen und Stepanek testen zu dürfen. Bei ihrer ersten Begegnung lagen die erzielten Ergebnisse nur knapp über dem 50/50 Niveau. Als Pratt jedoch 1963 zurückkehrte, war Stepanek in Hochform. Von 2000 Vermutungen waren 1133 richtig, was einer Erfolgsrate von 56,65 Prozent gleichkommt. Die Antizufallswahrscheinlichkeit liegt bei 1 zu über 10 Millionen.

Zwischen diesen beiden Besuchen fanden die wohl erstaunlichsten aller mit Stepanek durchgeführten Experimente statt. Ryzl folgerte, daß, da bei zehnmaligem Durchgang desselben Kartensatzes die Erfolgsquote auf 71 Prozent hochgeschnellt war, zusätzliche Wiederholungen noch bessere Resultate bringen müßten. Also ließ er Stepanek einen einzigen Satz von 15 Karten hunderte Male raten. Gegen Ende des Experiments *hatte Stepanek jede Karte richtig erraten.* Die Antizufallswahrscheinlichkeit beträgt hier 1 zu 32 768.

Trotzdem aber hat diese Geschichte einen Haken: Im Verlauf der Experimente stellte Ryzl fest, daß Stepanek ganz konsequent bestimmte Antworten gab, wenn ihm ein bestimmter *Umschlag* vorgelegt wurde. Möglicherweise lenkten ihn sensorische Reize – Schrammen, Fehler in der Oberseite usw. – ab, ohne daß er sich dessen bewußt war. Konnte die Konzentration auf die Umschläge seiner Fähigkeit, die darin enthaltenen Karten zu erraten, hinderlich sein? Um diese Möglichkeit auszuschalten, änderten Ryzl und Pratt ihr Verfahren.

Die Karten wurden wie vorher in Umschlägen versiegelt, jetzt aber steckten die Umschläge darüber hinaus in undurchsichtigen Hüllen. Da Stepanek die Umschläge nun nicht mehr sehen konnte, würden sie (so dachte man) ihn nicht mehr ablenken, so daß er seine ASW-Fähigkeiten allein auf die Karten konzentrieren konnte.

Die beiden Forscher aber mußten feststellen, daß Stepanek *weiter* bestimmte Vermutungen machte, wenn ihm bestimmte Umschläge vorgelegt wurden, obgleich er sie ja nicht länger sehen konnte. Die einzig mögliche Erklärung hierfür lautete, daß Stepanek mittels ASW die *Umschläge* identifizierte, denn als diese innerhalb der Hüllen vertauscht wurden, blieb der Effekt derselbe. Stepanek selbst aber glaubte noch immer, daß er mittels ASW die Karten riet.

Milan Ryzl, der tschechische Parapsychologe, der Stepaneks außergewöhnliche ASW-Fähigkeiten entdeckte.

In Zuammenarbeit mit J. G. Blom, einem Forscher der Amsterdamer Universität, führte Pratt ein Experiment durch, das er als »Vorbereitung eines eindeutigen Nachweises für ASW-Manifestationen Stepaneks« kennzeichnete. Blom und Pratt bereiteten 40 Karten (grün und weiß, wie bei den meisten Experimenten mit Stepanek) vor und versiegelten sie in 40 Umschlägen. Wesentlich dabei war, daß keiner der beiden Forscher wußte, welcher Umschlag welche Zielfarbe enthielt. Pratt mischte die 40 Umschläge und nahm jeweils acht heraus, wobei er jeden in eine Schutzhülle steckte. Stepanek machte seine Vermutungen in Anwesenheit Bloms. Die beiden Experimentatoren protokollierten alle Vermutungen und Zielkarten bei jeder Sitzung (mit jeweils 1000 Vermutungen). Insgesamt wurden in den vier Sitzungstagen 4000 Identifizierungen durchgeführt und protokolliert. Stepanek erzielte dabei 2154 Treffer (diesmal waren die *Karten* das Zielobjekt), was einer Antizufallswahrscheinlichkeit von 1 zu 500 000 entspricht.

Im Laufe der folgenden Jahre produzierte Stepanek seine ASW-Fähigkeiten vor Forschern und Wissenschaftlern aus der ganzen Welt. Diese seine Fähigkeiten lösten sich jedoch mit der Zeit ganz und gar vom Zielobjekt Karte und konzentrierten sich zunächst auf die Umschläge, dann auf die Schutzhüllen. Also mußten die Schutzhüllen wiederum in Pappumschlägen verborgen werden.

Da die Schutzhüllen sehr sperrig waren, mußten die Pappumschläge wattiert und sorgfältig gewogen werden, um sicherzugehen, daß sie auch wirklich die Hüllen enthielten. Dieses Testverfahren wurde angewandt, als Stepanek im Februar 1968 die Universität von Virginia besuchte, um mit Pratt, Dr. Jan Stevenson (von dieser Universität) und Dr. Jürgen Keil aus Tasmanien zu arbeiten. Dabei »riet« Stepanek manche Hüllen durchweg »Grün« und andere »Weiß«; außerdem gab es bestimmte Hüllen, bei denen er *eine Seite* »Grün« und die andere »Weiß« riet.

Schließlich ließen Stepaneks mediale Fähigkeiten, wie bei so vielen Psi-Stars, rapide nach. Zehn Jahre lang aber hatte dieser bescheidene und zurückhaltende Mann die außergewöhnlichsten Ergebnisse in der Geschichte der ASW-Forschung erbracht. Was können wir mit dieser bemerkenswerten Karriere anfangen?

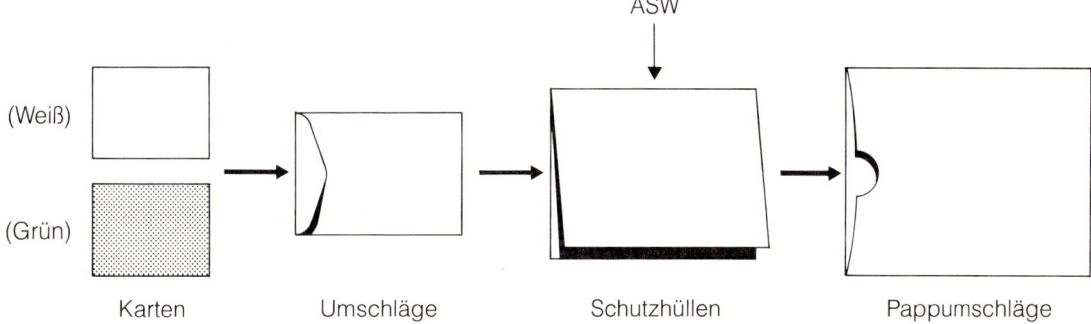

Das große ASW-Rätsel. Stepanek wurde aufgefordert, dieselbe Kartenreihe vielhundertmal durchzuraten. Dabei begannen sich seine ASW-Fähigkeiten auf bestimmte Karten zu konzentrieren, die er stets richtig identifizierte. Versuche, diese Karten mit Hilfe von zusätzlichen Umschlägen, Schutzhüllen und schließlich Pappumschlägen »abzuschirmen«, führten dazu, daß er seine ASW-Fähigkeiten auf bestimmte Umschläge, Hüllen und schließlich Pappumschläge richtete!

Die zentrale Frage lautet: Legte Stepanek definitiv ASW-Fähigkeiten an den Tag? Nun, eines ist klar; der Zufall kann für solche Resultate keine gültige Erklärung sein. Also müssen wir untersuchen, ob es eine andere *vernünftige* Erklärung neben ASW gibt. Das Wort *vernünftig* muß hier unterstrichen werden. Schließlich wäre es rein theoretisch *möglich*, daß Stepanek und die 15 Experimentatoren, die behaupteten, ASW bei ihm nachgewiesen zu haben, alle unter einer Decke steckten und ihre Ergebnisse gefälscht hatten. Doch würde dies wohl niemand für eine *vernünftige* alternative Erklärung halten.

In einigen wenigen seiner ersten Experimente ist es theoretisch möglich, daß Stepanek Wärmesignale von den Karten empfangen hat. Die schwarzen und weißen Kartenseiten könnten unterschiedliche Wärmemengen durch die Umschläge ausgestrahlt haben. Diese Möglichkeit fällt natürlich bei den Experimenten fort, bei denen Schutzhüllen und Pappumschläge benutzt wurden, oder bei denen Stepanek die Umschläge weder sah noch berührte. Dies müssen wir hier ganz deutlich hervorheben, da der Kritiker, dessen Ansicht wir jetzt untersuchen wollen, dies ganz außer acht läßt.

Hansels Kritik
(Kursivschrift wurde bei den Behauptungen eingefügt, die des Kommentars von Pratt bedurften.)

In den letzten Jahren mußten unsere Parapsychologen feststellen, daß die ASW-Forschung jenseits des Eisernen Vorhangs stark vorangetrieben wird. Milan Ryzl, *ein Biochemiker am Biologischen Institut der Tschechoslowakischen Akademie der Wissenschaften,* hob in Prag die herausragenden hellseherischen Fähigkeiten seiner Testperson, Pavel Stepanek, hervor.

Stepaneks Nummer, denn anders kann man dies kaum nennen, läuft folgendermaßen ab:

Ein Experimentator erhält *einen Stapel mit Umschlägen und Karten.* Jede Karte hat eine *schwarze* und eine *weiße* Seite. *Der Experimentator steckt die Karten mit der weißen oder der schwarzen Seite nach oben in die Umschläge. Der Stapel mit den Umschlägen wird dann von Stepanek sortiert,* und er ist in der Lage, die Farbe der Kartenoberseite zu bestimmen. Die Umschläge sind spezialgefertigt und bestehen aus *zwei dünnen Pappen, die zusammengeheftet sind. Da Stepanek selbst mit den Umschlägen hantiert,* ist es gut möglich, daß er sich *anhand von Knicken oder Wölbungen der Karten orientiert.*

Stepanek wurde von mehreren unabhängigen Forschern getestet. Als er von Pratt und *J. G. Blom, einem von Ryzls Kollegen,* getestet wurde, produzierte er höchst eindrucksvolle Resultate; *als das Experiment jedoch von einem Psychologen der Universität von Edinburgh, John Beloff, durchgeführt wurde, legte er nicht die geringsten hellseherischen Fähigkeiten an den Tag.* Beloff hatte seine eigenen Karten mitgebracht, und die waren aus Plastik.

(Pratts) Kommentare

Etwa von 1960 an hatte Ryzl keine Stellung mit regelmäßigem Gehalt, sondern arbeitete inoffiziell in der ASW-Forschung.

P. S. setzte nicht selbst die Testbedingungen fest. Deshalb hätte er auch nicht als »Trickkünstler« arbeiten können, wie dieser Satz andeutet.

Bei den meisten Tests wurden Karten in Umschlägen und *zusätzlichen* Hüllen verwendet.
Bei den meisten Tests waren die Karten weiß und *grün.*
Laut dieser Beschreibung könnte man annehmen, ein neben P. S. im Raum Anwesender würde die Karten in die Umschläge stecken und ihm dann umgehend zum Raten vorlegen. Die Tests wurden jedoch nicht nachlässig abgewickelt, wie Hansel unterstellt, sondern sorgfältig ausgearbeitet und von Experimentatoren durchgeführt, die die Versuchsmaterialien und -bedingungen derart unter Kontrolle hatten, daß sensorische Hinweisreize, welcher Art auch immer, ausgeschlossen waren.
Für die einfachen Umschläge wurde ein Stück Pappe geknickt, und die Ränder wurden mit Band geheftet.
Für die äußeren Umschläge wurden die Ränder zusätzlich mit Einlegestreifen aus fester Pappe versehen und dann mit Klammern geheftet.
Diese Behauptung läßt signifikante Versuchsreihen außer acht, bei denen P. S. die Objekte weder sah noch berührte. Diese Behauptung läßt die Versuchsbedingungen außer acht, die eigens eingeführt wurden, um zum Beispiel verbogene Karten auzuschalten.

Blom kam aus Amsterdam und war Ryzl nie zuvor begegnet, als besagte Forschungsarbeit begann.

Mehrere andere Forscher waren Psychologen (Pratt, Barendregt, Freeman, Otani, Kanthamani), die hochsignifikante Resultate erzielten.

P. S. erzielte in Beloffs Anwesenheit hochsignifikante Resultate, allerdings nicht mit dem ungewöhnlichen Material und den neuartigen Testverfahren aus Experiment I.

Hartnäckige Skepsis: C. E. M. Hansel gegen Gaither Pratt zum Thema Stepanek.

Als Pratt und andere in den Zeitschriften *Nature* und *New Scientist* Artikel über Stepanek veröffentlichten, begegnete man ihnen mit größter Skepsis. Hier ist vor allem C. E. M. Hansel, Professor der Psychologie in Swansea zu erwähnen. 1966 veröffentlichte Hansel ein Buch über ASW-Forschung und widmete Stepanek darin 22 Textzeilen. 1973 korrigierte Pratt die vielen Irrtümer und fehlerhaften Anschuldigungen, die Hansels Text enthielt. Links finden Sie ohne Kommentar (er erübrigt sich) die Texte von Pratt und Hansel.

Als Hansel 1980 mit einem weiteren Buch auf den Markt kam, ließ er zwar viele der besonders unerhörten Irrtümer und falschen Behauptungen (zum Beispiel daß Blom einer von Ryzls Kollegen sei) fallen, andere Punkte aber blieben bestehen. So schrieb er 1980: »1965 deutete ich an, daß gewisse Hinweise durch Markierungen an den Karten ein möglicher Grund für dieses Resultat (hohe Trefferzahl bei den Karten während der früheren Experimente) sein könnte.« Dabei hatte Pratt diese Möglichkeit ja genauestens überprüft und die Karten auf alle möglichen Markierungen hin getestet. Darauf weist er 1973 ganz deutlich hin, doch Hansel scheint dies 1980 einfach zu ignorieren. Das ist haarsträubend. Außerdem wiederholt Hansel, daß Ryzl Biochemiker am Biologischen Institut der tschechoslowakischen Akademie der Wissenschaften war, ohne Pratts Klarstellung zu berücksichtigen.

Nicht alle Skeptiker vertraten derart negative Ansichten. Der Mathematiker George Medhurst zum Beispiel schrieb an Pratt: » … was meine persönliche Meinung angeht, so glaube ich, daß es sich hier um eine deutliche Demonstration von ASW handelt.«

Es ist sicherlich nicht auszuschließen, daß Stepaneks Erfolge zum Teil auch auf ganz normale sensorische Fähigkeiten zurückzuführen sind, aber dies allein ist keine ausreichende Erklärung. Gewichtsunterschiede, Wölbungen, visuelle Anhaltspunkte, Wärmereflektion – all diese Dinge sind genauestens untersucht worden, doch die ASW-Effekte blieben dieselben. Die Zufallsfolge schloß jede Vorhersagbarkeit und somit schlußfolgerndes Denken aus. Auch konnte Stepanek keine unbewußte Hilfe von den Experimentatoren erhalten haben, da diese ja selbst keine Kenntnis von den Zielkarten hatten. Wenn also weder Täuschung noch Betrug im Spiel waren, so lassen sich diese Resultate wohl kaum anders als mit der ASW-Hypothese erklären. Und wie wir bereits bemerkten, waren so viele Mitwirkende an den Experimenten beteiligt, daß die Möglichkeit des Betrugs auszuschließen ist. Die enormen Erfolge Stepaneks deuten demnach auf die Faktizität von außersinnlicher Wahrnehmung hin.

Eine letzte Frage: Was für ein Typ von Mensch war unser »übersinnlicher« Bankangestellter eigentlich? Der gesunde Menschenverstand sagt uns wohl, daß jemand, der zehn Jahre seines Lebens vorwiegend damit verbringt, die Oberseite zweifarbiger Karten zu erraten, kein gewöhnlicher Mensch sein kann. Einer Vielzahl muß das unendlich langweilig vorkommen. Stepanek jedoch machte es Spaß, obwohl er bei anderen Arten von Experimenten nie sehr erfolgreich war. Wie können wir das erklären?

Persönlichkeitstests und die Beurteilung derer, die mit ihm zusammenarbeiteten und ihn kannten, ließen ein signifikantes Merkmal in seinem

---

Zusammenfassung von Stepaneks besten ASW-Leistungen

Experiment(e)	*Antizufallswahrscheinlichkeit bei diesen Resultaten*
1. Zwei *Majority-vote*-Tests, von Ryzl durchgeführt, mit dem Ziel, hohe Trefferzahlen zu erreichen, wobei dieselben Zielobjekte immer und immer wieder geraten wurden. Resultate: 71 Prozent Treffer beim ersten Test, 100 Prozent beim zweiten.	20 000 zu eins 112 Billionen zu eins
2. Zwei Schlüsselexperimente, die von Pratt (Versuchsleiter) als besonders signifikanter Nachweis für ASW eingestuft wurden. Das eine (November 1963) wurde durchgeführt in Zusammenarbeit mit J. G. Blom aus Holland und erbrachte eine Treffersumme von 2154 bei 4000 geratenen Karten. Das andere (Februar 1968) fand in Zusammenarbeit mit Jan Stevenson (Virginia) und Jürgen Keil (Tasmanien) statt. In einer Serie von drei Unterexperimenten richtete sich die ASW-Leistung Stepaneks mit hoher Treffsicherheit auf die verdeckten Umschläge.	500 000 zu eins 10 Millionen zu eins
3. Besonders erfolgreich erwies sich Stepanek in Anwesenheit ausländischer Forscher. 1963 erzielte er bei einem Test holländischer Experimentatoren 1216 Treffer und nur 832 unrichtige Antworten. Bei anderen Experimenten mit japanischen, indischen und holländischen Forschern war er ebenfalls äußerst erfolgreich.	1000 Billionen zu eins 1 Million zu eins

---

Persönlichkeitsbild hervortreten. Stepanek ist eine eher ängstliche Person, die auf eine ganz spezielle Art auf diese Angst reagiert – durch zwanghafte, nahezu besessene Gewohnheiten, die Ausführung von Ritualen. Pratt schrieb dazu: »Nichts diktiert sein Verhalten mehr als das Bedürfnis, gesellschaftliche Komplikationen zu umgehen ... Er versucht, die Dinge so zu arrangieren, daß er nie die Kontrolle über sie verlieren kann ... Er fürchtet, persönliche Verpflichtungen könnten sich mit seiner täglichen Routine überschneiden und sein Leben komplizieren ... Er hat das starke Bedürfnis, *dieses so einfach wie möglich zu gestalten ...*« Pratt hob außerdem Stepaneks Pünktlichkeit und seine tiefverwurzelte Überzeugung hervor, daß der Mensch an sein Wort gebunden ist.

Psychiater werden bereitwillig zugeben, daß dies eine zwangsneurotische Persönlichkeit ist, die sich vor allem durch ihr Bedürfnis nach Ordnung, Kontrolle und Einfachheit im Leben äußert. Wie angemessen war also das simple ASW-Experiment für Stepanek! Ein präzises, einfaches Ritual, sorgfältig vorbereitet und an einem bestimmten Ort zu einer bestimmten Zeit stattfindend. Hieraus können wir etwas sehr Wichtiges lernen, was wir im Auge behalten sollten, wenn wir uns in einem späteren Kapitel mit der Beziehung »Persönlichkeit und ASW« auseinandersetzen, daß nämlich *bestimmte Persönlichkeitstypen bestimmte Testarten vorziehen.* Jetzt verstehen wir auch, warum eine Testmethode, die die meisten von uns zu Tode gelangweilt hätte, Pavel Stepanek so zusagte – Stepanek, dem »übersinnlichsten« Menschen der Welt.

Beständige Trefferzahlen: eine Zusammenfassung von Stepaneks besten Leistungen.

3 Die Maschinen des Helmut Schmidt

Die von Ryzl, Pratt und anderen angewandten obigen Testmethoden gingen direkt aus den Kartenexperimenten von so bahnbrechenden Forschern wie Joseph Banks Rhine hervor. Es wäre verwunderlich, wenn im Zeitalter des Computers nicht auch neue Techniken entwickelt worden wären, um Psi-Tests exakter abwickeln und protokollieren zu können. Und tatsächlich spielen Computer, Mikrochip, ja selbst Videospiele eine immer bedeutendere Rolle bei der Erforschung der Psi-Phänomene.

Dr. Helmut Schmidt, ein deutsch-amerikanischer Physiker und Parapsychologe, machte sich als erster diese Technik zunutze, um Psi systematisch und gründlich zu untersuchen. Er entwickelte eine Maschine, mit der Psi-Tests automatisch durchgeführt werden konnten. Dieses Gerät produzierte Zielobjekte *(targets)* in zufälliger Reihenfolge, registrierte Vermutungen der Testperson und alle für das Experiment relevanten Daten – und zwar so, daß diese leicht zugänglich und leicht auszuwerten waren. Mit Hilfe seiner Maschine hoffte Schmidt Beweismaterial für Psi zu finden, das allen Standardkritiken an parapsychologischer Forschungsarbeit (Verdunklungspraktiken, fehlerhafte Protokolle, methodische Ungereimtheiten, Strukturierung aufgrund von nicht-zufälligen Zielabfolgen) standhalten würde.

Helmut Schmidt berichtet von den bemerkenswerten Resultaten seiner neuen automatisierten Psi-Test-Techniken.

Schmidts Psi-Testmaschinen liegt ein natürlich ablaufender Zufallsprozeß zugrunde – der radioaktive Zerfall des Isotops Strontium-90. Während die Atome von Sr-90 zerfallen, emittieren sie in zufälligen und daher unvorhersagbaren Intervallen ungemein rasch sich bewegende Elektronen. Der Sr-90 Zerfall ist somit eine höchst wirkungsvolle Quelle von Zufalls-Zielen für Psi-Testzwecke.

Schaltschema von Schmidts Zufallsgenerator (REG)

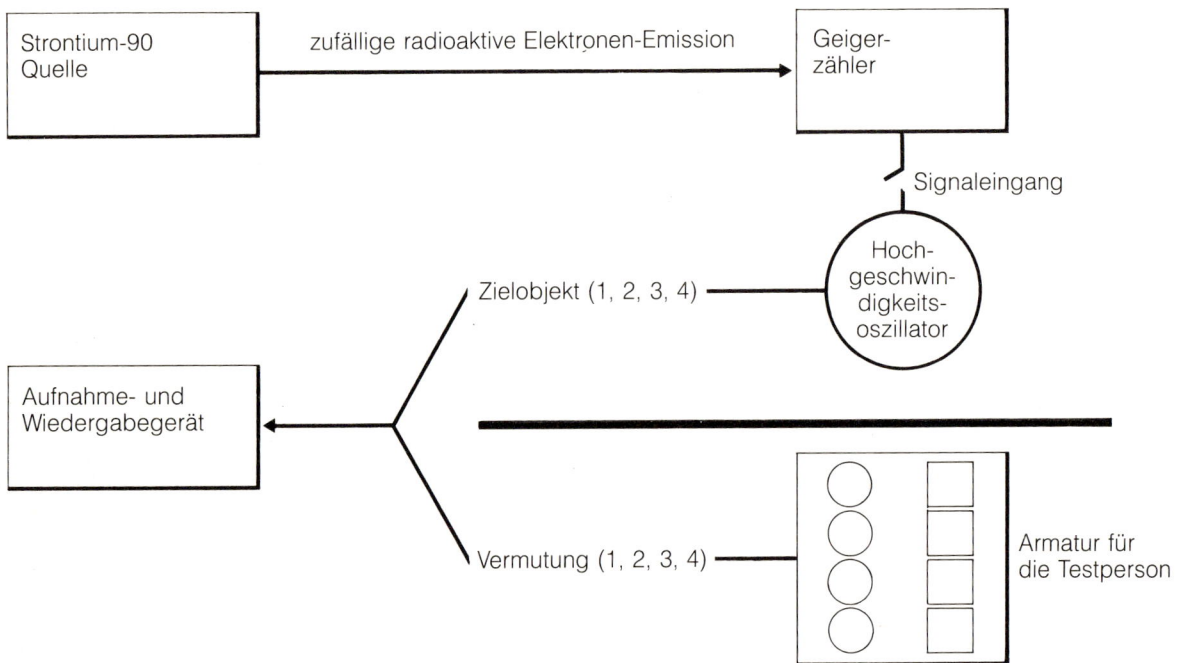

Die Grundelemente der Schmidt-Maschine sind folgende: ein Isotop Sr-90, ein Geigerzähler zum Aufspüren der emittierten Elektronen und ein elektronischer Hochgeschwindigkeitsoszillator, der sich konstant zwischen einer bestimmten Anzahl von (meist vier) verschiedenen elektronischen Stadien bewegt. Wann immer der Geigerzähler die Emission eines Elektrons entdeckt, kommt ein vom Oszillator angetriebener Zähler zum Stehen, wobei er das Stadium – 1, 2, 3, 4 – des Oszillators in der Mikrosekunde der Emission registriert. Anhand einer simplen Armatur aus numerierten Lämpchen läßt sich feststellen, welches Stadium gerade registriert wird.

Mit diesem von Schmidt entwickelten Gerät oder Zufallsgenerator (REG – *random event generator*) kann man zwei Psi-Testmethoden durchführen. Einmal läßt man eine Testperson raten, welches der numerierten Lämpchen als nächstes aufleuchten wird (ein Präkognitions-, also ein ASW-Test). Oder aber man fordert die Testperson auf, sich darauf zu konzentrieren, daß eines der vier Lämpchen häufiger als 25 Prozent aufleuchtet (also ein Psychokinese-Test). Die Vorteile eines solchen Testsystems liegen auf der Hand: Die vorauszusagenden oder zu beeinflus-

»Bei Druck auf diesen Knopf erhalten Sie schwarzen Kaffee ohne Zucker«: Eine von Schmidts Versuchspersonen erhält von Schmidt persönlich Anweisungen, wie seine Maschine betätigt wird.

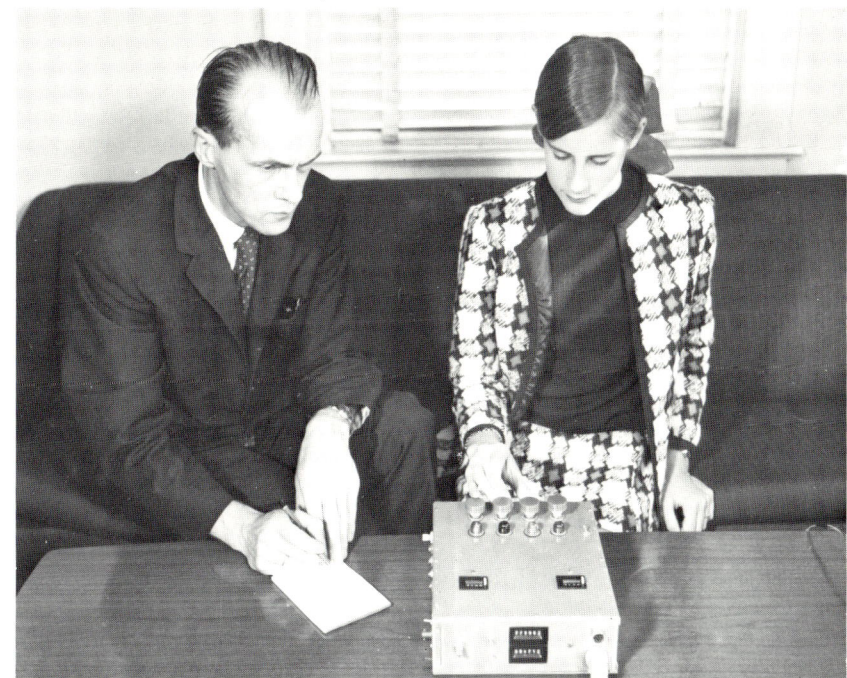

senden Zielobjekte erscheinen in tatsächlich zufälliger Reihenfolge, wodurch ein klarer Maßstab der Treffer bzw. Nichttreffer im Verhältnis zur Zufallswahrscheinlichkeit gegeben ist. Außerdem hält Schmidts Gerät die Resultate automatisch fest; die Möglichkeit fehlerhafter Registrierung ist somit ausgeschaltet.

ASW und die Schmidt-Maschine

Schmidt veröffentlichte die Ergebnisse der ersten ASW-Experimente mit seiner Maschine im Jahre 1969. Für diese Tests hatte er die Maschine folgendermaßen konzipiert: Die Testperson drückt auf einen der vier numerierten Knöpfe und läßt somit ihre Vermutung registrieren. Der Knopfdruck ist Auslöser dafür, daß die Maschine ein Zielobjekt produziert, das wiederum das Aufleuchten eines der vier Lämpchen verursacht. Die Voraussage der Testperson und die Nummer des Lämpchens, das tatsächlich aufleuchtet, werden auf Lochstreifen gestanzt. Der gesamte Prozeß ist innerhalb einer halben Sekunde abgeschlossen. Um Betrugsmöglichkeiten auszuschließen, ist die Maschine so konzipiert, daß bei gleichzeitigem Druck mehrerer Knöpfe die Aussage nicht registriert wird. Besteht jedoch ein zeitliches Intervall von einer Millionstel Sekunde zwischem dem Druck auf zwei oder mehrere Knöpfe, so wird automatisch die erste Vermutung registriert.

Für sein erstes offizielles Experiment wählte Schmidt drei Personen aus. Alle drei hatten ein starkes Interesse am Paranormalen. Bei der ersten Person handelte es sich um ein männliches Medium, bei der zweiten um einen Lehrer »für psychische Entwicklung« und bei der dritten um einen LKW-Fahrer, der sich selbst als »Amateur-Telepathen« bezeichnete. Sie gaben 63 066 Vermutungen ab. Der Zufallsdurchschnitt hätte 25 Prozent, also etwa 15 766 richtige Antworten, betragen müssen. Die tatsächlich erreichte Trefferzahl lag jedoch bei 16 458 – es waren also fast 700 überzufällige Antworten zu verzeichnen. Dieses Ergebnis (das heißt knapp 27 Prozent korrekte Antworten) erscheint auf den ersten Blick nicht sonderlich eindrucksvoll. Da dieser Trefferüberschuß jedoch über eine so lange Versuchsreihe beobachtet werden konnte, betrug die »Antizufallswahrscheinlichkeit« eins zu über 100 Millionen.

Mit einem zweiten Experiment wollte Schmidt herausfinden, ob seine Testpersonen mit Hilfe von ASW ebenso Ergebnisse *unter* wie über Zufallserwartung erzielen konnten. Eine seiner ursprünglichen Versuchspersonen war nicht in der Lage teilzunehmen, deshalb fügte Schmidt seinem Team ein neues Mitglied hinzu: die 16jährige Tochter des LKW-Fahrers. Der Aufbau des Tests war ähnlich; doch in diesem Experiment wurde ein Teilnehmer aufgefordert, *über,* ein anderer hingegen *unter* Zufallswahrscheinlichkeit zu raten, während der dritte auf beides hin getestet wurde. Auch hier wichen die Ergebnisse auf signifikante Weise vom zu erwartenden Durchschnitt ab. Wenn über Zufallsdurchschnitt geraten werden sollte, lag die Trefferzahl knapp über 26 Prozent; sollte unter Zufallsdurchschnitt geraten werden, lag sie etwas unter 24 Prozent. Diese Abweichungen mögen unwesentlich erscheinen, über eine lange Testserie hinweg kommen wir jedoch zu einer »Antizufallswahrscheinlichkeit« eins zu über einer Milliarde.

Kontrollen und Absicherungen

Bevor wir uns mit weiteren Experimenten von Schmidt beschäftigen, müssen wir uns über die Bedeutung der beiden ersten Untersuchungen klar werden. Die Statistik sagt uns, daß die von Schmidt erzielten Resul-

Kann ASW gesteuert werden? Schmidts Ergebnisse, hier zusammengefaßt, geben eine eindeutige Antwort: Ja.

Schmidts zweites ASW-Experiment: Können Menschen ihre ASW steuern?

Versuchsperson	Ziel	Vermutungen	zu erwartende Zufallstreffer	Trefferzahl	Abweichung	Zufallswahrscheinlichkeit
O. C.	Trefferquote hoch	5000	1250	1316	+ 66	1:50
J. B.	Trefferquote hoch	5672	1418	1541	+ 123	1:10 000
O. C. und J. B. zusammen		10 672	2668	2857	+ 189	1:100 000
J. B.	Trefferquote niedrig	4328	1082	956	− 126	1:100 000
S. C.	Trefferquote niedrig	5000	1250	1164	− 86	1:500
S. C. und J. B. zusammen		9328	2332	2120	− 212	1:500 000

Die Wahrscheinlichkeit einer zufälligen Abweichung zwischen + 189 und − 212 steht eins zu über 100 Millionen

tate zusammengenommen kein Zufallsprodukt sein können. Die Antizufallswahrscheinlichkeit liegt bei 1 zu einer Billion. Die einzig mögliche »technische« Erklärung könnte lauten, daß die Resultate durch eine Unzulänglichkeit (Bias) der Maschine selbst hervorgerufen wurden. Schmidt, der sich dieser Möglichkeit wohl bewußt war, nahm folgende Kontrolle vor: Da er die Lochkarten aller von seinen Testpersonen gemachten Vermutungen in der ursprünglichen Reihenfolge zur Verfügung hatte, konnte er überprüfen, ob in der Aufeinanderfolge etwas Außergewöhnliches festzustellen war, was das Resultat hätte verzerren können. Er speiste die Daten in die Maschine ein und verglich die gesamte Punktzahl mit einer neuen Serie von Zielobjekten. Das Ergebnis lag eindeutig im Rahmen der Zufallserwartung. Als weitere Kontrollmaßnahme programmierte Schmidt das Gerät regelmäßig, um lange Serien von Zielobjekten zu produzieren. Eine ursprüngliche aus 5 Millionen Zielobjekten bestehende Serie, die auf diese Weise entstanden war, ergab, verglichen mit weiteren Serien, kein Anzeichen von Strukturierung. Weder durch statistische Eigenheiten noch durch technische Unzulänglichkeiten ließen sich Schmidts Ergebnisse erklären.

Hellsehen und Psychokinese

In einem dritten Experiment bediente sich Schmidt seines Psi-Detektoren, um hellseherische Fähigkeiten zu testen. Er ließ das Gerät eine Zufallsfolge von Zielobjekten produzieren, die auf Lochkarten gestanzt und innerhalb des Gerätes verschlossen wurden. Nun hatte er das Gerät so programmiert, daß es die Zielobjekte auf normale Weise rückspielte, wobei die vier numerierten Lämpchen in zufälliger Reihenfolge aufleuchteten. Die sechs Teilnehmer an diesem Experiment wurden aufgefordert, die Reihenfolge zu erraten, in der die Lämpchen aufleuchten würden. Dabei versuchten sie nicht, ein künftiges Ereignis vorauszusagen, noch konnten sie das Gerät in irgendeiner Weise beeinflussen. Sie sollten lediglich versuchen, mit Hilfe von ASW eine vorausbestimmte Reihenfolge zu »lesen«. Insgesamt wurden 15 000 Vermutungen durchgeführt. Auch hier ließ Schmidt seine Teilnehmer unterdurchschnittliche (negative ASW) und überdurchschnittliche Werte raten. Und wieder konnte er signifikante Ergebnisse erzielen (in diesem Fall lag die Antizufallswahrscheinlichkeit bei eins zu über 250 000.

Hätte Schmidt keine weiteren Experimente durchgeführt, so wären diese drei allein schon eine Herausforderung für all jene Skeptiker, die leugnen, daß ASW, in welcher Form auch immer, überhaupt existieren kann. Weitere Untersuchungen aber ergaben noch erstaunlichere Resultate.

»Zufallswanderung« des REG: Psychokinese und die Schmidt-Maschine

Nach diesen ASW-Tests wollte Schmidt herausfinden, ob seine Testpersonen auch in der Lage waren, den tatsächlichen Ablauf seiner Maschinen durch Psychokinese zu beeinflussen. Zu diesem Zweck entwickelte er eine simplere Version seines Geräts mit nur zwei statt vier Output-Leistungen. Dieses Gerät bezeichnete er als binären Zufallsgenerator (*random event generator* – REG). Dieser war an eine Armatur mit neun ringförmig angeordneten Lämpchen angeschlossen, von denen jeweils immer nur eines aufleuchtete. Während das Sr-90 Isotop seine Elektronen emittierte, verwandelte sie besagter Generator im Rahmen einer Zufallsreihe in negative oder positive Impulse. Wenn ein Impuls der einen Art zur Armatur gelangte, tat das Licht in Uhrzeigerrichtung einen Sprung weiter. Und ein Impuls von der anderen Art bewirkte einen Sprung im entgegengesetzten Sinn. Da der Generator nach dem Zufallsprinzip arbeitete, so würden die Lichter dahin tendieren, im Uhrzeigersinn genauso viele Sprünge zu machen wie gegen den Uhrzeigersinn (das heißt sie würden in einer zufälligen Richtung von Lämpchen zu Lämpchen »wandern«). Die Versuchspersonen wurden aufgefordert, die Maschine willentlich so zu beeinflussen, daß die Lichter häufiger im Uhrzeigersinn als entgegengesetzt sprangen.

Interessanterweise stellte Schmidt bei seinen ersten Experimenten mit dem Zufallsgenerator fest, daß seine Teilnehmer die Ereignisse eher in geringerem Maße errieten, als die Zufallsabfolge erwarten ließ (Psi-Missing, negative Psychokinese). Bei einer zweiten Versuchsgruppe von 15 Teilnehmern, zu denen auch die beständigsten »Psi-Missers« zählten, ließ Schmidt 32 768 Vermutungen anstellen – wobei er diesmal hoffte, auf den Psi-Umkehreffekt zu stoßen. Und tatsächlich – statt in 50 Prozent der Fälle (16 384mal) bewegten sie sich nur zu knapp über 49 Prozent der Fälle (16 082mal) im Uhrzeigersinn. Ein schwacher Psi-Effekt, der jedoch kein Zufallsprodukt ist: die Antizufallswahrscheinlichkeit liegt in diesem Experiment bei eins zu über 1000.

Zwei weitere von Schmidts Experimenten sollten hier noch erwähnt werden. Ganz besonders das erstere erscheint uns gut durchdacht und recht ausgeklügelt. Schmidt wollte darin herausfinden, ob sich seine Testpersonen in den beiden ersten beschriebenen Experimenten der Präkognition (Vorhersagen, welches Lämpchen als erstes aufleuchten würde) oder der Psychokinese (Beeinflussung der Maschine, so daß sie die erratenen Zielobjekte produziert) bedienten. Um dieser Frage auf die Spur zu kommen, arbeitete er einen gut getarnten Psychokinese-Test aus. Er baute seinen ursprünglichen Vier-Kanal REG so um, daß die Testperson, wenn sie *glaubte*, auf Präkognition getestet zu werden, in Wirklichkeit nur mit Psychokinese erfolgreich sein konnte.

Die Änderung bestand in einem vordeterminierten Kreislauf, bei dem nur dann ein Treffer zustandekam, wenn das von der Maschine produzierte Zielobjekt auf Kanal Vier registriert wurde. Um bei diesem Test erfolgreich abzuschneiden, mußte man also mittels Psychokinese die Maschine dahingehend beeinflussen, daß sie ein Übermaß an Vieren

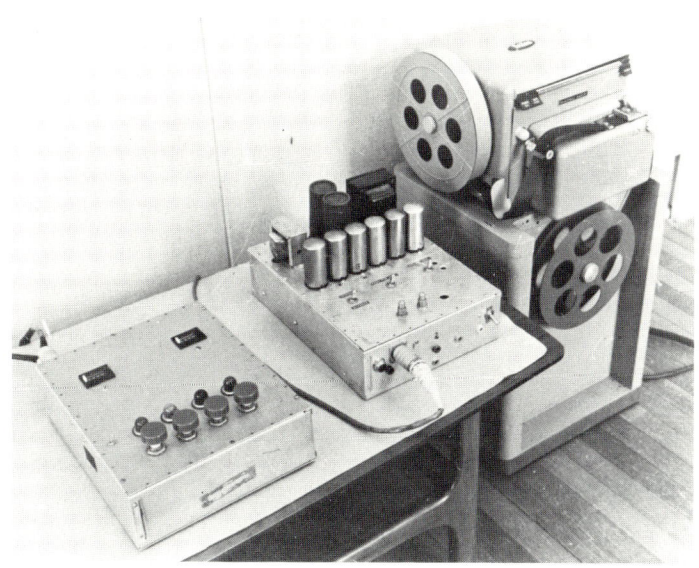

produzierte. Durch nichts anderes wäre eine überdurchschnittliche Trefferquote möglich. Die Teilnehmer wußten jedoch nichts davon, noch hätten sie es auf irgendeine Weise erraten können.

Schmidt führte sein Experiment so durch, als handelte es sich ausschließlich um einen ASW-Test. Die Partizipanten wurden aufgefordert, die Reihenfolge der aufleuchtenden Lämpchen vorauszusagen. Was sie jedoch nicht wußten, war, daß besagter Kreislauf nach dem Zufallsprinzip in den Test ein- und ausgeschaltet wurde. In Wirklichkeit nahmen die Partizipanten also an zwei Experimenten teil – einem ASW- und einem PK-Test – die als ein einziger getarnt waren. Beide dieser »kaschierten« Experimente ergaben signifikante Ergebnisse für Psi (mit einer Antizufallswahrscheinlichkeit von eins zu über 1000 für jede Phase und zu über 100 000 für das gesamte Experiment). Die Trefferzahlen waren jedoch bei beiden Voraussetzungen dieselben – mit dem Kreislauf (wobei reine Psychokinese nötig war, um hohe Trefferzahlen zu erzielen) und ohne (wobei Psychokinese oder Präkognition möglich war). Diese Resultate deuten darauf hin, daß bei Schmidts ersten beiden erfolgreichen Tests die Partizipanten Psychokinese *sowie* Präkognition – oder reine Psychokinese – benutzt haben könnten, um ihre Punktwerte zu erzielen.

In einer Fortentwicklung seiner Arbeit konfrontierte Schmidt seine Testpersonen mit zwei völlig verschiedenen Zufallsgeneratoren (REGs) und verglich anschließend die beiden resultierenden Kategorien von Punktwerten. Der eine Apparat war ein »einfacher« binärer REG, der wie oben erläutert funktionierte. Der andere Apparat aber war ein komplexes Gerät, das eine hohe Anzahl einzelner Zufallsereignisse erzeugte und berechnete, wie viele von jeder möglichen Sorte auftauchten; und als Zielobjekt präsentierte dieser Apparat jene Sorte, die in der gesamten Gruppe am häufigsten auftrat. Auch dieses Experiment fiel sehr erfolgreich aus (bei einer Antizufallswahrscheinlichkeit von eins zu 100 000), und es bestand kein Unterschied in den Punktwerten zwischen den beiden Maschinen. Dieses letzte genannte Resultat ist von überragender Bedeutung. Das werden wir in Kapitel 9 sehen, wenn wir uns mit dem Stellenwert von Psi in der Physik beschäftigen.

Im Verlauf weiterer Experimente gelang es Schmidt nachzuweisen, daß seine Versuchspersonen nicht nur auf den normalen Ablauf seiner Maschinen einwirken konnten, sondern daß sie darüber hinaus in der Lage waren, die Sequenz einer bereits aufgenommenen Ereignisreihe zu beeinflussen. Diese erstaunliche Behauptung wird in Kapitel 9 genauer untersucht. Zusammengefaßt verlief das Experiment folgendermaßen: Schmidt ließ eine seiner Maschinen eine Zufallsserie von Zielobjekten produzieren, die registriert und auf Band gespeichert wurden. Diese Serie wurde den Versuchspersonen über Kopfhörer in Form einer Reihe von Klickgeräuschen noch einmal vorgespielt. Eine Vorrichtung sorgte dafür, daß diese Geräusche rein zufällig mal über den linken, mal über den rechten Kopfhörer hereinkamen. Die Versuchspersonen wurden aufgefordert, »willentlich« über die Kopfhörermuschel mehr Geräusche hereinzurufen als über die andre. Dazu mußten sie sich retroaktiver Psychokinese (zurückwirkender Verursachung) bedienen, um die ja bereits *gespeicherten* Serien zu beeinflussen. Dieses Experiment von Schmidt erzielte die erstaunlichsten Ergebnisse in der Geschichte der Parapsychologie überhaupt.

Was sagen nun die Skeptiker?

Nach eingehender Untersuchung von Schmidts Beweisführungen müssen wir die Qualität seiner Arbeit hervorheben. Seine Experimente wurden mit äußerster Sorgfalt durchgeführt, registriert und statistisch ausgewertet. Der interessierte Leser mag den Wunsch haben, die Berichte seiner Experimente selbst zu studieren (Literaturhinweise findet er im Anhang). Unserer Meinung nach gibt es neben Psi nur eine andere Erklärung für Schmidts Resultate – Betrug. Das aber würde bedeuten, daß andere Forscher wie Honorton, Eve Andre und Erlendur Haraldsson, die unabhängig voneinander Schmidts Experimente wiederholt und bestätigt haben, in seine angeblichen Machenschaften eingeweiht gewesen sein müßten. Die meisten Skeptiker aber stimmen wohl mit Ray Hyman, einem namhaften Kritiker der Parapsychologie, überein, der schrieb:

»Schmidts Arbeit ist in jeder Hinsicht die größte Herausforderung, mit der ich als Kritiker jemals konfrontiert war. Sein Ansatz macht viele der früheren Kritiken an parapsychologischer Forschung hinfällig. Ich bin überzeugt, daß er ernsthaft, ehrlich und so wissenschaftlich wie möglich vorging ... somit war er der anspruchsvollste und erfahrenste Parapsychologe, dem ich jemals begegnet bin ...«

4 Wer ist paranormal begabt?

Viele ganz gewöhnliche Menschen besitzen (zumindest eine gewisse) Begabung, Psi zu gebrauchen, es sei denn, alle Berichte von paranormalen Erlebnissen wären frei erfunden. Helmut Schmidts hervorragende Ergebnisse resultierten aus Experimenten teils mit besonders begabten Menschen, teils aber auch mit nicht vorgetesteten Freiwilligen. Psi-Stars wie Home und Stepanek sind also nur die Spitze des Eisbergs.

Wir Menschen unterscheiden uns, was Intelligenz, Gedächtnis, Persönlichkeit und Wahrnehmungsvermögen angeht, wesentlich voneinander; also muß es auch Unterschiede in Hinblick auf unsere Psi-Fähigkeiten geben. Besteht nun ein Zusammenhang zwischen Psi-Begabung und Alter, Geschlecht, Rasse, Intelligenz oder Persönlichkeit, und wenn ja, warum? Könnte die Erklärung in Erbanlage, Erziehung, unterschiedlicher Hirntätigkeit oder verschiedenem Lebensstil liegen?

Natürlich ist es leicht für ein Medium zu behaupten, die Anwesenheit von »Ungläubigen« beeinträchtige die Psi-Entfaltung – doch gibt es auch handfeste Beweise für eine solche Behauptung?

Glaube und Skepsis

Wo sollen wir anfangen, um all diese Frage zu beantworten? Nun, zunächst wollen wir die Menschen einteilen in solche, die dazu neigen an Psi zu glauben und solche, die Psi strikt ablehnen. Viele Medien behaupten immer wieder, daß ihre Fähigkeiten dadurch, daß Skeptiker an den

Seancen teilnähmen, beeinträchtigt würden. Der Skeptiker selbst dagegen wird behaupten, daß er sich eben nicht an der Nase herumführen läßt und daß Medien nicht den Mut haben, ihre üblichen Tricks in seiner Gegenwart anzuwenden. Es wäre also interessant herauszufinden, ob solche positive oder negative Einstellungen die Testresultate beeinträchtigen.

Die Schmeidler-Experimente

Eine der ersten Forscherinnen, die sich mit den Auswirkungen der persönlichen Einstellung der Testperson auf den Testerfolg auseinandersetzte, war Dr. Gertrude Schmeidler von der City University of New York. In einer Studie aus dem Jahr 1942 untersuchte sie die Psi-Fähigkeiten von Harvard-Psychologen und -Studenten. Freiwillige Testpersonen sollten versuchen, mit Hilfe von ASW die Anordnung von ASW-Karten zu bestimmen, die sich in einem anderen Raum befanden, wo niemand sie sehen konnte. Vor Beginn des Tests hatte Schmeidler ihre Versuchspersonen interviewt, um zu klären, ob sie »Schafe« oder »Böcke« seien. (Als »Schafe« bezeichnete sie diejenigen, die ASW für möglich halten, als »Böcke« dagegen die, für die ASW nicht denkbar ist.)

Ihre drei ersten Experimente ergaben recht überzeugende Ergebnisse. Insgesamt wurden 58 Teilnehmer getestet, wobei sich die »Psi-Gläubigen« als die Gewinner erwiesen: 46 Schafe erreichten bei 389 Versuchseinheiten mit 25 Einzelversuchen im Durchschnitt 5,31 Treffer (bei einer durchschnittlichen Zufallserwartung von 5,00). Obwohl dieser Wert nur knapp über dem Durchschnitt lag, betrug die Antizufallswahrscheinlichkeit eins zu 1000. Bei einer Übersicht der Resultate dieser und fünf weiterer Experimente, in denen »Schafe« und »Böcke« einzeln getestet wurden, stellte sich etwas Eigenartiges heraus.

Man hätte erwarten müssen, daß die Böcke Trefferzahlen von etwa 5,00 (Zufallsdurchschnitt) erzielen würden, was einer ASW-Begabung von Null entspräche. Stattdessen aber wiesen sie einen konstanten Trefferunterhang auf. Obwohl dieser Effekt gering war, handelt es sich hier um sehr schwache ASW, und zwar eine Art von ASW, die man nicht erwarten würde: negative ASW oder Psi-Missing. Wir begegneten diesem sonderbaren Effekt schon bei Helmut Schmidts Arbeiten, doch gewöhnlich nur dann, wenn seine Testpersonen »willentlich« unterzufällig rieten.

Zwischen 1945 und 1951 leitete Schmeidler weitere 14 Experimente, in denen sie die Leute meist in Gruppen und seltener einzeln testete. Die Resultate waren sehr ähnlich (siehe Seite 50). Sie faßte die Daten *all* ihrer Experimente zusammen und stellte fest, daß die Schafe konstant einen Trefferüberhang, die Böcke dagegen einen Trefferunterhang aufwiesen. Die Differenz zwischen den beiden Gruppen war so entscheidend, daß sie rein zufällig nur mit einer Wahrscheinlichkeit von eins zu über 10 Millionen hätte zustandekommen können.

Schmeidlers Arbeit kann in zweierlei Hinsicht als Markstein betrachtet werden: Einmal zeigte sie, daß auch »normale« Menschen ASW-Fähig-

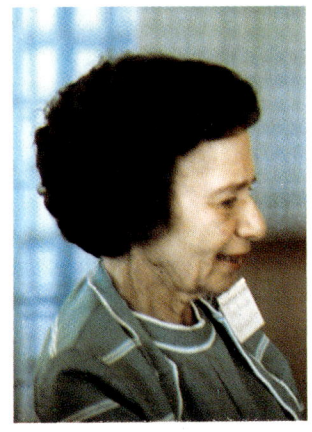

keiten besitzen. Zum anderen wies sie darauf hin, daß ein Zusammenhang besteht zwischen ASW und persönlicher Einstellung. Insgesamt
basieren ihre Daten auf etwa 300 000 Einzelversuchen von 1308 Versuchspersonen. Bei derartig hohen Zahlen müssen ihre Schlußfolgerungen ernst genommen werden. Ihre Arbeit wurde schärfsten Kontrollen
unterworfen und trotzdem niemals ernsthaft in Frage gestellt. Inzwischen sind ihre Ergebnisse durch Experimente in der ganzen Welt
bestätigt worden. 1971 faßte John Palmer aus Kalifornien die Ergebnisse
der ›Nach-Schmeidler-Experimente‹ aus Indien, der Tchechoslowakei,
Argentinien und anderen Ländern zusammen und kam zu der Überzeugung, daß ihre Resultate im wesentlichen richtig waren und durch
Nachuntersuchungen bestätigt wurden. Nun aber stellt sich die Frage:

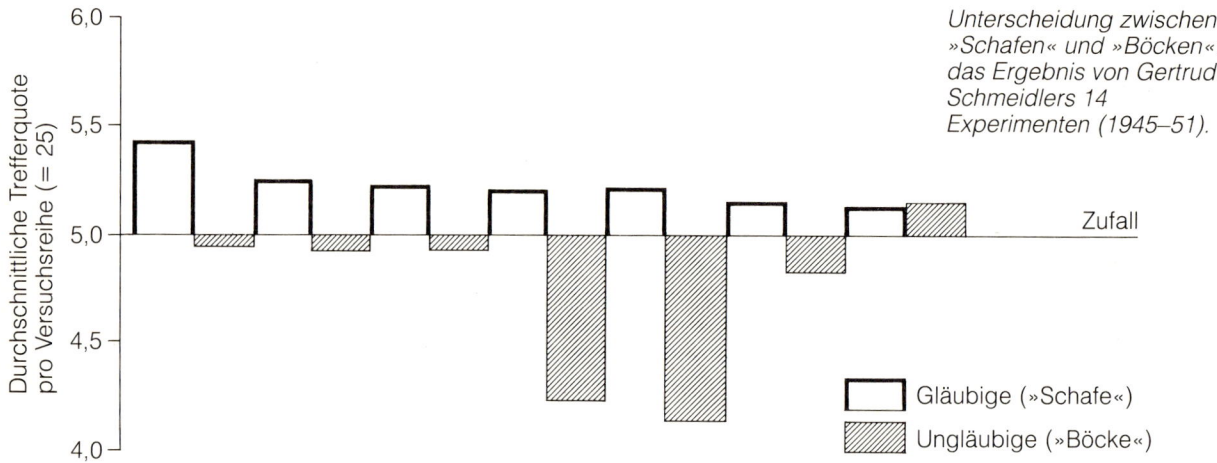

Unterscheidung zwischen »Schafen« und »Böcken«: das Ergebnis von Gertrude Schmeidlers 14 Experimenten (1945–51).

Warum verzeichneten die Böcke stets einen Trefferunterhang? Kann das bedeuten, daß sie am Ende doch gewisse Psi-Fähigkeiten besaßen, selbst wenn sie diese falsch gebrauchten?

Eine Möglichkeit ist, daß es die Böcke lächerlich finden, überhaupt an einem solchen Experiment teilzunehmen, und deshalb in einen inneren Konflikt geraten, der systematisch die Auswertung von ASW-Information verzerrt. Eine andere mögliche Erklärung ist, daß es grundlegende Persönlichkeitsunterschiede zwischen Schafen und Böcken gibt. Forschungsarbeiten haben mittlerweile ergeben, daß Schafe allgemein extravertierter, freundlicher sind und mehr aus sich herausgehen als Böcke.

Persönlichkeit und ASW

Obleich es, Berichten von spontaner ASW zufolge, den Anschein hat, daß Psi durch starke Emotionen hervorgerufen wird, waren die Schmidt-, Schmeidler- und Stepanek-Experimente eher emotional »untertourig«. Haben Psychoanalytiker und andere sogenannte Forscher der emotionalen Tiefen des menschlichen Geistes einen Schlüssel für das Verständnis möglicher Verbindungen zwischen Persönlichkeit und ASW zur Verfügung? Nun, die Literatur hierzu ist umfangreich, Fakten aber sind dünn gesät.

Das Problematische am psychoanalytischen Ansatz ist seine enorme Subjektivität, die Neigung, trivialen Verhaltensweisen große Bedeutung beizumessen, und das Fehlen experimentell fundierter Nachweise. Viele Psychoanalytiker behaupten, daß ihre Klienten telepathische Erlebnisse hatten, die tiefe emotionale Antriebe und Verdrängungen einschlossen. Leider macht die unwissenschaftliche Natur dieser ›Interpretationen‹ solche Behauptungen für den Parapsychologen so gut wie wertlos. Wir benötigen wissenschaftliche Methoden, die Persönlichkeit zu betrachten, sonst werden wir nicht in der Lage sein, Psi und Persönlichkeit wissenschaftlich in einen Zusammenhang zu bringen.

Wissenschaftliche Persönlichkeitsforschung verwendet drei Datentypen, um Persönlichkeitsprofile zu entwerfen: biographisches Material, objektive Verhaltensmessungen und Fragebögen, die Ansichten, Präferenzen, Gedanken usw. festhalten. Jede dieser Informationsquellen hat Vor- aber auch Nachteile, zusammengenommen jedoch ergeben sie ein akkurates und verläßliches Persönlichkeitsbild. Die umfangreichste und detaillierteste Forschungsarbeit im Bereich der Persönlichkeitsmessung wurde von Hans J. Eysenck in Großbritannien und Raymond B. Cattell in den USA durchgeführt. Ihre Ansichten sind nicht immer identisch, stimmen aber in einem Punkt überein: daß die zuverlässigst und leichtest zu messenden Komponenten der menschlichen Persönlichkeit Extraversion/Introversion und Neurotizismus/Stabilität sind. Und auf diese beiden Komponenten haben die Parapsychologen ihre Forschungsbemühungen konzentriert. Auch hier wurde die Pionierarbeit in den Vereinigten Staaten geleistet und zwar von Betty Humphrey an der Duke University.

Der berühmte Rohrschach-Tintenklecks-Test war ein wesentlicher Bestandteil früher Persönlichkeitsforschung. Die modernen Persönlichkeits-Inventare, die heute von Parapsychologen verwendet werden, tragen dazu bei, den Zusammenhang zwischen Persönlichkeit und Psi-Fähigkeit zu klären.

Der Extraversion-ASW-Effekt

Humphrey bediente sich eines damals üblichen Persönlichkeitstests (heute gilt er als rückständig), um ihre Versuchspersonen in Extravertierte und Introvertierte einzuteilen. Dann führte sie mit ihnen das ASW-Kartenexperiment (ähnlich wie Schmeidler) durch, wobei die Extravertierten beständig über der mittleren Zufallserwartung rieten. Gewisse statistische Probleme mögen diese Ergebnisse verzerrt haben. Wenige Jahre später jedoch, 1953, arbeitete Humphrey mit J. Fraser Nicol zusammen und kam dabei zu Ergebnissen, die frei von solchen Beeinträchtigungen waren. Sie und Nicol unterzogen 30 Versuchspersonen dem damals besten Persönlichkeitstest und anschließend mehreren ASW-Kartentests. Dabei konnten sie einen eindeutigen Zusammenhang zwischen Extraversion und überzufälligen Ergebnissen feststellen, genau wie Humphrey zuvor mit ihren unzureichenden Testmethoden. Auch hier waren die Teilnehmer ganz gewöhnliche Menschen und keine Psi-Stars. Bald wurde der Extraversion/Introversion-Psi-Effekt auch in anderen Ländern bestätigt.

Südafrika, 1959. M. C. Marsh von der Universität von Rhodesien führte ein Telepathie-Experiment durch, bei dem die »Empfänger« in seiner Universität in Grahamstown und der »Sender« über 700 Kilometer entfernt in Kapstadt waren. Anstelle von ASW-Karten verwendete er Zeichnungen von Gegenständen als Zielobjekte. Die Empfänger wurden aufgefordert, mit Hilfe von ASW zu ermitteln, welchen Gegenstand der Sender bei jedem Test zeichnete. Voneinander gänzlich unabhängige Sachverständige verglichen die Aussagen mit den tatsächlichen Zielobjekten. Marsh stellte fest, daß die Testpersonen mit großer ASW-Begabung sehr viel extravertierter waren als die unbegabten.

Schweden, 1965. Mit Hilfe des Maudsley Persönlichkeitsinventars, das von Eysenck entwickelt worden war, bewertete Astrom eine Gruppe von 48 Versuchspersonen in Hinblick auf Extraversion und Introversion. In

einem anschließenden ASW-Kartentest erzielten die Extravertierten hohe Trefferquoten, während die Introvertierten nur Zufallstrefferwerte verzeichnen konnten.

Indien, 1972. Bei einem an der Andrha Universtität mit Highschool-Schülern durchgeführten ASW-Kartentest stellten Kanthamani und Rao fest, daß in drei von vier Experimenten Extravertierte höhere Trefferquoten erzielten als Introvertierte – eine Differenz, die man nicht mit dem Zufall erklären kann.

Und wir könnten seitenlang mit ähnlichen Daten fortfahren... In einer zusammenfassenden Bilanz aller bis 1981 veröffentlichten Ergebnisse kam Sargent zu dem Schluß, daß in 18 von 19 Versuchsreihen Extravertierte signifikant höhere Trefferwerte verzeichnen konnten als Introvertierte. Der Zufall kommt hier als Erklärung nicht in Frage. 18 zu eins ist ein signifikantes Resultat. Die Ausnahme bestätigt hier nur die Regel.

Die Theorie der kortikalen Erregung

Warum sind Extravertierte bessere ASW-Subjekte als Introvertierte? Zu dieser Frage stellte Eysenck 1967 eine erste Hypothese auf. Es gilt als erwiesen, daß Extravertierte ein niedrigeres Niveau kortikaler Erregung besitzen als Introvertierte. Eysenck meinte, auf der Basis von nicht experimentell abgesicherter Erfahrung, daß ein niedriges Erregungsniveau ASW begünstige. Wenn das wahr ist, so bedeutet das gleichsam, daß die Extraversion/Introversion – Psi-Differenz eine Differenz in der Hirnfunktion widerspiegelt.

Am besten ließe sich diese Hypothese überprüfen, indem man die Hirnaktivität während der ASW-Experimente mißt. So simpel dies klingen mag, so sind doch verschiedene Forscher zu völlig unterschiedlichen Ergebnissen gekommen. Dies ist bedauerlich, jedoch nicht überraschend, da nämlich die unterschiedlichsten EEG (Elektroenzephalograph)-Mes-

Der Extravertierte (links) schneidet bei ASW-Tests besser ab als der Introvertierte (oben). Wenn es tatsächlich eine physische Persönlichkeitsbasis gibt – den kortikalen Erregungsgrad – heißt das dann nicht, daß wir eine physische Prädisposition für mehr oder weniger Psi-Begabung besitzen?

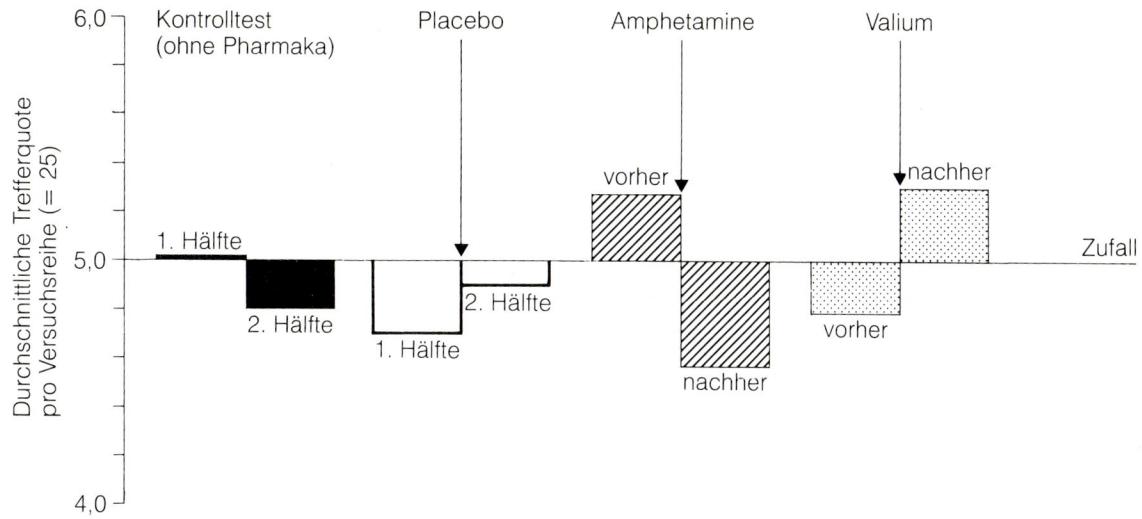

Die Auswirkungen von
Amphetaminen und
Valium auf ASW.

Darf ich mitspielen? Der
verschlossene, abweisen-
de Charakter des Introvertierten sperrt sich, wie es
scheint, gegen ASW.

sungsmethoden angewandt, ganz verschiedene EEG-Variablen untersucht und auch verschiedene ASW-Tests ausprobiert wurden.

Ein ganz anderer Weg, die Hirnerregungs-Theorie anzugehen, ergibt
sich aus dem Gebrauch von Pharmaka. Amphetamine sind Drogen mit
aufputschender, Barbiturate und Valium dagegen mit einschläfernder,
beruhigender Wirkung. Also müßte man annehmen, daß Amphetamine
die ASW-Fähigkeit reduzieren, während Valium ihre Entfaltung begünstigt. Das scheint auch der Fall zu sein.

Die Hypothese, daß Gehirnerregungsniveau und ASW zusammenhän-
gen, darf also mit einiger Sicherheit angenommen werden. Es gibt
Ergebnisse aus ASW-Experimenten, die ziemlich klar auf einen Zusammenhang zwischen niedrigem Erregungsniveau und Psi-Fähigkeiten
schließen lassen; nicht ein einziges wurde protokolliert, das diese Theorie
eindeutig widerlegt. Ein überzeugender Nachweis aber wurde bislang
noch nicht erbracht. Junge, ehrgeizige Parapsychologen werden dies, so
hoffen wir, schon in naher Zukunft verwirklichen.

Die Theorie von der sozialen Beeinflussung

Eine zweite mögliche Erklärung dafür, warum Extravertierte so viel
erfolgreicher bei ASW-Tests abschneiden, lieferte uns Ramakrishna Rao,
ein indischer Parapsychologe, der heute in den USA lebt. Rao stellte die
These auf, daß dieser Unterschied ein *sozialer* sei. Für ihn ist die Atmosphäre, in der ein Experiment durchgeführt wird, ausschlaggebend. Ein
relativ zwangloses, freundliches Verhalten schaffe die beste Vorausset-
zung. Bei Extravertierten ist das problemlos, da sie ja von Natur aus offen
und freundlich sind; anders bei Introvertierten, denn sie sind reserviert
und zurückhaltend.

Es sind Experimente durchgeführt worden, in denen freiwillige Teilnehmer gefragt wurden, ob (oder ob nicht) sie die Versuchsleiter moch-
ten. Ist der Versuchsleiter beliebt, so müßte sich das günstig auf die

Atmosphäre und somit auf die Resultate auswirken. Tatsächlich aber konnte dies nicht zuverlässig nachgewiesen werden. Die Frage nach dem »Mögen« oder »Nichtmögen« des Versuchsleiters ist ja auch im Grunde ein wenig naiv. Vorausgesetzt der Experimentator verhält sich nicht wie ein wahres Monster, so werden doch die meisten Teilnehmer höflich sein und sagen: »Ja, er war wirklich recht nett.« Und das ist ein so oberflächliches Urteil, daß es für wissenschaftliche Schlußfolgerungen unbrauchbar ist. So verlockend die Idee sein mag, so wenig können wir beweisen, daß Sympathie oder Antipathie für den Versuchsleiter ausschlaggebend sind.

Und wenn wir den Versuchsleiter selbst einmal unter die Lupe nehmen? Wenn die erfolgreichen Teilnehmer an ASW-Experimenten stark extravertiert veranlagt sind – wären dann nicht *noch* bessere Ergebnisse zu erwarten, wenn der Versuchsleiter ebenfalls extravertiert ist und eine zwanglose und entspannte Atmosphäre schafft (die ja für Rao so entscheidend ist)? Es gibt gewisse Anhaltspunkte für diese These, doch wurden bislang noch nicht genügend Experimente durchgeführt, um die Ergebnisse als schlüssig betrachten zu können. Das wenige uns zur Verfügung stehende Beweismaterial stützt zwar Raos Idee, aber es ist nicht ausreichend.

Wenn die Extraversion/Introversion-Differenz sozialer Art wäre, müßte dann das Vertrautsein mit den ASW-Testsituationen diesen Unterschied nicht aufheben? Hier begeben wir uns in immer vagere Gefilde. Nehmen wir einmal an, ein extravertierter Teilnehmer kommt zu seiner ersten ASW-Testsitzung; er betritt den Versuchsraum, sagt laut »Hallo«, lächelt und verhält sich in jeder Hinsicht extravertiert. Der introvertierte Teilnehmer dagegen wird eher dazu neigen, sich anfangs reserviert, verschlossen, vielleicht sogar etwas nervös zu verhalten. Wenn er jedoch zur fünften oder sechsten Sitzung erscheint, wird der Introvertierte bereits etwas »aufgetaut« sein. Der Extravertierte dagegen neigt, wie wir aus psychologischer Forschungsarbeit wissen, eher zur Langeweile als der Introvertierte. Wenn also der Introvertierte immer entspannter wird, der Extravertierte aber bereits die ersten Anzeichen der Langeweile zeigt – müßte dann der Leistungsunterschied nicht immer geringer werden?

Die Nachweisversuche sind hier eher widersprüchlich. Humphrey und Nicol stellten den entgegengesetzten Effekt fest: In ihren Kartenexperimenten neigten die Extravertierten dazu, mit der Zeit immer bessere Resultate zu erzielen. Sargent und seine Kollegen dagegen kamen bei ihren Telepathie-Experimenten (Kapitel 6) zu dem Ergebnis, daß die Extraversion/Introversion-Differenz mit der Zeit eher schwindet. Hier stehen wir vor einem Paradoxon. Die Hypothese von der »sozialen Beeinflussung« findet hier keine Bestätigung.

Natürlich können wir das Verhalten des Versuchsleiters manipulieren. Charles Honorton aus New York zum Beispiel forderte seine Experimentatoren auf, sich, nach einem bestimmten vorher festgelegten Plan, einmal »freundlich« und einmal »unfreundlich« zu verhalten. Und tatsächlich erzielten die Teilnehmer, die in freundlicher Atmosphäre getestet wurden, die besseren Ergebnisse. Auch hier findet Raos These eine partielle Bestätigung, aber eben nur eine partielle.

Beständigkeit der Ergebnisse bei ASW/Persönlichkeitsexperimenten

Resultat	% von Versuchen mit signifikantem Effekt (Zufall = 5%)	Antizufallswahrscheinlichkeit	% von signifikanten Resultaten in »richtiger Richtung«	Antizufallswahrscheinlichkeit
1. Gläubige besser als Ungläubige	37,5	1 zu 1 Milliarde	100	1 zu 4096
2. Extravertierte besser als Introvertierte	34,6	1 zu 10 Milliarden	95	1 zu 26214
3. Schwach neurotische besser als stark neurotische Personen (nur Einzeltests)	33,3	1 zu 100 Millionen	100	1 zu 4096

Zusammenstellung des Beweismaterials. Eine Übersicht der Arbeiten zu Persönlichkeit und Psi.

Zusammenfassend stellen wir fest: Es scheint sich zu bestätigen, daß Extravertierte bei ASW-Experimenten mit goßer Wahrscheinlichkeit besser abschneiden als Introvertierte. Bisher aber sind die Experimente nicht zahlreich und die Resultate nicht eindeutig genug, als daß wir mit Bestimmtheit sagen könnten, welche der vorgeschlagenen Erklärungen (wenn überhaupt eine) korrekt ist.

Zusammenhänge zwischen Neurotizismus und ASW

1977 untersuchte Palmer sämtliche veröffentlichte ASW/Neurotizismus-Experimente und stieß dabei auf etwas sehr Sonderbares: In allen Tests, bei denen ein signifikanter Unterschied zwischen schwach und stark neurotisch veranlagten Teilnehmern festgestellt worden war, zeichneten sich die ersteren durch höhere ASW-Leistungen aus. Hier deutet alles in eine Richtung. Tatsächlich ist der stark-neurotisch/schwach-neurotisch Effekt so eindeutig, daß es Zeit wird, über mögliche Erklärungen nachzudenken.

Die Theorie vom »inneren Lärm«

Eysenck, Cattell und viele andere stimmen darin überein, daß eines der Charakteristika von stark neurotisch veranlagten Menschen ihr sehr aktives und reaktives autonomes Nervensystem ist; dies ist der Teil unseres Nervensystems, der automatische und unwillkürliche Tätigkeiten steuert wie die Produktion und Ausschüttung von Hormonen, die

Dehnung und Kontraktion unserer Därme und anderer »unwillkürlicher« Muskeln, die Herz- und Atemfrequenz, das Schwitzen usw. – alles Vorgänge, die genauestens gemessen werden können. Stark neurotisch veranlagte Menschen neigen zu Schweißausbrüchen und Überreaktionen auf plötzliche Reize.

Nun ist es möglich, daß stark neurotisch veranlagte Menschen bei ASW-Experimenten deshalb so schlecht abschneiden, weil in ihrem inneren »System« zu viel Lärm stattfindet, der so laut ist, daß ASW-Signale – so es welche gibt – diesen nicht übertönen können. Wir haben bereits gesehen, daß die schwachen Leistungen von Introvertierten ASW-Experimenten auf die übergroße Erregung im Gehirn zurückzuführen sein *könnten*. Es ist möglich, daß Neurotiker ebenso wie Introvertierte mit zuviel »Lärm« in ihrem Inneren konfrontiert sind, um schwache ASW-Signale registrieren und verwenden zu können. Die Theorie ist zumindest plausibel und wird im folgenden Kapitel genauer untersucht.

Das Verblüffende an Neurotizismus und ASW aber ist, daß die »Lärm-Theorie« ihre Gültigkeit verliert, wenn die Versuchspersonen in *Gruppen* getestet werden. In diesem Fall erzielen die stark neurotisch Veranlagten nicht länger schlechtere Ergebnisse als die schwach neurotisch Veranlagten; eher das Umgekehrte ist der Fall. Das stellte sich bei einem Vergleich von Einzel- und Gruppenexperimenten heraus.

Umwelteinflüsse

In einer kürzlich durchgeführten Forschungsarbeit testeten Sargent und Trevor Harley insgesamt 186 Leute auf ASW, davon 150 in zwei verschiedenen Gruppen und 36 einzeln. Zunächst wurde jeder Versuchsperson ein kurzer Persönlichkeitstest abgenommen. Dann bat man die Testpersonen, sich einen Würfel vorzustellen, der eine schräge Ebene hinabrollt und schließlich liegenbleibt. Welche Zahl zeigt nach oben? Eine Testreihe setzte sich aus 25 Vermutungen zusammen. Bei 25 Vermutungen und einer Trefferchance von 1 aus 6 beträgt die Zufallserwartung 41 667.

Die Ergebnisse waren eindeutig. In Einzeltests erzielten die stark neurotisch veranlagten Teilnehmer durchschnittlich knapp über 3 Treffer, die schwach neurotischen dagegen knapp über 5. In Gruppentests war das Ergebnis umgekehrt. Die stark neurotisch veranlagten Partizipanten erzielten etwas bessere Ergebnisse als die schwach neurotischen.

Dieser kombinierte Test bestätigt zweifellos die 1977 von John Palmer aufgestellte Hypothese; ASW scheint tatsächlich durch Umwelt und Persönlichkeit beeinflußt zu werden. Palmers Erklärung hierzu lautet, daß stark neurotisch veranlagte Menschen Angst verspüren, einzeln getestet zu werden (wenn sie sich überhaupt testen lassen). Selbst wenn der Forscher ihnen erklärt: »Wir können Außersinnliche Wahrnehmung nicht *testen* – wir wissen noch zu wenig darüber. Wir *erforschen* ASW lediglich und sind Ihnen dankbar für Ihre Hilfe«, so haben sie noch immer das Wort *Test* im Hinterkopf. Sie können gegen dieses Angstgefühl nicht angehen, und so kommt es zu dem immer lauteren »Lärm« – mit dem Ergebnis, daß sie schlecht abschneiden. Schwach neurotisch

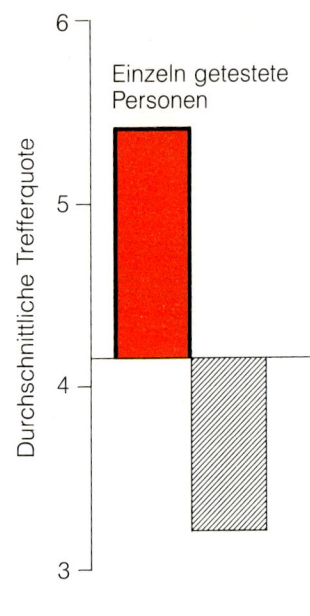

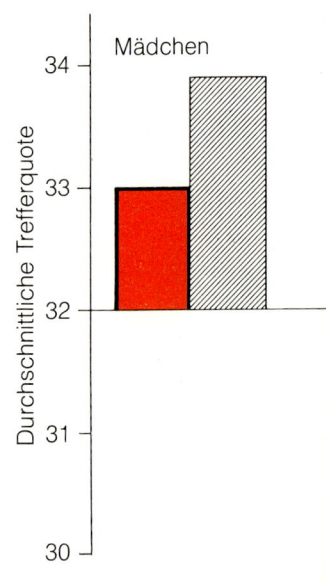

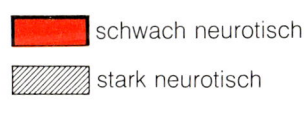

■ schwach neurotisch

▨ stark neurotisch

In Gruppen
getestete
Personen

Zufall

Veranlagte besitzen diese Einstellung nicht, oder zumindest nicht in diesem Ausmaß. Einzeltests machen ihnen keine Angst.

Bei Gruppentests aber kann der stark neurotisch Veranlagte, wie Palmer es ausdrückt, »sich in der Menge verlieren«. Solange er nicht ausgesondert wird, fühlt er sich wohl. Weniger Angst bedeutet weniger »Lärm« und somit verstärkte ASW-Fähigkeit. Palmer stellte dies auch in Situationen außerhalb des ASW-Labors fest, zum Beispiel im Klassenzimmer. Die schulischen Leistungen stark neurotisch veranlagter Kinder könnten dort verbessert werden, schrieb er, »wo die Umgebung und auch die anderen Gruppenmitglieder vertraut und nicht bedrohlich erscheinen«. Erst kürzlich abgeschlossene Forschungsarbeiten bestätigen dies.

1976, etwa zu der Zeit, als Palmer seinen Bericht schrieb, begann sich Sargent für ein Problem zu interessieren, das, auf den ersten Blick, wenig mit Neurotizismus zu tun zu haben scheint: geschlechtsspezifische Unterschiede bei ASW.

Der Namenstest

Um solche Unterschiede zu untersuchen, entwickelte Sargent einen simplen Hellseh-Test. Auf einem einfachen, gefalteten Blatt Papier standen 64 Paare von Vornamen, zur Hälfte Jungen-, zur Hälfte Mädchennamen. Die Reihenfolge der Namen war zufällig. Ein Name eines jeden Paares wurde von einem Computer nach dem Prinzip des Zufalls als Zielname ausgewählt, und die Versuchspersonen wurden aufgefordert zu raten, welche Namen die Zielobjekte waren. Dazu mußten sie jeweils auf eine der Namensgruppen deuten. Will man wirklich geschlechtsspezifische Unterschiede nachweisen – warum sollte man dann nicht ein Experiment entwickeln, bei dem Geschlechtsunterschiede (Jungen- und Mädchennamen) ein wesentlicher Bestandteil des Testmaterials sind?

Von den sechs Experimenten, die Sargent zwischen 1976 und 1980 nach diesem Schema (dem sogenannten Namenstest) durchführte, war der letzte der interessanteste. 101 Personen nahmen an dem Test teil, der in einer Schule stattfand: 10 Mitglieder des Lehrkörpers und 91 Schüler von denen 51 weiblich und 40 männlich waren. Bei 64 Namenpaaren und einer Wahrscheinlichkeit von 50/50 rein zufällig richtig zu raten, lag der Zufallsdurchschnitt in diesem Test bei 32.

Sargent trennte die 91 Schüler von den 10 Lehrern, und dabei stellte sich etwas sehr Amüsantes heraus: Nicht einer unter den Lehrern erzielte eine überzufällige Treffersumme! Vor dem Test hatte man Sargent gesagt, daß die Lehrer sehr skeptisch seien. War dies eine Bestätigung des »Schafe-Böcke«-Effektes?

Sargent nahm sich die ASW Treffer der Schüler vor und verglich sie mit den Persönlichkeitsprofilen, die er vor dem Test hatte anfertigen lassen. Er stellte fest, daß bei den Mädchen die Ergebnisse der Theorie Palmers entsprachen: Stark neurotisch veranlagte Mädchen schnitten besser ab als schwach neurotische. Neurotisch veranlagte Menschen lieben Gruppen! Doch als die ASW-Ergebnisse der Jungen untersucht wurden, stellte sich das Gegenteil heraus: die schwach neurotisch Veran-

Oben: Neurotizismus und ASW: die Resultate von Einzel- und Gruppentests.

Unten: In einer gemischten Gruppe mit Jungen und Mädchen schneiden stark neurotisch Veranlagte in der dominanten Untergruppe (Mädchen) besser ab, während in der Minderheitsgruppe (Jungen) schwach neurotisch Veranlagte besser abschneiden.

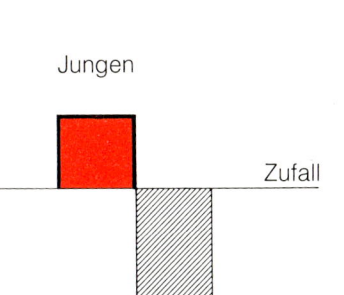

■ schwach neurotisch

▨ stark neurotisch

Jungen

Zufall

lagten schnitten besser ab als die stark neurotischen. Macht dies die Palmer-Theorie hinfällig?

Wahrscheinlich nicht. Eher kann man wohl von einer Differenzierung der Palmerschen These sprechen. Zwar fühlt sich der Neurotiker innerhalb einer Gruppe als »einer unter vielen«, doch wenn die Gruppe klare unterschiedliche Elemente aufweist, wird sich der Neurotiker nur dann als einer unter vielen fühlen, wenn er zu der dominanten Untergruppe gehört. Und die Mädchen *waren* in der Mehrzahl; sie zählten somit zu der dominanten Untergruppe. Für die stark neurotisch veranlagten unter ihnen war die Gruppe eine ASW-stimulierende Umgebung. Die Jungen dagegen waren in der Minderzahl; die stark neurotisch veranlagten unter ihnen konnten sich nicht als »einer unter vielen« fühlen. Es ist nicht schwer zu verstehen, warum sich der gewöhnliche Neurotizismus-Gruppen-Effekt bei den Jungen umkehrte.

Wir dürfen jedoch nicht den Fehler begehen, dieses Ergebnis überzubewerten. Kein anderer Forscher hat bislang ein vergleichbares Experiment durchgeführt, und deshalb müssen wir Sargents Ergebnisse mit äußerster Vorsicht deuten.

Was wir aus Gruppenexperimenten lernen können, ist folgendes: das soziale Umfeld kann ASW ebenso beeinflussen wie die Persönlichkeit. Und diese soziale Beeinflussung ist alles andere als einfach. Jede Gruppe hat ihre Untergruppierungen und Unterschiede. Unsere Experimente dürfen diese Faktoren nicht außer acht lassen.

Zusammenfassend stellen wir fest: Wir können mit großer Sicherheit sagen, daß stark neurotisch veranlagte Menschen schlechter bei ASW-Tests abschneiden als schwach neurotische, solange sie einzeln getestet werden. Gruppentests dagegen neigen dazu, diesen Effekt zu verwischen. Wir verfügen über einige höchst interessante Resultate, die auf neue mögliche Forschungswege, aber auch auf wissenschaftliche Klippen hindeuten.

Ein Voodoo-Idol. Entwickeln sich Psi-Fähigkeiten leichter bei Völkern, deren Glaube von Animismus und magischen Praktiken beherrscht wird?

Diese Kinder behaupten, eine Vision der Jungfrau Maria gehabt zu haben: Besitzen Kinder größere Psi-Fähigkeiten als Erwachsene?

Extraversion und Neurotizismus stehen in einem deutlichen Zusammenhang zu ASW. Das Beweismaterial ist so überwältigend, daß es von niemandem, der es in seiner Gesamtheit betrachtet, ignoriert werden kann. Selbst der skeptische Psychologe Ray Hyman schrieb in der Zeitschrift *Contemporary Psychology:* »Die gewaltige Zahl von handfesten Labor-Daten, welche für Psi sprechen, überzeugen mich, daß ›irgendetwas‹ daran sein muß...«

Alter und kulturelle Unterschiede bei ASW

Bisher haben wir uns mit der Auswirkung von Persönlichkeitsfaktoren auf ASW-Leistungen befaßt. Gibt es noch andere signifikante Unterschiede? Wie zum Beispiel unterscheiden sich ASW-Fähigkeiten von Erwachsenen und Kindern? Hat die soziale Evolution auf die Art und Weise eingewirkt, wie Menschen ASW benutzen? Können wir dieser Frage auf den Grund gehen, indem wir die »primitiven« Gesellschaften untersuchen, die bis in die heutige Zeit überlebt haben? Daneben stellt sich die fundamentale Frage, ob sich ASW im Zuge der menschlichen Evolution eher weiter- oder zurückentwickelt hat. Da ASW von potentiellem Nutzen ist, könnte man annehmen, daß sie sich eher weiterentwickelt hat. Dem steht jedoch entgegen, daß ASW eine schwach ausgeprägte und eher unzuverlässige Fähigkeit ist. Wir haben uns zu stark visuellen Wesen entwickelt, doch unsere Empfindungsfähigkeiten sind nicht halb so ausgeprägt wie die vieler Tiere. Vielleicht nimmt ASW denselben Weg wie unser einst so hoch entwickelter Geruchssinn? Wenn dies der Fall wäre, so könnte man annehmen, daß Tiere ausgeprägtere Psi-Fähigkeiten besitzen als Menschen.

Erwachsene und Kinder

Viele Wissenschaftler haben durchweg gute Ergebnisse von kleinen Kindern als Testpersonen festgestellt. Kinder scheinen bessere und zuverlässigere ASW-Versuchspersonen zu sein als Erwachsene. Beschäftigen wir uns jedoch gründlicher mit den veröffentlichten Berichten von Kinder-ASW, so müssen wir feststellen, daß die Dinge etwas komplizierter sind. Nehmen wir eines von J. B. Rhines frühen Experimenten, in denen Kinder sehr viel höhere Trefferzahlen erzielten als Erwachsene, so entdecken wir, daß die Erwachsenen ebenso weit *unter* der Zufallserwartung (Psi-Missing – siehe »Schafe-Böcke«-Effekt) lagen wie die Kinder *darüber.* Kinder und Erwachsene gebrauchten jeweils ASW – wenn auch auf unterschiedlichste Weise.

Eine andere interessante Versuchsreihe wurde in den 50er Jahren von Margaret Anderson, einer besonders einfallsreichen ASW-Forscherin, durchgeführt. Bei dieser Forschungsarbeit wurden ausschließlich Kinder getestet, und die Resultate waren durchweg hervorragend – klare, zuverlässige, konstante ASW während des gesamten Tests. Liest man jedoch genauer, wie Margaret Anderson ihre Tests aufgebaut hatte, so entdeckt man, daß diese wie ein Science Fiction-Spiel konstruiert waren: Gute (überzufällige) Trefferquoten verhalfen zum Start einer Weltraumrakete und hielten diese während ihrer »Mission« auf Kurs. Eine großartige Idee. Nur muß man sich fragen, ob Erwachsene bei einem vergleichsweise spannenden Spiel nicht ebenso gut abgeschnitten hätten.

Eine andere interessante Forschungsarbeit auf diesem Gebiet stammt von Dr. Ernesto Spinelli von der Surrey University. Spinelli arbeitete mit Versuchspersonen aller Altersgruppen (von unter 3 bis über 70). Er berichtet, daß Kinder unter 7 Jahren bei ASW-Tests (Telepathie-Tests in diesem Fall) gewöhnlich sehr gut abschneiden, während ältere Kinder und Erwachsene nur schwache Leistungen erzielen. Dies ist äußerst interessant, weil um das Alter von sieben beim Kind so etwas wie Erwachsenen-Logik und schlußfolgerndes Denken einsetzen. Spinelli vertritt die Ansicht, daß die Entwicklung formalen und logischen Denkens die ASW-Sensitivität reduziert – ja sogar auslöscht. Bei komplizierten, ausgetüftelten Denkaufgaben, die während der ASW-Tests ausgeführt werden müssen, gehen selbst die Trefferquoten von noch nicht siebenjährigen Kindern auf Zufallswerte zurück. Einfache Denkaufgaben dagegen, so fand Spinelli heraus, beeinträchtigen ASW nicht.

Bei genauer Untersuchung seiner Testmethoden geraten Spinellis Interpretationen jedoch in ein ziemlich zweifelhaftes Licht. Den kleineren Kindern wurden die ASW-Tests nämlich mit Hilfe von Handpuppen demonstriert, die den Test vorspielten und den Ablauf erläuterten. Das hat sicherlich ihr volles Engagement angeregt und sie so begeistert, wie dies bei Erwachsenen nur schwer möglich gewesen wäre. Es ist ziemlich offensichtlich – betrachtet man die Arbeiten Andersons, Spinellis und anderer Forscher mit Kindern – daß diese hervorragende Resultate nicht auf grundlegende Differenzen der ASW-Fähigkeiten von Kindern und Erwachsenen zurückgeführt werden können, sondern vielmehr auf das gute Verhältnis der Forscher zu den Kindern und ihr Talent, mit ihnen zu arbeiten. Auch Erwachsene könnten bessere Ergebnisse erzielen, wenn sie ähnlich wie die Kinder »stimuliert« würden.

Unten links: Mütter behaupten häufig, »telepathisches« Wissen vom Tun und Gemützzustand ihrer Kinder zu haben.

Unten: Ernesto Spinelli (rechts) entwickelte spielerische Versuchstechniken und -materialien, um Kinder bei ASW-Tests stärker zu motivieren.

*Bei Psi-Tests mit austra-
lischen Ureinwohnern
sträubten sich die meisten
gegen den Gebrauch von
Psi-Kräften; sie erkannten
diese Fähigkeit lediglich
den sogenannten »klugen
Männern« zu.*

Die Tatsache, daß Kinder bei ASW-Tests besser abschneiden als
Erwachsene hat (auf der Basis vorliegender Ergebnisse) einen sozialen
Grund. Kinder haben noch nicht gelernt, skeptisch zu sein. Sie sind
lebhaft und impulsiv – ähnlich wie Extravertierte. Die Kind/Erwachse-
nen-Differenz mag uns über die Wirkungen der *sozialen* Evolution in
einer dem Paranormalen mißtrauenden Gesellschaft Aufschluß geben,
sie scheint jedoch nichts über die Auswirkungen der biologischen Evolution auf Psi-Fähigkeiten auszusagen. Ähnliche Probleme treten auf, wenn
wir kulturbedingte Differenzen bei Psi-Fähigkeiten untersuchen.

Gibt es einen kulturbedingten Unterschied?

Uns liegen Berichte vor, die nahelegen, daß manche vorindustrielle
Stammesgesellschaften Psi – vielleicht in Form von Magie – als Teil der
Alltagserfahrung betrachten. Die vielleicht umfangreichste Forschungs-
arbeit auf diesem Gebiet wurde in den 50er Jahren von Ronald und
Lyndon Rose mit australischen Ureinwohnern, Maoris und Samoanern
durchgeführt. Die Roses machten sowohl ASW- als auch Psychokinese-

Tests, und zwar mit stark divergierenden Ergebnissen. Die ASW-Tests ergaben fast alle hohe Trefferquoten (außer auf Samoa), während die Psychokinese-Tests durchweg erfolglos verliefen. Diese Resultate spiegeln die Wirkung von sozialen Glaubenshaltungen und Einstellungen wider – die kulturelle Variante des »Schafe-Böcke«-Effekts. Die Ureinwohner im Rose-Experiment bestanden darauf, daß nur die »klugen Männer« des Stammes möglicherweise die Würfel beeinflussen konnten, die für den Psychokinese-Test verwendet wurden. Sie waren sicher, es nicht zu können, und deshalb konnten sie es auch nicht, das heißt sie versuchten es gar nicht erst. Nur einige wenige Psychokinese-Tests wurden mit den »klugen Männern« (ohne Erfolg übrigens) durchgeführt, und deren Einstellung zu der Aufgabe war unklar.

Andere Forschungsarbeiten mit sogenannten »primitiven« Kulturen, zum Beispiel in Liberia und Panama, ergaben häufig recht gute Resultate. Doch es wäre sinnlos, diese im Detail anzuführen, da die Resultate der Roses sehr klar zeigen, daß verschiedene Menschen einen unterschiedlichen kulturellen Hintergrund besitzen, der die Entfaltung von Psi-Fähigkeiten entweder begünstigt oder hemmt. Ob sich die Psi-Fähigkeiten australischer Ureinwohner grundsätzlich von denen der Zentraleuropäer unterscheiden, ist unmöglich zu entscheiden.

Psi bei Tieren

Schließlich kommen wir zu der Frage von Psi bei Tieren. Wenn die Fähigkeit zu ASW im Verlauf der Evolution nachläßt, so könnte man annehmen, daß ASW bei Tieren stärker ausgeprägt ist als bei Menschen. Es ist sehr wohl möglich, ASW-Experimente für Tiere zu entwerfen; ein Großteil dieser Arbeiten bestand aus Psychokinese- und weniger aus ASW-Tests, beides aber ist möglich. Bei einem ASW-Test kann man ein Tier (etwa eine Ratte) in einen zweigeteilten Käfig setzen, wobei jede der beiden Hälften unabhängig voneinander unter Strom gesetzt wird, um dem Tier einen schwachen Schock zu verabreichen. Wenn das Tier ASW-begabt ist (Präkognition), so müßte es fähig sein, die unter Strom gesetzte Hälfte während mehr als 50 Prozent der Zeit zu meiden. Sind Tiere nun in der Lage, überzufällig richtig zu »raten«? Manchmal ja, manchmal nein. Obwohl das Bild, das sich aus zahlreichen solcher Experimente ergibt, komplex ist, so ist doch eines ganz klar: Tiere weisen keine höheren ASW- und Psychokinese-Leistungen auf als Menschen – eher weniger.

Psi bei Pflanzen

Ein Forscher, dessen Namen wir hier nicht erwähnen wollen, hat berichtet, daß Pflanzen auf menschliche Gefühle sowie auf das Töten anderer Pflanzen und kleinerer Tiere (zum Beispiel Garnelen) »reagieren«. Einige Autoren, vor allem Lyall Watson, haben diesen Standpunkt begeistert übernommen. Inzwischen aber hat sich ziemlich deutlich erwiesen,

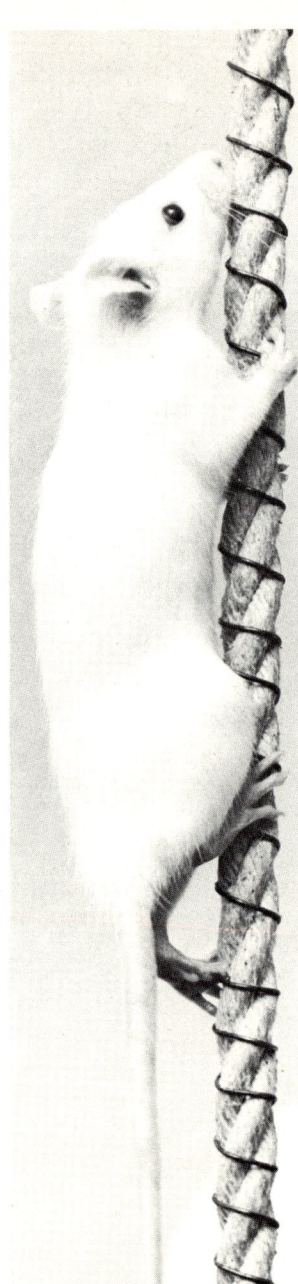

Auch Tiere können auf Psi hin getestet werden. Das beweist aber nicht die Behauptung mancher Leute, daß ihre Haustiere »alles verstehen, was sie sagen«.

Es ist häufig behauptet worden, ASW existiere auch bei Pflanzen. Eingehende Untersuchungen aber haben diese Idee sozusagen im Keim erstickt.

daß die in dieser Arbeit verwendeten Meßtechniken fehlerhaft sind. Sorgfältige Forschungen in verschiedenen Laboratorien haben gezeigt, daß, wenn Störfaktoren bei der Messung wie Luftzug, Temperaturwechsel, Vibrationen usw. eliminiert werden, keine Spur eines Beweises für Psi bei Pflanzen gefunden werden kann.

Um zu unserer Ausgangsfrage zurückzukehren, ob sich Psi in der Evolution weiter- oder zurückentwickelt hat, muß die einzige ehrliche Antwort lauten: Wir wissen es nicht. Untersuchungen mit Kindern legen nahe, daß ASW in den ersten Lebensjahren stärker ausgebildet ist; dies könnte eine Funktion der Sozialisation nicht aber der Biologie sein. Ähnliche Schlußfolgerungen ergeben sich aus den Arbeiten mit primitiven Kulturen: Die Resultate scheinen eher soziale und kulturelle Glaubenshaltungen als Unterschiede in angeborener Psi-Begabung widerzuspiegeln. Auch bei der Forschung mit Tieren konnten keine klaren Belege dafür erbracht werden, daß Psi-Effekte um so ausgeprägter und zuverlässiger werden, je tiefer man die evolutionäre Leiter hinabsteigt.

Intelligenz, geistige Gesundheit, Geisteskrankheit und Psi

Obgleich Spinellis Forschungsresultate auf soziale Faktoren und auf seine Begabung im Umgang mit Kindern zurückgeführt wurden, scheint seine Behauptung plausibel, daß rationales Denken Psi – und ganz besonders ASW – beeinträchtigen könnte. »Intuition«, die vermutlich ein wesentlicher Bestandteil von ASW ist, scheint sich qualitativ von der »Intelligenz« zu unterscheiden. Wenn der IQ (Intelligenzquotient) negativ mit ASW korreliert, könnte dann der Zusammenbruch der rationalen

Funktionen bei extremen Fällen von Geisteskrankheit (Psychosen) nicht zu einer verstärkten Äußerung von ASW führen?

Der Zusammenhang von IQ und ASW läßt sich mit drei Worten erläutern: Es gibt keinen (zumindest nicht auf der Grundlage vorhandener Belege). Oft jedoch ist es schwer, Intelligenz von anderen Faktoren zu trennen. Ein von dem jungen amerikanischen Forscher Bob Brier mit Mitgliedern von *Mensa* (dem Club hoher IQs) durchgeführtes Experiment, ergab hohe Psi-Missing-, also negative ASW-Werte. Da die Mensa-Mitglieder sehr skeptisch waren, was ASW anbelangt, waren Briers Resultate wohl eine weitere Bestätigung des »Schafe-Böcke«-Effekts und weniger eine Folge der hohen IQ-Werte seiner Versuchspersonen.

Auch ist Intelligenz keine für sich allein stehende Variabel. Es scheint eher, daß sie eine hierarchische, aus mehreren Begabungskomponenten bestehende Größe ist, die wir unter dem Begriff »Intelligenz« zusammenfassen. Bei kleineren Kindern zum Beispiel neigen Mädchen zu geringfügigkeit höherer verbaler Begabung, während die Jungen sich mit Mathematik und räumlichen Denken leichter tun. Das ist natürlich nur eine allgemeine Tendenz. Man hat versucht, diese geschlechtsspezifischen Unterschiede zu belegen, indem man bei ASW-Tests entweder Wörter oder Bilder als Zielobjekte verwendete; dabei hoffte man beweisen zu können, daß sich charakteristische IQ-Begabungen in ASW-Resultaten ausdrücken. Manchmal sind Mädchen bei verbalen ASW-Tests besser als Jungen, manchmal nicht, und manchmal ist überhaupt kein Unterschied festzustellen. Die Ergebnisse sind sozusagen konstant inkonstant.

Viele Schizophrene und Prä-Schizophrene glauben telepathische Kräfte zu besitzen und/oder fühlen sich (in paranoiden Fällen) telepathisch verfolgt. Es mag an den Haaren herbeigezogen scheinen, doch haben mehrere Psychiater behauptet, daß Psi einen Faktor in der Entwicklung der Schizophrenie auslösen könnte. Nach dieser Theorie wird der Schizophrene von störenden telepathischen »Botschaften« infiltriert, die dazu beitragen, den psychotischen Zustand einzuleiten. Sehen wir auf die Fakten. Wie schneiden Schizophrene bei ASW-Experimenten ab?

Ein typisches Beispiel für die Einstellung eines Schizophrenen zu ASW

Ich möchte Ihnen mitteilen, daß ich selbst der Psychiatrie zu dem Wissen verhelfe, daß viele Ursachen (paranormale Phänomene) der geistigen Einflußnahme und Gedankentelepathie sind – das Wissen von Feindeinwirkung mit einbeschlossen. Der Premier-Minister wird ständig von mir über sämtliche Vorgänge informiert, einschließlich der »Überschall-Aktivität zur Erde« durch Sateliten von hoch oben, um die »Stimme der Verstorbenen« zu übertragen usw.
Sie haben versucht, »Bilder« auf die Wände meines Wohn- und Badezimmers zu projizieren (wahrscheinlich weil ich die Theorie aufgestellt habe, daß »paranormale Visionen« durch *Hologramm-Techniken* heruntergestrahlt werden können). Auch wurde mein elektrisches Bügeleisen überheiß »gemacht« und dadurch ein Kleidungsstück ruiniert (die Stimme lacht) und meine Kleider klebrig am Körper, obwohl ich meine »antistatische Unterwäsche« trug, wie zwecks einer zusätzlichen Demonstration von Macht.

Anmerkung: »Sie« sind mit ziemlicher Sicherheit die Russen, Deutschen und Japaner, was aus einem anderen Absatz des Briefes hervorgeht, von dem hier nur ein Teil abgedruckt ist.

Rechts: *Die in sich gekehrte, angsterfüllte Welt des Geisteskranken – lebhaft illustriert durch den Urheber dieses Bildes. Opfer von Psychosen berichten häufig von psi-ähnlichen Komponenten in ihrem Wahn – doch aus leicht ersichtlichen Gründen bleibt dies ein schwieriges Forschungsgebiet.*

Solche Forschungsarbeiten mit Schizophrenen sind natürlich äußerst problematisch. Zunächst einmal stellt sich die rein ethische Frage: Dürfen wir Tests mit Versuchspersonen durchführen, die vielleicht zutiefst unglücklich und gestört sind? Dann stellen sich die eher praktischen Probleme – mit Diät, Pharmaka, Fehldiagnosen usw. – und schließlich taucht die Frage auf, mit welcher Art von Schizophrenie wir konfrontiert sind (paranoid Schizophrene, die unter Größen- oder Verfolgungswahn leiden, unterscheiden sich sehr stark von anderen schizophren Veranlagten). Die Bewältigung all dieser Probleme setzt enorme Erfahrung und Praxis voraus, viel Zeit auch und Geduld, den guten Willen des Psychiaters und Pflegepersonals und viel Geld. Es ist daher nicht erstaunlich, daß die mit Schizophrenen durchgeführten ASW-Forschungsarbeiten den vorgeschriebenen Normen gar nicht entsprechen können. Ein Großteil des Beweismaterials, über das wir in diesem Bereich verfügen, ist bereits älteren Datums, aber es ist in keiner Weise schlüssig: einige Experimente ergaben, daß Schizophrene über gewisse ASW-Fähigkeiten verfügen – andere nicht.

Jeder, der in Zukunft auf diesem Gebiet forschen will, wird sich mit all den oben genannten Problemen auseinandersetzen müssen. Er wird die Tatsache berücksichtigen müssen, daß für einen Schizophrenen, der sich in klinischer Behandlung befindet, die Aufforderung, sich an einen Tisch zu setzen und ASW-Karten zu raten, nicht sonderlich viel Sinn ergibt. Ein äußerstes Maß an Takt, Einfühlungsvermögen und Sensitivität ist vonnöten, um solche Tests an die Versuchsperson anzupassen.

Uns liegt auch Material von weniger extremen Geistesstörungen vor (Depressionen, Manien, Hysterien usw.). Hohe Neurotizismuswerte sind ein Charakteristikum aller Menschen (ausgenommen Psychopathen), die in Nervenkliniken untergebracht sind. Von daher wäre es erstaunlich, wenn Leute, die unter Depressionen, Manien oder anderen Geistesstörungen leiden, besonders gute ASW-Versuchspersonen abgäben. Ein Großteil des vorhandenen Beweismaterials bestätigt, daß Geistesgestörtheit nicht mit besonderer ASW-Fähigkeit einhergeht.

Der Mythos von der weiblichen Überlegenheit

Praktisch alle existierenden Berichte und Zusammenfassungen deuten auf einen wesentlichen geschlechtsspezifischen Unterschied bei spontanen Psi-Phänomenen (Psi, das im Alltag erlebt wird) hin. Frauen neigen zu häufigeren ASW-Erlebnissen als Männer, oder, um den Streitpunkt vorwegzunehmen, sie *behaupten* es, Männer dagegen treten in der Mehrzahl als »Sender« auf. Nun, hier haben wir es wieder einmal eindeutig mit der alten und abgegriffenen Schablone »männlich/weiblich« zu tun: das passive, intuitive Weibliche, das »Botschaften« vom dynamischen, dominanten Männlichen empfängt (das in der Telepathie gebräuchliche Bild vom »Sender«, der dem »Empfänger« ein »Signal« sendet). Vielleicht gibt es tatsächlich eine solche Differenz, vielleicht aber handelt es sich nur um eine Unzulänglichkeit der Statistik. Denn Männer wie Frauen neigen eher dazu, solche Erlebnisse zu melden, die mit ihren stereotypen Geschlechtsrollen übereinstimmen. Frauen berichten im allgemeinen häufiger von ASW-Erlebnissen, vor allem in der passiven Rolle des »Empfängers«. Männer dagegen schildern gern Ereignisse, bei denen sie eine aktive Rolle spielen.

Die meisten experimentellen Untersuchungen von geschlechtsspezifischen Differenzen mit Hinblick auf ASW wurden mit Kindern durchgeführt. Doch jedem Test, bei dem Mädchen signifikant besser abschnitten als Jungen, stand ein anderes Experiment entgegen, bei dem das Gegenteil der Fall war.

Forschungsarbeiten mit Erwachsenen haben ebenfalls keine klaren und eindeutigen geschlechtsbedingten ASW-Differenzen ergeben. Bei Traum-Telepathie-Experimenten in New York (Kapitel 5) schnitten die Männer überzufällig gut als »Empfänger« ab, was bei den Frauen nicht der Fall war. Bei einem ähnlichen Typ von Versuch, einem Ganzfeld-Experiment (Kapitel 6), fand Sargent heraus, daß Männer als Empfänger geringfügig bessere Resultate aufwiesen als Frauen. In beiden Fällen waren die Experimentatoren Männer. Besteht nun die Möglichkeit, daß

Traditionsgemäß wurden Frauen für paranormal begabter als Männer angesehen. Dieser Mythos, so behauptet die moderne Forschung, rührt von der klischeehaften Vorstellung der Frau als »passivem Empfänger von Eindrücken« her.

Frauen bei weiblichen Experimentatoren bessere Ergebnisse erzielen? Offensichtlich nicht, denn Sargent fand heraus, daß, wenn diese Versuche von zwei Frauen geleitet wurden, die geschlechtspezifische Differenz sogar noch zunahm: Die Männer erzielten noch höhere Trefferquoten, während die Frauen etwa gleiche Punktwerte verzeichneten. Ob nun mit oder ohne weibliche Experimentatoren, die Männer schnitten also besser ab als die Frauen.

Zieht man die Ergebnisse von Kinder- und Erwachsenen-Experimenten zusammen, so wird deutlich, daß es keine klar erkennbare geschlechtsspezifische Differenz hinsichtlich ASW gibt. Möglicherweise aber existieren zahlreiche komplexe Unterschiede, deren Wechselwirkungen die Befunde ausgleicht.

So weit so gut...

Würden *alle* Faktoren deutlich und signifikant mit ASW korrelieren, so käme der Skeptiker (sicher auch zu Recht) zu dem Schluß, daß die Experimente mangelhaft sind. Dies ist jedoch nicht der Fall. Einige Faktoren – Einstellung, Extraversion, Neurotizismus – weisen eine konstante Wechselwirkung mit ASW-Erfolgen auf, während andere – Alter, IQ, Geschlecht – dies nicht tun. Nur wenn wir das vor Augen haben, sind wir in der Lage, einige der Implikationen des Extraversions- und des Neurotizismus-Effekts zu untersuchen. Wie wir bereits andeuteten, könnten diese beiden Effekte eine gemeinsame Erklärung durch das Konzept der »Lärm«-Theorie finden. Es gibt eine Reihe von hochinteressanten Forschungsarbeiten, bei denen versucht wird, den Einfluß von ASW-Signalen zu fördern, indem die inneren Geräusche gedämpft werden. Diese Forschung bedient sich differenzierter und wohldurchdachter Tests, die den Situationen im Alltag möglichst ähnlich sind, und haben bereits schlüssige und konstante Resultate erbracht.

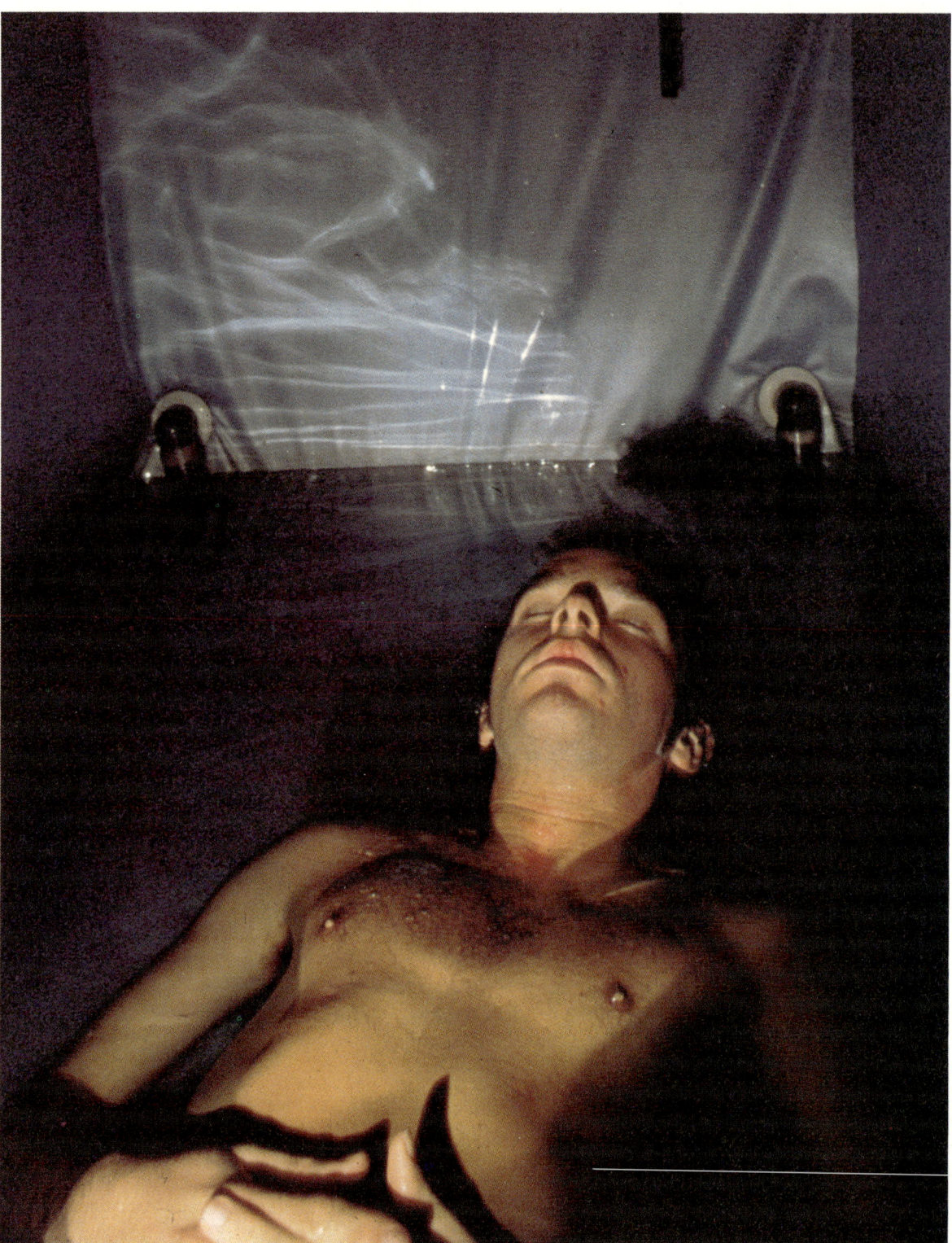

5 Veränderte Zustände I: Traum-ASW und Ganzfeld-Methode

Psi-Forscher haben entdeckt, daß sich die Psi-Fähigkeiten des Menschen in abnormen Bewußtseinsabläufen, wie sie für Träume, Meditation oder einen drogeninduzierten Zustand typisch sind, verbessern. Diese Kammer zur sensorischen Deprivation (links) ist eine Möglichkeit, um einen veränderten Bewußtseinszustand im Labor zu erzeugen.

Im letzten Kapitel befaßten wir uns mit den Daten, die für bzw. gegen die Existenz einer »übersinnlichen Persönlichkeit« sprechen, und wir gingen vor allem auf die Frage ein, ob bestimmte individuelle Typen eher dazu neigen, Psi-Fähigkeiten zu entwickeln. Dabei entdeckten wir, daß Angst als Merkmal einer stark neurotischen Persönlichkeit anscheinend hemmend auf die Psi-Leistung einwirkte – daß aber sogar stark neurotische Personen in einer freundlichen und nicht bedrohlichen Umgebung bessere Leistung zeigten. In diesem Kapitel werden wir uns nun mit einigen der aufregenden Versuche befassen, die unternommen wurden, um Umgebungen – physischer wie geistiger Natur – zu erzeugen, welche das Auftreten von Psi-Phänomenen begünstigen könnten.

Man begann mit diesen Versuchen in den 60er Jahren, als die jüngeren Parapsychologen, von denen viele durch die Rhinesche Schule gegangen waren, zu der Überzeugung gelangten, daß Rhines Methoden, ASW zu testen, steril und daß seine Philosophie etwas naiv sei. Rhine hatte seine bahnbrechenden Untersuchungen in den 30er Jahren durchgeführt, als der dominierende Denkansatz in der Psychologie der sogenannte Behaviorismus war. Rhine wollte die Behavioristen mit ihren eigenen Waffen schlagen, indem er sich ihrer experimentellen Methoden bediente, um ASW als Realität nachzuweisen. Doch in den 60er Jahren wehte ein neuer Geist in Amerika. Die weitverbreitete Benutzung von Halluzinogenen – Haschisch, LSD, Mescalin und dergleichen mehr – lenkte die Aufmerksamkeit vieler Psychologen auf das mentale Leben des Menschen und die

Die Blumenkinder der 60er Jahre weckten in den USA das Interesse von Psychologen und Parapsychologen für veränderte Bewußtseinszustände.

Möglichkeiten, dieses Innenleben zu erforschen. Die Behavioristen gingen über die Introspektionen der Leute hinweg – doch die jetzt heranwachsende Generation von Psychologen war der Meinung, daß das Ignorieren von Dingen lediglich zur Ignoranz führe.

Und wieder befaßten sich viele Parapsychologen mit Berichten über Psi-Phänomene aus zahlreichen verschiedenen Quellen und unterschiedlichsten historischen Perioden. Anthropologische Untersuchungen zeigten, daß viele sogenannte primitive Völker behaupteten, daß natürliche Halluzinogene übersinnliche Erfahrungen nach sich zögen. Alte Sanskrittexte über Yoga- und Meditationspraktiken schienen darauf hinzuweisen, daß Psi-Erfahrungen – einschließlich ASW und Levitation – auch im Verlauf gewisser meditativer Techniken und Übungen möglich seien. In jüngerer Zeit zeigten die von Hypnotiseuren vorgenommenen Demonstrationen, daß normales Humanverhalten auf seltsame und unerklärliche Weise verwandelt werden konnte. All diese Quellen und viele andere mehr ließen eine Vielfalt von neuen und möglicherweise fruchtbaren Ansätzen zur Psi-Erforschung durch veränderte Geisteszustände vermuten. In diesen Zuständen wurde das normale Bewußtsein modifiziert durch Drogen, Hypnose oder Meditation.

Viele spontane Psi-Erfahrungen finden dann statt, wenn der Empfänger schläft oder am Einschlafen ist.

Die Traumbeobachter

Ein besonders vielversprechendes Forschungsgebiet schien die Traumwelt zu sein. Die Menschen haben den Träumen seit altersher eine übernatürliche Bedeutung zugeschrieben. Historische Berichte über prophetische Träume sind verhältnismäßig häufig. Ein Beispiel ist der Traum des Pharao von der kommenden Hungersnot, der von Josef gedeutet und im Alten Testament festgehalten wurde. Darüber hinaus finden etwa fünfzig Prozent aller spontanen Psi-Erfahrungen dann statt, wenn der »Empfänger« schläft. Weitere Forschungen haben ergeben, daß diese Empfänger ASW-Erfahrungen eher nachts als bei hellem Tageslicht haben.

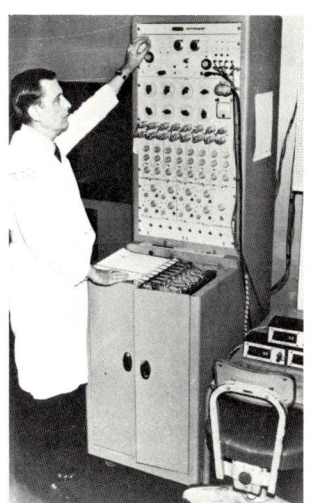

Stanley Krippner, ein ungewöhnlicher Traumbeobachter, im Maimonides Dream Laboratory (New York).

Die erste wichtige Untersuchung von ASW im Traum wurde in Amerika von Dr. Montagu Ullmann durchgeführt, dem sich später Dr. Stanley Krippner anschloß. Die Experimente, die Ullmann und Krippner durchführten, wurden von der Parapsychology Foundation subventioniert. Diese Foundation wiederum war ins Leben gerufen worden von der irischstämmigen Eileen Garrett, die selbst ein berühmtes Medium war und den Wunsch hatte, daß die wissenschaftliche Erforschung von parapsychologischen Phänomenen vorangetrieben werden sollte. Zwischen 1962 und seiner Pensionierung im Jahr 1978 betrieb Ullmann seine einschlägigen Forschungen im Dream Laboratory des Maimonides Medical Center in Brooklyn (New York).

Ullmanns Untersuchungen gingen von der Entdeckung des Psychologen Nathaniel Kleitman aus, wonach bei jedem Schlafenden Traumperioden festgestellt werden konnten. Kleitman fand heraus, daß jeder Mensch während des Schlafes Perioden verstärkter Augenbewegungen erlebt. Und wenn die Person in dieser *rapid-eye-movement-phase* (REM-Phase – Phase rascher Augenbewegungen) aufgeweckt wird, wird sie viel eher von einem Traum berichten als in anderen Schlafphasen. Auf diese Weise hat man REM-Detektoren entwickelt, die man mit Elektroenzephalographen (EEGs) zusammengekoppelt hat, wobei ein solcher Enzephalograph die elektrische Aktivität im Hirn feststellt. Mit diesem Doppelgerät kann man nun feststellen, wann während des Schlafes die Traumepisoden stattfinden.

Um Ullmanns Traum-ASW-Experimente begreiflich zu machen, möchten wir eine Untersuchung heranziehen, die der Wissenschaftler im Jahr 1964 unternahm. Untersuchte Person war der Pyschologe Dr. William Erwin. Geplant waren zwölf Testnächte, doch wegen einer Krankheit Erwins wurden nur sieben Nächte abgeschlossen.

Das Experiment war als Telepathietest konzipiert. Während Erwin, den man an ein REM/EEG-Gerät angeschlossen hatte, in dem einen Zimmer schlief, versuchte man ihm aus einem anderen Zimmer per Telepathie ein Zielbild zu vermitteln. Dieses Bild wählte man auf einer Zufallsbasis unter einer Reihe von Kunstdrucken aus – die Wahl erfolgte aufgrund einer Tabelle von Zufallsziffern. Der Sender schaute sich nun die ganze Nacht lang dieses und nur dieses Bild an und versuchte diese Information Erwin zu »senden«. Und der Experimentator, der in dieser Nacht bei Erwin weilte, informierte den Sender, wenn Erwin träumte, so daß sich der Sender jetzt bei seinen Übermittlungsversuchen doppelt anstrengen konnte. Nach jeder REM-Phase wurde Erwin aufgeweckt und aufgefordert, über seine Träume zu berichten. Diese Träume hat man sogleich protokolliert.

Am nächsten Morgen verließ der Sender das Labor, ohne Erwin zu sehen, und der Experimentator bat diesen, über etwaige weitere Assoziationen und Träume zu berichten.

Nach sieben Nächten verfügten die Experimentatoren über sieben Zielbilder und Erwins entsprechende Träume. Nun wurden diese Bilder und die Traumberichte drei unabhängigen Gutachtern vorgelegt. Diese hatten eine einfache Aufgabe zu erfüllen: sie sollten sich jeden der Traumberichte genau ansehen und die Bilder jedem Bericht in einer

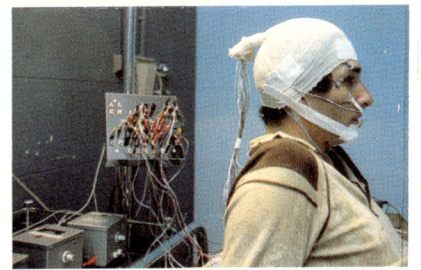 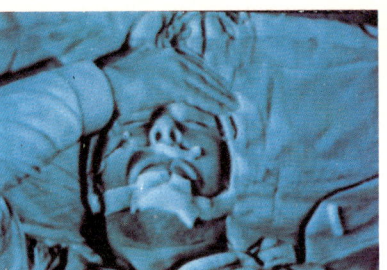 

Reihenfolge von eins bis sieben zuordnen. An erster Stelle kam das Bild, das dem Traum am stärksten zu entsprechen schien, und die siebte Stelle wurde von dem Bild eingenommen, das am wenigsten mit dem Traum zu tun zu haben schien.

Ein wesentlicher Punkt bei diesem Verfahren ist natürlich, *daß diese Zuordnungen subjektiv waren.* Nicht jeder der Gutachter sollte Bilder und Berichte unter dem gleichen Blickwinkel sehen. Ungeachtet dieses Problems kann man diese Methode durchaus benutzen, um ASW zu messen. Dabei liegt auf der Hand, daß eine hohe Wahrscheinlichkeit von ASW besteht, wenn einer der Gutachter die Träume mit den Bildern vergleicht und in allen sieben Fällen das richtige Bild als erstes dem richtigen Traum zuordnet. Der Zufall allein würde gemischte Resultate ergeben; manche Bilder würden, was den richtigen Traum anlangt, an der Spitze stehen, die meisten würden hingegen einen Mittelwert erzielen, und einige würden auf der erstellten Liste ganz unten stehen. Kehren wir nun zur Erwin-Untersuchung zurück. Angesichts der sieben Träume und der sieben Bilder dürfen wir, wenn wir vom Zufall allein ausgehen, erwarten, daß nur eines der sieben Bilder an erster Stelle dem richtigen Traum zugeordnet wird. Der Grund dafür liegt darin, daß es sieben Durchgänge sind, wobei jeder Durchgang eine Trefferchance von 1 aus 7 aufweist. Auch dürfen wir erwarten, daß die Durchschnittswertung (zwischen 1 und 7) beim Mittel von 4 zu liegen käme. Doch welche Zahlenwerte erzielten die Gutachter wirklich, als man den Durchschnitt der verschiedenen Wertungen errechnete?

Nur in einem Fall entsprachen die Wertungen der Zufallserwartung von 4,0. In den anderen sechs Fällen lag der Durchschnittswert niedriger, das heißt die richtigen Bilder und die richtigen Träume schnitten in ihrer Zuordnung mit hohen Punktwerten ab. Ullman berichtete, daß dieses Experiment ein erstes klares Indiz für eine stark ausgeprägte Traum-ASW war.

Ein wesentlich besseres Ergebnis erbrachte eine zweite Untersuchung, die aus acht Testsitzungen bestand. Feldstein, ein sehr erfolgreicher »Sender«, schlug eine Neuerung vor: vielleicht würden die Ziele noch bessere Werte erbringen, wenn sich der Sender noch stärker mit ihnen identifizierte. Ullman und Krippner waren einverstanden und entwickelten »multisensorische« Materialien, die die Bilder ergänzen sollten. So handelte es sich zum Beispiel in der zweiten Nacht bei dem zu sendenden Bild um ein japanisches Gemälde, das einen Mann mit einem Regenschirm darstellte, der vor dem Regen flüchtete. Und nun hatte also Feldstein im Duschraum des Maimonides Medical Center mit einem Spielzeugregenschirm die Runde zu drehen...

Bei diesem zweiten Erwin-Experiment waren die Resultate ganz

Untersuchungen zur Traum-ASW sind kostspielig. Das hängt vom technischen Gerät für die Aufzeichnung von Hirnaktivitäten und von den langen Experimentzeiten ab.

Eine experimentelle Testsitzung: Sind Malcolm Bessents Träume präkognitiv?

Erste Nacht

Bessents Traumberichte: Eindrücke von Grün und Pupurrot ... kleine Bereiche von Blau und Weiß.

Ich sah einen langgestreckten Betonbau. Der war architektonisch geplant und gestaltet ... und ein Patient versuchte zu fliehen ... War vielleicht eine Frau ... sie hatte einen weißen Kittel an, wie ihn Ärzte tragen.

Eine Art Feindseligkeit, die von einer Gruppe ausging und sich gegen mit richtete ... Mein Eindruck war, daß es sich hier um Ärzte und Mediziner handelte ...

Die Betonwand war gewölbt und naturfarben ... Ich hatte das Gefühl, daß ein Patient entkommen sei ... und bis zum Bogengang gelangte. Ich träumte vom Frühstück ... die Tassen waren heiß ... man trank ... man aß ... die Tassen und andere Gegenstände schepperten ...

Zweite Nacht

Zielwort (ausgewählt auf Zufallsbasis): Korridor

Zielbild (das erste in der ganzen Serie mit dem Wort »Korridor« im Titel): *Krankenhauskorridor in St. Rémy* (1889) von Van Gogh

Erfahrung nach dem Erwachen: Roszas »Spellbound« spielt auf einem Plattenspieler. Hysterisches Lachen ... Bessent wird als Herr Van Gogh willkommen geheißen ...
Gemälde von Geisteskranken werden als Dias gezeigt. Bessent bekommt eine Tablette mit einem Glas Wasser. Bessent wird »desinfiziert« mit einem Wattebausch und Azeton.
Bessent wird durch einen dunklen Korridor vom Labor ins Büro geführt.

Krankenhauskorridor in St. Rémy (1889) von Vincent van Gogh. Gouache und Wasserfarben, 61,3 × 47,3 cm. Collection, The Museum of Modern Art, New York.

Erstaunlicherweise konnte Bessent präkognitiv von den Ereignissen träumen, die man auf Zufallsbasis aussuchte.

bemerkenswert. Bei acht Nächten erwiesen sich sechs als »Volltreffer«: in sechs Fällen ordneten die Gutachter das richtige Bild dem richtigen Traum zu, das heißt das richtige Bild stand an erster Stelle. In den beiden anderen Fällen stand das richtige Bild an zweiter bzw. an dritter Stelle. Nun hätte der Zufall allein nur einen Volltreffer (bei einer Erfolgsrate von 12,5 Prozent) erbracht, doch Erwin bekam sechs Treffer – was eine Erfolgsrate von 75 Prozent bedeutet. Die »Antizufallswahrscheinlichkeit« in einem solchen Fall liegt bei eins zu über 1000.

Das Maimonides-Team hatte bei dieser Art von Experiment einen Erfolg nach dem anderen zu verzeichnen. Hier nur noch ein Beispiel, um die bemerkenswerte Natur dieser Studie und ihr erstaunliches Gelingen zu veranschaulichen. Wir haben es in diesem Fall mit einigen faszinierenden Beispielen von spontaner Präkognition zu tun, die sich im normalen Verlauf der Laborexperimente manifestierten. So wurde im Jahr 1969 eine telepathische Traumsitzung durchgeführt, an der als Träumer Alan Vaughan (seines Zeichens Mitautor des Buches *Dream Telepathy* von

Bessents Vorhersagen (Dezember 1969): War hier Präkognition am Werk?

Bessent	*Und die wirklichen Ereignisse*
»Ein griechischer Öltanker, Farbe Schwarz, wird in vier bis sechs Monaten in ein Unglück von internationaler Tragweite verwickelt werden. (Zusammenhang mit Onassis – vielleicht ist die Gefahr symbolisch, doch meine ich, daß das Schiff mit dem Mann persönlich etwas zu tun haben könnte.)«	Zwei Monate später geriet der Onassis-Tanker *Arrow* vor der Küste von Neuschottland in Seenot. Der Ölteppich, der das Meer bedeckte, war ein Problem von »internationaler Tragweite«.
»General de Gaulle wird innerhalb eines Jahres sterben.«	Elf Monate später starb *de Gaulle* – doch war er schon ein alter Mann.
»Premierminister Wilson wird kommenden Sommer (1970) die Regierung wechseln.«	Im Sommer 1970 übernahm Heath die Regierung von Großbritannien. Doch Bessents Vorhersage ist nicht exakt, denn schließlich sagte er nicht, daß *Wilson* eine Niederlage erleiden würde. Andererseits deutet das Wort Regierungswechsel in diese Richtung.
»Nixon wird keine weitere Amtszeit absolvieren.«	Falsch. Nixon wurde 1972 mit überwältigender Mehrheit wiedergewählt. Und trotzdem richtig, denn Nixon führte seine Amtszeit nicht zu Ende – er stolperte über den Watergate-Skandal.
»Senator Muskie wird der nächste Präsident werden.«	Falsch!

Ullman und Krippner) teilnahm. In dem Gespräch, das nach dem Traum stattfand, kommentierte Vaughan: »Chuck Honorton war in dem Traum mit von der Partie, und er bewertete irgendeine Arbeit und benutzte den Buchstaben F ... Er sagte: ›Oh, F steht für Fehlerhaft‹ ... Dann guckte ich nach dem Fernseher, und auch der Fernseher schien in diesem Experiment mit von der Partie zu sein ... und als ich ihn anguckte, begann das ganze Ding sich zu bewegen und lebendig zu werden, und dann war da ein Mann mit einem Messer in der Hand ... und hinter ihm lag ein Affe flach auf dem Boden ... Ich frage mich nur, ob es eine solche experimentelle Situation nicht wirklich einmal geben könnte ...«

Das war am 9. April 1969; am 17. Juli schrieb Vaughan an Ullman und meinte, dieser Traum könnte eine Präkognition sein, die sich auf eine künftige Sitzung bezöge.

Am 12. Januar 1970 traf der kanadische Fernsehstar Norman Perry im Maimonides Center ein, um dort in einem Forschungsprojekt als Versuchsperson mitzumachen. Vaughan war auch dabei, sozusagen als Ersatzmann für den Fall, daß Perry unter den ungewohnten Laborbedingungen (er bekam zum Beispiel Elektroden am Kopf befestigt) nicht einschlafen könnte. Der Sender wählte auf Zufallsbasis ein Bild aus, das einen *Affen* zeigte, der eine Orange hielt. Um diesen Eindruck noch zu verstärken, nahm der Sender wirklich eine Orange, *die er auseinanderbrach.*

Perry träumte zwar von keinem Affen, aber von einem großen weißen, nicht näher definierbaren Tier. Trotzdem plazierte er das Affenbild bei sechs Möglichkeiten an erster Stelle, denn der Affe auf dem Bild war ebenfalls weiß.

Hier einige der Traumvorhersagen, die Malcolm Bessent im Maimonides Dream Laboratory machte.

In der Zwischenzeit hatte auch Vaughan seinen Traum gehabt – von jemandem, *der einen Laib Brot auseinanderbricht.* Und als er das Bild vor sich hatte, schob er den Affen ans unterste Ende der ganzen Reihe: ein Fehlschlag. *Honorton war der Experimentator.* F für Fehlerhaft.

Vaughan schaute zu, wie Perry seine Wahl traf, *während er fürs Fernsehen gefilmt wurde* (»und auch der Fernseher schien in diesem Experiment mit von der Partie zu sein...«), und er sah zu, wie Perry das Affenbild als erstes legte (»ein Affe flach auf dem Boden«). Das zweite Bild, das Perry wählte, *zeigte einen Mann mit einer Axt* (»...ein Mann mit einem Messer in der Hand...«).

Nun, das könnte alles reiner Zufall sein, doch ist der Fall schon recht ungewöhnlich! Und so verwundert es einen auch kaum, daß sich die Leute vom Maimonides Center stark für das Phänomen der Präkognition zu interessieren begannen.

Im Jahr 1969 und im Jahr 1970 kam der paranormal begabte Engländer Malcolm Bessent nach Brooklyn ins Maimonides Center, um sich dort im Bereich der Präkognition testen zu lassen. Die Frage war, ob dieser Mann, der dafür bekannt war, daß er künftige Ereignisse vorhersagte, bei Traum-ASW-Experimenten zu einer Performanz gelangen würde. Zwei Experimente schafften die Zweifel an Bessents Fähigkeiten aus der Welt.

Jedes dieser Experimente umfaßte acht Nächte. In jeder dieser Nächte war der schlafende Bessent an die EEG/REM-Monitoren angeschlossen, und wenn er in die REM-Phase gelangte, wurde er aufgeweckt, um seine Träume zu erzählen. Dieses Verfahren war also das übliche, doch gab es in diesem Stadium weder Sender noch Ziel.

Nach Abschluß der jeweiligen Traumnacht benutzte ein Experimentator, der nichts von Bessents Träumen wußte, eine komplexe Zufallstabelle, um aus dem Buch *The Content Analysis of Dreams* ein *Zielwort* auszuwählen. Diesem Zielwort wurde dann ein Bild aus der Kunst beigegeben, und aus diesem Bild entwickelte der Experimentator für Bessent eine dramatische Geschichte. In einem dieser Fälle hatte man zum Beispiel das Wort »Korridor« ausgesucht, und bei der Kunstpostkarte handelte es sich um van Goghs »Krankenhauskorridor in St. Rémy«. Nun wurde für Bessent eine ungewöhnliche Scharade inszeniert. Sofort nach seinen Träumen und seinem Traumbericht wurde er durch einen dunklen Korridor befördert, und er erhielt wegen seines »Zustands« eine (Placebo-) Pille, wurde mit Herr van Gogh angeredet, und darüber hinaus zeigte man ihm Bilder von Geisteskranken.

Bessents Träume *die Nacht davor* scheinen auf eine unheimliche Weise das wiederzugeben, was ihm danach zustoßen sollte.

Um diese Zusammenhänge statistisch messen zu können, schickte man Bessents Traumbericht an drei verschiedene Gutachter, und zwar zusammen mit dem Zielwort und sieben anderen »Füllwörtern«. Die sieben »Füllwörter« für die »St. Rémy-Nacht waren »Parka-Kapuze«, »Schreibtisch«, »Küche«, »Teelöffel«, »Körperrücken«, »Blätter« und »Ellbogen«. Die Gutachter – die von dem Wort, welches das wirkliche Ziel darstellte, natürlich keine Ahnung hatten – entschieden sich dennoch alle für das Wort »Korridor«, das ihrer Ansicht nach unter den acht Lösungsmöglichkeiten dem Trauminhalt am besten entsprach.

Sechzehn Nächte, sechzehn Träume. Und in jedem dieser Fälle für die Gutachter eine Chance von 1 aus 8, um das Wort oder das Ziel zu treffen, das dem jeweiligen Traum am besten entspricht. Von der Zufallserwartung allein würde man auf einen Durchschnitt von zwei richtigen Lösungen schließen (das heißt 16 mal 1/8). Bessent aber hatte zehn richtige Lösungen, also fünfmal so viel wie die durchschnittliche Zufallserwartung ergeben hätte. Dieses überwältigende Resultat allein dem Zufall zuschreiben zu wollen wäre sicherlich verfehlt. So aber hat es den Anschein, daß Bessent sich der Präkognition bediente, um von dem zu träumen, was mit ihm nach jeder dieser Traumnächte passieren würde.

Ein Überblick über alle bislang veröffentlichten Experimente ergibt, daß etwa bei 50 Prozent die ASW-Effekte im Traum positiv und signifikant waren. Auch hier kann der Skeptiker natürlich behaupten: »Das ist ein Irrtum, denn die Erfolgsrate scheint deshalb so hoch, weil wir von den Mißerfolgen nichts mitbekommen. Psi-Forscher berichten über keine Zufallsergebnisse!« Die Antwort auf diese Anschuldigung ist einfach. Die Erfolgsquote ist zehnmal so hoch wie die Zufallserwartung, und um alle festgestellten Erfolge auszugleichen, müßte es eine Unmenge von unveröffentlichten Zufallsresultaten geben. Da diese Experimente eine lange Laufzeit haben und nur wenige Leute die Apparaturen und die Motivation zu ihrer Durchführung besitzen, sind so viele Zufallsresultate schon sehr unwahrscheinlich. Dazu kommt noch, daß alle erfolgreichen Traum-ASW-Untersuchungen Ergebnisse zeitigten, die nicht unter sondern *über* der Zufallserwartung lagen. Die Tatsache, daß alle signifikanten Resultate in eine Richtung weisen, ist auf den ersten Blick ein Indiz dafür, daß Träume eine ASW begünstigen. Doch ist dieser Rückschluß unbegründet. Denn zwar zeigte die Forschung zur Traum-ASW eindeutig, *daß Träume mit starken ASW-Effekten verknüpft sind,* doch ein Schlüssel dafür, weshalb dem so ist oder wie eine solche Verknüpfung zustandekommt, ist bislang nicht gefunden worden. Auch sind die praktischen Hindernisse, denen man bei diesem Experimenttypus begegnet, beträchtlich. Die Apparatur, die zur Registrierung der Traumphasen nötig ist, ist sehr kostspielig. Die Arbeit selbst ist sehr laborintensiv – eine ganze Nacht ist für nur eine Sitzung nötig. Obgleich die Versuche zur Traum-ASW zu ihrer Zeit sehr erfolgreich waren und vor allem dazu beitrugen, daß sich das Augenmerk der Wissenschaftler wieder inneren mentalen Zuständen zuwandte, war es doch so, daß ein ausgeklügelter theoretischer und experimenteller Ansatz gefunden werden mußte. Dieser Ansatz wurde in der Folge von Charles (Chuck) Honorton, einem der Maimonides-Forscher entwickelt.

Honortons Ansatz basierte unter anderem auf historischen Berichten über Psi-Erfahrungen, angefangen bei den *Yoga Sutras* von Patanjali, die in Indien vor 3500 Jahren niedergeschrieben wurden, bis hin zu detaillierten Berichten, die im neunzehnten Jahrhundert von der British Society for Psychical Research publiziert wurden. Außerdem überprüfte Honorton die Erinnerungen und Schriften von Medien und anderen paranormal Begabten aus dem neunzehnten und zwanzigsten Jahrhundert. In dem Patanjali-Text, der ältesten bekannten Schrift über die Yoga-Meditation, steht geschrieben, daß ASW- und Psychokinese-

Eine träumerische, in sich gekehrte Gemütsverfassung bietet beste Voraussetzungen für Psi.

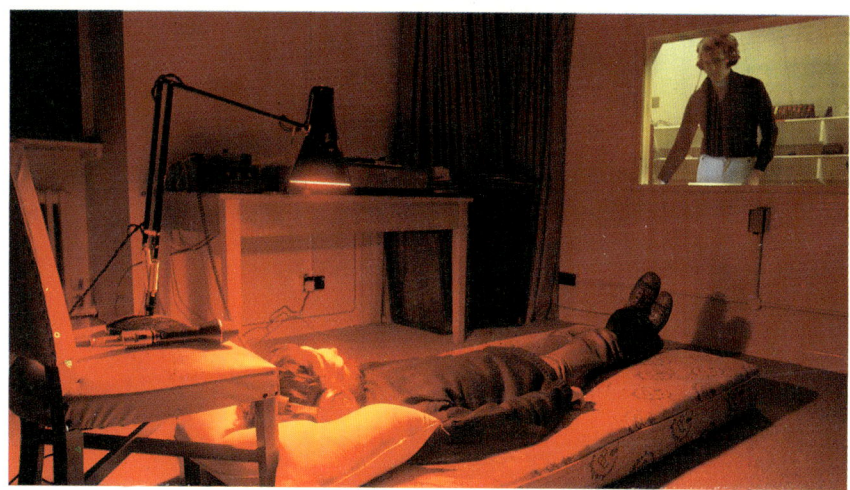

Das Ganzfeld-Verfahren (siehe Seite 79) wie es in Sargents Labor in Cambridge umgesetzt wird. Dieses Verfahren ist eine billige und effektive Alternative zur Traum-ASW-Arbeit. Experimente mit dem Ganzfeld haben sehr starke ASW-Werte erbracht.

Effekte auf der tiefsten Ebene der Meditation, dem *samadhi*, stattfinden. *Samadhi* heißt das Endstadium eines Prozesses, bei dem sich der Geist von den Zerstreuungen der Sinne ablöst und sich so sehr oder so lange konzentriert, bis er ins Stadium der absoluten Stille eintritt. Und die Untersuchungen der British Society for Psychical Research ihrerseits zeigten, daß ein hoher Anteil derjenigen, die spontane Psi-Erfahrungen hatten, sich in einem sehr entspannten Zustand befanden das heißt entweder knapp vorm Einschlafen oder aber vor sich hinträumend. Auch in den Schriften von paranormal Begabten entdeckte Honorton einen solchen Hinweis: die besten Bedingungen für eine übersinnliche Erfahrung bestanden immer darin, daß das Medium wirklich entspannt war und den ruhigen, aber entschlossenen Versuch unternahm, den eigenen Geist zu leeren. Aus all diesen Darstellungen schlußfolgerte Honorton zwei gemeinsame Elemente – zum einen eine Beruhigung der normalen Sinnestätigkeit und zum anderen eine mentale Nach-innen-Gerichtetheit. Und diese beiden Merkmale wirkten sich jeweils günstig für ASW-Effekte aus. Doch weshalb und wie wurde ASW unter diesen Bedingungen wirksam?

Honorton interessierte sich vor allem für die Möglichkeit, daß Psi – und in diesem Fall ASW – ein schwaches Sinnesorgan sein und ähnlich funktionieren könnte wie die übrigen Sinne des Menschen. Wenn dem so wäre, dann könnte es doch der Fall sein, daß die stärkeren Signale oder der »Lärm«, den unsere üblichen Sinnesorgane wahrnehmen, die Impulse, die von diesem »Sechsten Sinn« wahrgenommen werden, schlichtweg ertränken. Bei veränderten Bewußtseinszuständen – zum Beispiel in Träumen, Tagträumen und vielleicht Hypnose und Meditation – ist es nun jedoch so, daß die normalen menschlichen Sinne auf einem erheblich niedrigeren Aktivitätsniveau operieren. Wir begegneten dieser Vorstellung von einer »Lärmreduktion« zugunsten von ASW bereits im vorigen Kapitel.

ASW im Dunkelbereich

Anfang der 70er Jahre hatte Honorton seine Ideen von einer Lärmverringerung voll entwickelt. Er behauptete, die entscheidenden Gründe für den Erfolg der Traumarbeit seien zweierlei. Zum einen war während des

Kammer zur sensorischen Deprivation. Das die Person umgebende Wasser hat Bluttemperatur. Durch die Isolierung von der Außenwelt fühlt sich die Person desorientiert und kann lebhafte Halluzinationen erfahren.

Traumstadiums der Lärm von der Außenwelt reduziert, so daß das schwache ASW-Organ besser operieren konnte. Zum anderen war die Aufmerksamkeit des Geistes nach innen gerichtet. Und so fing Honorton nun an, ein theoretisches Modell zu entwickeln, das seine Vorstellungen sozusagen unter einen Hut bringen und mit Hilfe von Experimenten getestet werden sollte.

Honorton unternahm seine ersten experimentellen Schritte in den Bereich der sensorischen Deprivation. Wie wir wissen, erleben Personen, die man für eine gewisse Zeit von ihrer Umgebung isoliert, Symptome der Desorientierung und darunter lebhafte Halluzinationen. Und Honorton meinte nun, daß sensorische Deprivationsexperimente ebenfalls ASW-Effekte erzeugen könnten, wenn sich wirklich herausstellte, daß die Reduktion äußeren sensorischen Lärms und die Konzentration auf innere geistige Prozesse den Schlüssel zur Erzeugung von ASW bildeten.

Er suchte sich 30 Freiwillige aus. Jeder von ihnen erhielt die Augen verbunden und trug Ohrenschützer. Dann wurde die Person in einer Art Wiege eingesperrt, die in der Luft hing und in jede beliebige Richtung bewegt werden konnte. Während der experimentellen Sitzungen war diese Wiege ständig in Bewegung; entweder sie rotierte oder man ließ sie vor und zurück schwingen. Die Versuchspersonen mußten über die Vorstellungen, Gedanken und Bilder berichten, die ihnen in dieser Situation kamen. Honorton wollte zwei Vorhersagen testen: erstens erwartete er, daß positive ASW produziert würde, und zweitens glaubte er, daß die besten ASW-Werte von den Personen kommen würden, die am stärksten betroffen waren von dieser Deprivationserfahrung.

Der ASW-Test, den er benutzte, ähnelte dem aus der Traumarbeit: ein Sender an einem entfernten Ort betrachtete ein auf Zufallsbasis ausgesuchtes Zielbild. Nach dieser »Reise« in besagter Wiege (die eine halbe Stunde lang dauerte) bekam die Versuchsperson zur nochmaligen Überprüfung ihren Bericht vorgelegt und dazu vier Bilder, von denen eines das Zielbild war. Gleichzeitig wurde sie aufgefordert, das Bild auszusuchen, das ihrer Erfahrung am nächsten käme.

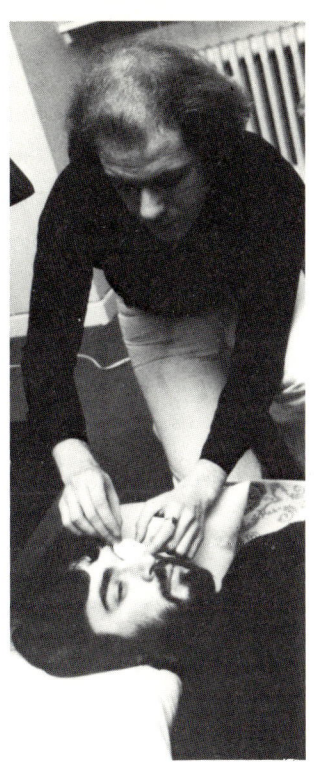

*Vorbereitungen eines
Freiwilligen für einen
Ganzfeld-Test.*

Die von Honorton erzielten Ergebnisse lagen zwar über der Zufallserwartung, aber doch nicht so sehr, daß sie einen definitiven Beweis für ASW abgegeben hätten. Doch berichteten die Versuchspersonen, deren Werte über der Zufallserwartung lagen, stärkere »Zustandsveränderungen« als alle anderen, und die besten Leistungen stammten von den Leuten, die von ihren Erfahrungen in der Wiege am stärksten betroffen wurden. Tatsächlich zeigten diejenigen mit den stärksten Zustandsveränderungen eine so große Menge von ASW, daß sich dies nicht durch den Zufall allein erklären ließ. So sah sich also Honorton in seiner zweiten Vorhersage bestätigt.

So hatte Honorton also nachgewiesen, daß eine ASW stark zusammenhängt mit einer mentalen Desorientierung, die dadurch künstlich erzeugt wird, daß die Versuchspersonen von ihrer Umgebung isoliert werden. Freilich stellte sich bald heraus, daß die Auswirkungen dieser Deprivation für die Versuchspersonen zu heftig waren, als daß hier eine experimentelle Standardtechnik gefunden worden wäre. Denn diese Erfahrung ist gewiß keine angenehme, und schon vor der bloßen Vorstellung schaudern manche Menschen zurück.

Daher versuchte Honorton, eine mildere und weniger bedrohliche Form der sensorischen Deprivation zu entwickeln, und das Resultat war die sogenannte Ganzfeldtechnik. Diese Art Lärmreduktion und vermehrte Konzentration nach innen zu erzeugen, ist wesentlich angenehmer als die totale sensorische Deprivation. Anstatt alle sensorischen Inputs zu eliminieren, werden die Sinnesreize auf einem konstanten Niveau gehalten. Und wie wir wissen, hört das Gehirn, wenn ihm die gleichen Signale immer wieder eingegeben werden, am Ende auf, auf diese Signale zu achten. Grob ausgedrückt heißt das, daß das Gehirn auf Veränderung programmiert ist, und daß seine Aufmerksamkeit, wenn

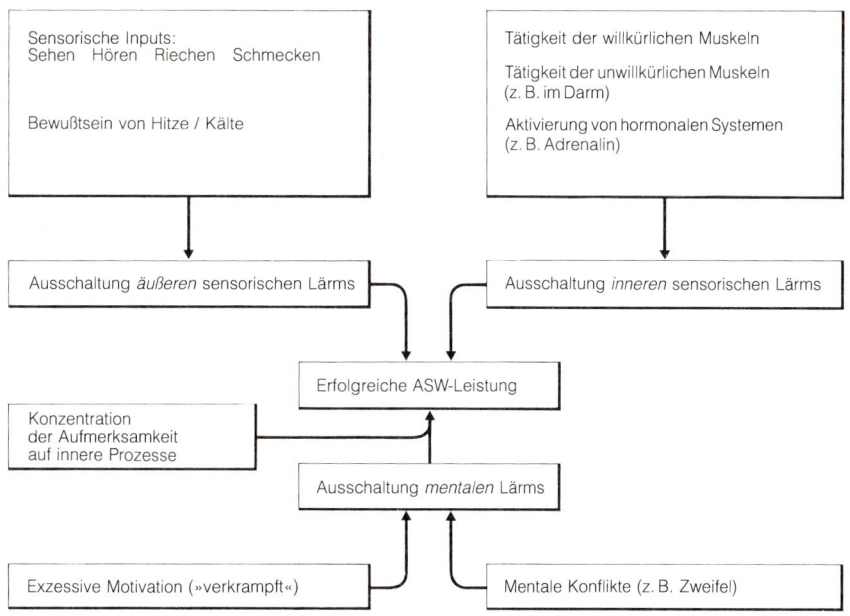

*Die Funktionsweise der
Lärmreduktions-Theorie
bei ASW.*

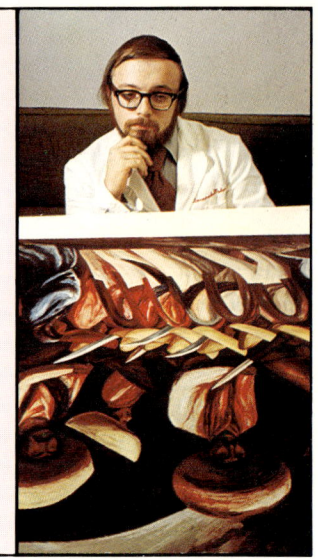

Objektive Bewertung eines ASW-Experiments, bei dem Bilder geraten werden

Zehn inhaltliche Kategorien

	Vorhanden (1)	*Nicht vorhanden* (0)
01	Farbe	Keine Farbe, Schwarz Weiß
02	Aktivität	Keine Aktivität, statische Qualität
03	Mythische Gestalten	Keine mythischen Gestalten
04	Tiere	Keine Tiere
05	Menschen	Keine Menschen
06	Artefakte/Werkzeuge	Keine Artefakte/Werkzeuge
07	Nahrung	Keine Nahrung
08	Körperteile	Keine Erwähnung von Körperteilen
09	Architektur	Keine Architektur
10	Natur	Keine Erscheinungsformen aus der Natur

nichts sich ändert, in eine andere Richtung zielt – in diesem Fall auf innere mentale Ereignisse. Dadurch, daß man den Input von sensorischen Signalen konstant hält, wird die sogenannte *Habituation* (Gewöhnung) der Aufmerksamkeit erreicht, das heißt zunächst läßt die Aufmerksamkeit nach und dann wendet sie sich einem anderen Objekt zu.

Nach vielen Experimenten entschied sich Honorton für die Ganzfeldtechnik (GZ-Technik), die die besten praktischen Ergebnisse mit den günstigsten Versuchsbedingungen kombinierte. Dabei wird also die Versuchsperson aufgefordert, sich in einer ruhigen, kontrollierten und unbedrohlichen Umgebung zu entspannen. Die Person liegt auf einer Matratze oder in einem Liegestuhl. Über ihre Kopfhörer bekommt sie weißen Lärm (das heißt Töne, die gleichmäßig über alle hörbaren Frequenzen verteilt sind) oder rhythmische Brandungsgeräusche eingespeist. Ihre Augen sind mit halbierten Tennisbällen bedeckt, und die seitlichen Schlitze werden mit Watte zugestopft. Nun richtet man auf diese Tennisbälle eine abgedunkelte (und in der Regel rote) Lichtquelle, und das Material der Tennisbälle läßt das Licht gleichmäßig durchscheinen.

Was aber passiert nun mit der Person? Es kommt zu einer ziemlich klaren Sequenz der Effekte, obgleich nicht alle Effekte bei allen Leuten eintreten. Und wenn nun die Zeit vergeht und die nach außen gerichtete Aufmerksamkeit schwächer wird, treten besagte Effekte immer klarer hervor.

Das Ganzfelderlebnis ist eine wahre Freude, wenn man sich darin entspannt. Die Welt ist ein einziges warmes rotes Wohlgefühl, man hört den gleichmäßigen Lärm von Regen oder von einer Brandung, und man fühlt sich warm, entspannt und ungemein wohl.

Die experimentelle Prozedur ähnelt dem Vorgehen bei der Traum-ASW-Arbeit. Ein Sender an einem anderen Ort betrachtet ein Zielbild und versucht den Inhalt des Bildes der Ganzfeld-Person mitzuteilen. Diese Person – also der Empfänger – liefert einen ständigen Kommentar zu dem, was in ihr selbst vorgeht. Ein weiterer Experimentator nimmt die

Oben links: Honortons binäres Bewertungssystem, um die Korrelation zwischen den Angaben der Ganzfeld-Person und den Zielbildern herzustellen. Das System enthält für jede Kategorie eine Trefferwahrscheinlichkeit von 50 Prozent. Höhere Punktwerte sind ein klares Indiz für ASW.

Aussagen auf Band auf. Nach einer im vorhinein festgelegten Zeit – gewöhnlich 35 Minuten – wird der Empfänger aus seinem Zustand herausgeholt und mit vier Bildern konfrontiert, von denen eines das Zielbild ist. Und nun soll er sagen, welches Bild seinen eben gehabten Erlebnissen am nächsten kommt. Die Zufallserwartung hält 25 Prozent Treffer bereit (und ein Treffer ist immer dann zu verzeichnen, wenn die Versuchsperson das Zielbild als erstes wählt).

Bei Honortons erster Ganzfeldstudie stellten sich bei 30 Wahlmöglichkeiten 13 Treffer heraus (das entspricht einer Erfolgsquote von 43 Prozent). Aus der Statistik erfahren wir, daß der Zufall so nicht spielen kann, denn in diesem Fall beträgt die »Antizufallswahrscheinlichkeit« eins zu 60. Genauso beeindruckend ist der ASW-Effekt – er liegt 18 Prozent über der Zufallserwartung. Es ist dies ein bemerkenswerter Effekt, obwohl er an die Performanzen eines Bessent oder Erwin nicht ganz heranreicht. Doch zu diesem Versuchsergebnis kommt noch, daß die 30 Versuchspersonen nicht danach ausgesucht worden waren, ob sie sich durch paranormale Fähigkeiten auszeichneten oder nicht.

Rückblickend hatte dieses Experiment einen Makel. Honorton benutzte nach der Ganzfelderfahrung das *Originalbild* des Senders zur Zuordnung durch den Empfänger. Der Sender konnte jedoch, ohne dies zu wollen, einen Hinweis auf diesem Bild hinterlassen, und sei es nur einen Fingerabdruck. Und ein solcher Hinweis konnte natürlich dazu führen, daß der Empfänger das Zielbild erriet. Diese mögliche Fehlerquelle hätte dadurch ausgeschaltet werden können, daß man sich nach Abschluß des Experiments unabhängiger Gutachter hätte bedienen können, die die Bilder und die Berichte der Empfänger einander zuordneten. Aus diesem Grund dürfen wir die Resultate nicht für bare Münze nehmen. Dennoch hat Honorton darauf hingewiesen, daß die Qualität der erfolgten Zuordnungen manchmal wirklich phänomenal war, und daß dies nicht zurückgeführt werden konnte auf eine übliche sensorische Information, da ja die Ganzfeldpersonen in diesem Stadium das Zielbild noch nicht gesehen hätten.

Nun stellt sich die Frage, warum die Ganzfeldtechnik denn überhaupt funktioniert. John Palmer von der John F. Kennedy-University in Kalifornien hat – zusammen mit Bill Braud und Rex Standford aus New York und mit Carl Sargent – diese Frage am eingehendsten untersucht. Diese Wissenschaftler haben nachgewiesen, daß die starken ASW-Effekte beim Ganzfeldverfahren von den Empfängern stammen, die am stärksten affiziert sind – wir haben es hier mit dem Effekt des »verschobenen Zustands« zu tun, dem Honorton in seinen Untersuchungen zur sensorischen Deprivation begegnete. Palmers Befunde stellen jedoch eine recht subtile Variante dieses Effekts dar, und wir werden uns mit diesen Befunden und Palmers Hauptideen zur Funktionsweise der Ganzfeldtechnik am Ende des folgenden Kapitels eingehender befassen müssen.

Die vier oben genannten Forscher haben ihr Möglichstes getan, um nachzuweisen, daß gewisse Schlüsselkorrelate, die stark durch die Ganzfeld-Technik beeinflußt werden, eine ASW-Performanz begünstigen. So aber haben diese vier Wissenschaftler auch das Honorton-Modell einigermaßen belegen können.

Honortons urprüngliches Modell trifft einige besonders klare Vorhersagen im Bereich der *Zeiteffekte*. Sehen wir uns die vier nun folgenden Punkte einmal genauer an:

(1) Die Ganzfeld-Technik funktioniert, weil sensorischer Lärm ausgeschaltet wird;

(2) Sensorischer Lärm wird ausgeschaltet, weil sich die Hirntätigkeit nicht auf unverändert bleibende Wahrnehmungsfelder konzentriert; die Aufmerksamkeit wird *habituiert;*

(3) Diese Habituation nimmt mit der Zeit zu;
ergo:

(4) Die Effekte der Ganzfeld-Technik müßten mit der Zeit ebenfalls zunehmen.

Die unter Punkt 4 getroffene Vorhersage läßt sich in zwei Teile aufbrechen. Die eine Vorhersage ist, daß verhältnismäßig lange Ganzfeld-Perioden das ASW-Signal erfolgreicher verstärken als kurze Perioden (und dies in gewissen Grenzen). Zweitens müßte das ASW-Signal später in der Ganzfeld-Sitzung stärker sein als zu einem früheren Sitzungszeitpunkt. Bei der zweiten Vorhersage kommt aber noch ein Faktor mit ins Spiel, der ganz entscheidend sein dürfte – wir meinen die Zeitlang, die der Sender das Bild ansieht. Die Rolle, die der Sender spielt, interessiert zwar erst nach den Auswirkungen des Zeitfaktors auf die Empfänger, und so ist der Senderbereich noch relativ unerforscht.

Carl Sargent und seine Kollegen haben diese beiden Vorhersagen mittels einer Reihe von Experimenten untersucht.

Als erstes zu den Effekten der Länge der Zeit. Die Cambridge-Gruppe entwickelte zwei Methoden, um an dieses Problem heranzugehen. Die erste bestand darin, daß den Versuchspersonen gestattet wurde, das Ganzfeld-Experiment abzubrechen, wann immer sie wollten, und ihre ASW-Werte im Verhältnis zur aufgebrachten Zeit mit Hilfe der üblichen Bildtest-Methode zu begutachten. Bei diesem Verfahren blickte der Sender fast die ganze Sitzung lang auf das Zielobjekt. Die Ergebnisse zeigten bei längeren Zeiten einen eindeutig verbesserten ASW-Wert, und die Forscher konnten in der Tat, soweit überhaupt möglich, demonstrieren, daß es sich hier um kein Artefakt handelte (das heißt um einen irreführenden Störfaktor, der ausgelöst wird durch einen versteckten Fehler in der Prozedur).

Wir könnten hier einem recht subtilen Problem begegnen, das als folgende Frage formuliert werden könnte: Was bestimmt, wie lange jemand braucht? Was nämlich passieren könnte, ist, daß der Empfänger in schlechter Stimmung ankommt und den Wunsch hat, die Sitzung kurz zu machen. Die Folge wären niedrige Punktwerte. Es könnte so aussehen, als sei der Zeitfaktor wichtig, obwohl es in Wirklichkeit die Stimmung sein könnte, die den Ausschlag gibt. Eine sorgfältige Überprüfung der Resultate hat nämlich ergeben, daß nichts dergleichen extrapoliert werden konnte aus dem Katalog von Fragen, die man den Empfängern konstant vor und nach den Testsitzungen stellte.

Eine bessere Verfahrensweise besteht darin, daß man einen direkten Vergleich zwischen zwei Zeiten anstrengt – sagen wir 15 und 30 Minuten. Fünfzehn Minuten reichen wahrscheinlich nicht aus, um einen starken

Bericht des Empfängers

Ein Fisch.
(Nicht ungewöhnlich)

Wolken am Himmel.
(Sehr allgemein)

Diese Wolken kommen näher
Ich schaue direkt zu den
Wolken am Himmel hinauf.
(Detailliertere Darstellung)

Wolken weißen Gases.
(Spezifiziertes Detail)

Gesamtpunktwerte

*Reihenfolge
der getroffenen Wahl*

Wertungsschema eines Ganzfeld-Experiments, bei dem Bilder geraten wurden

Dieses Schema stammt von Carl Sargent. Es zeigt die Zielbilder und die Punktwerte. Der Empfänger bewertete aufgrund seiner Eindrücke im Ganzfeld vier Bilder. Seine Vermutung, das Zielbild des Senders sei Bild D gewesen, war richtig.

Erzielte Punkte (0–10)

A	B	C	D
5	1	0	0
1	0	0	0
1	0	0	4
0	0	0	8
07	01	00	14
Zweite	Dritte	Vierte	Erste

ASW-Effekt zu erzielen, während es 30 Minuten schaffen könnten. Die Cambridge-Gruppe führte diesen Vergleich durch und entdeckte – keinen Unterschied. So fällt es also schwer, im Hinblick auf Honortons Vorhersage eindeutig Folgerungen zu ziehen. Einwandfrei steht jedoch fest, daß die Experimente mit kurzer Ganzfeld-Dauer (20 Minuten oder weniger) sehr erfolglos verlaufen sind.

Als zweites kommen wir zu der Stärke des Signals. Die Cambridge-Gruppe untersuchte diese Frage, indem sie sich eines Systems bediente, das komplexer war als alle bislang benutzten Techniken. Dabei wurde der Empfänger nach der Sitzung gebeten, jedes der vier Bilder mit einem Punktwert auszuzeichnen, wobei die Bilder auf den verschiedenen separaten Elementen basierten, über die der Empfänger zu gewissen Zeitpunkten der Ganzfeld berichtet hatte. Der Gesamtpunktwert pro Bild für jede Hälfte der 35-Minuten-Sitzung liefert eine Vergleichsbasis für die ASW-Treffer in der ersten und in der zweiten Ganzfeld-Hälfte. So kann man zum Beispiel den Unterschied zwischen dem Punktwert für das Zielobjekt und dem Durchschnitt für die anderen Objekte ins Auge fassen. Handelt es sich um ein gutes ASW-Signal, so sollte der Unterschied positiv und groß sein. Basiert der Punktwert jedoch auf reinem Zufall, so taucht kein Unterschied auf und der Punktwert wird null sein. Bei einem ersten Experiment wiesen die Forscher eindeutig nach, daß in

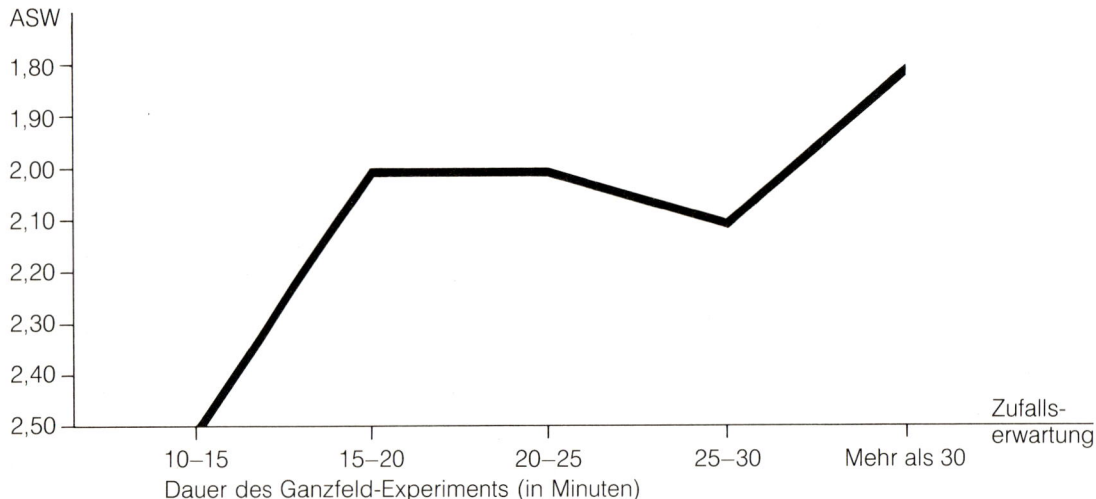

ASW

1,80
1,90
2,00
2,10
2,20
2,30
2,40
2,50

Zufalls-
erwartung

10–15   15–20   20–25   25–30   Mehr als 30

Dauer des Ganzfeld-Experiments (in Minuten)

der ersten Hälfte einer Ganzfeld-Sitzung so gut wie nichts geschah: der Punktwert war gleich null. In der zweiten Hälfte hingegen begegneten sie ansehnlichen positiven Unterschieden, das heißt einem starken Signal. So ließ sich also Honortons Vorhersage belegen.

Beim zweiten und beim dritten Experiment, das zu diesem Problem durchgeführt wurde, stieß man auf einen wichtigen Punkt. Beim ersten Experiment war der Experimentator – das heißt Carl Sargent selber – bei allen Sitzungen anwesend gewesen. Und sein ganz besonderer Wunsch war, daß dieser verbesserte Signaleffekt auftreten möge. Womit sich sogleich die Frage stellt, ob er seine Versuchspersonen in irgendeiner Weise beeinflußt haben könnte. Daher verfiel man auf die Idee, beim zweiten und beim dritten Experiment die Ergebnisse aus zwei Sitzungskategorien zu vergleichen – bei den einen Sitzungen war Sargent anwesend und bei den anderen nicht.

In der Tat war es dann so, daß sich der Effekt bei beiden Experimenten nur dann zeigte, wenn Sargent *abwesend* war. Das ist genau das Gegenteil von dem, was man erwartet hätte. Es ist aber nur ein erster Vorgeschmack von dem Problem, das wir als *Experimentator-Effekt* bezeichnen. Doch was wir an dieser Stelle lediglich sagen können, ist, daß auch diese Ergebnisse Honortons Vorhersage in einiger Hinsicht stützten.

Was ist nun abschließend und allgemein festzustellen? Erstens funktioniert die Ganzfeld-Technik so, daß sie ziemlich beständig positive und starke ASW-Effekte erzeugt, die ziemlich hoch über der Zufallserwartung liegen. Es gibt eine ganze Menge Beweise (zum Beispiel Bill Brauds Kontrollgruppe oder die Auswirkungen der Zeit), die klar erkennen lassen, daß die Ganzfeld-Technik dem Experimentator zu einem spezifischen Vorteil verhilft und genau aus den Gründen wirksam wird, die Honorton in seinem Modell anführte. So aber ist das Kind des Traumparadigmas in jeder Hinsicht so erwachsen geworden, daß es nun eine beeindruckendere Erscheinung abgibt als sein Vater.

Ergebnisse einer Untersuchung in Cambridge, bei der es um ASW-Werte im Verhältnis zu der Zeit ging, die die jeweilige Versuchsperson im Ganzfeld verbrachte. Bei diesen Experimenten wurde wieder mit dem Erraten von Bildern gearbeitet (siehe vorhergehende Seite). Die optimale Treffersumme läge bei 1,00 – ein Bild aus vieren.

6 Veränderte Zustände II: Hypnose, Entspannung und Meditation

Hypnose und ASW

In manchen wissenschaftlichen Bereichen genießt die Parapsychologie einen ausgesprochen schlechten Ruf. Nachdem heute hypnotische Behandlung regelmäßig bei Fettleibigkeit, Kettenrauchen und anderen Problemen eingesetzt wird, sollten wir uns einmal daran erinnern, wie auch die Hypnose einst – als »Mesmerismus« – verschrien war. Franz Anton Mesmer, der 1764 in Wien in Medizin graduiert wurde, behauptete, daß die Planeten durch eine Art Magnetismus die Menschen beeinflußten. Nach einigen Versuchen mit Magneten stieß er auf eine Kraft, die er »animalischen Magnetismus« nannte und die – zu Heilzwekken – von den Händen und vom Nervensystem des Arztes oder Mesmeristen ausging.

Die Nachfrage nach Mesmers eigenartiger Behandlungsweise für die unterschiedlichsten Beschwerden wuchs. Mesmer, wie ein Magier gekleidet, zeigte sich im Hintergrund des Behandlungsraumes, während seine Patienten zu sanfter Musik mit dem *baquet* behandelt wurden – das war ein hölzerner Badezuber mit Eisenspänen darin, die angeblich die magnetischen Heilkräfte Mesmers selbst speichern sollten. Der Stand der Mediziner indes zeigte sich wenig beeindruckt und erklärte, daß es sich

Unten: Franz Anton Mesmer. Seine Theorien über die Hypnosen waren pseudowissenschaftlicher Unsinn – was jedoch nicht hinderte, daß Mesmers Hypnosen funktionierten!

Unten rechts: Mesmers »Patienten« bedienen sich des animalischen Magnetismus, der in dieser Wanne gespeichert ist. Die Hypnose wie auch die Parapsychologie sind über ihre kurpfuscherischen Anfänge längst hinausgewachsen.

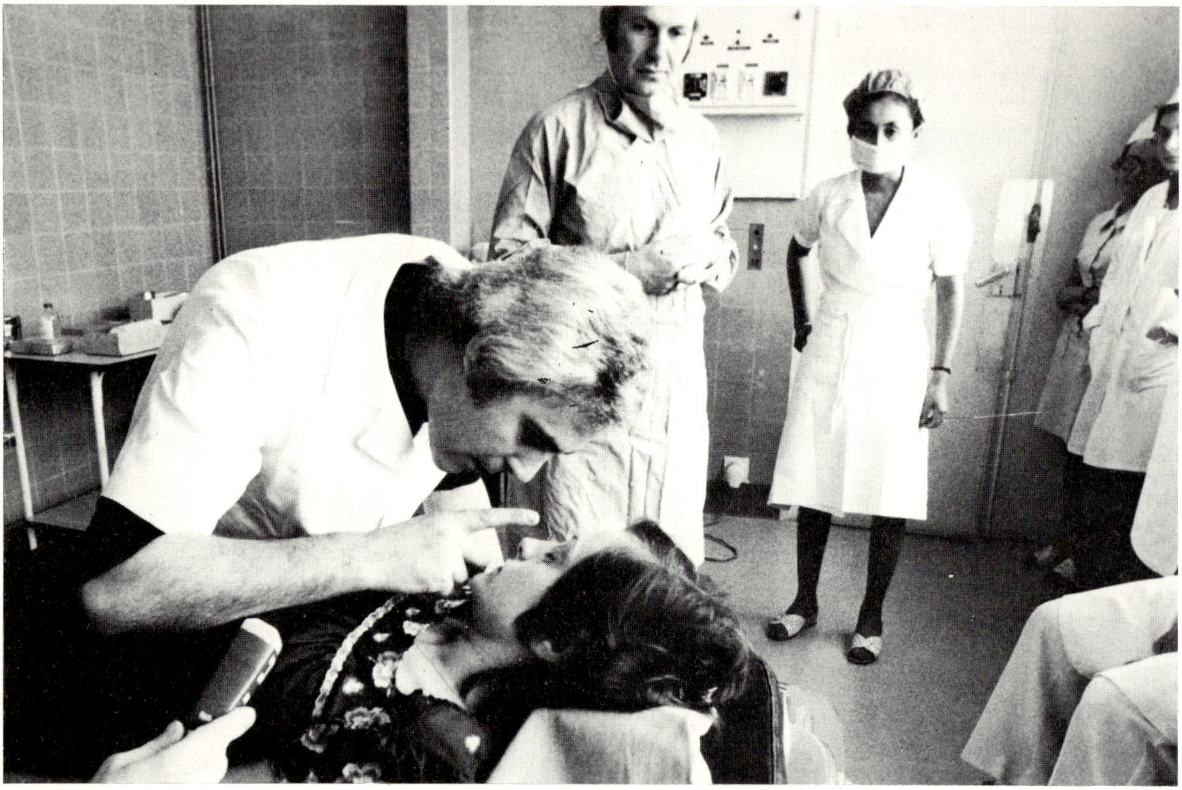

bei den berichteten Heilungen – die von Krampfanfällen begleitet wurden – um Prozesse handelte, die nur durch die »Imagination« zustande gekommen wären.

Das hinderte jedoch nicht, daß Mesmers Nachfolger dessen einmal angefangenes Werk fortführten, und zwar auf eine wissenschaftlichere Weise. In England waren es John Elliotson und James Braid, die sich der Hypnose zur Anästhetisierung von Patienten während der Operation bedienten. Wahrscheinlich würde heute dieser beider Männer immer noch voller Hochachtung gedacht werden, wäre nicht das Chloroform aufgetaucht, das die hypnotische Behandlung unnötig machte. Das Establishment der Mediziner vertrieb Elliotson von seiner Lehrstelle, und als man erfuhr, daß Braid mit hypnotischer Anästhesie erfolgreich Gliedmaßen amputiert hatte, behauptete man ganz einfach, daß seine Patienten nur so taten als spürten sie keine Schmerzen.

Mesmers großartiger Schüler de Puységur – der übrigens gegen die Krampfanfälle und die sensationslüsterne Atmosphäre der Mesmerschen Behandlungsweise war – entdeckte, daß es sich bei dem »somnambulischen« oder Trancezustand, den der Mesmerist induzierte, um ein wichtiges therapeutisches Instrument zu handeln schien. In diesem Zustand, so erklärte er, kann der magnetische Einfluß auf das Nervensystem des Patienten wirken. Und so entwickelte sich allmählich die sogenannte Hypnose – das sind vor allem mit sehr ruhiger Stimme gegebene und stets von neuem wiederholte Aufforderungen, zu entspannen, zu schlafen, sich gehen zu lassen.

Obgleich die magnetische Hypnosetheorie heutzutage in keinem sonderlichen Ansehen bei uns steht, gibt es doch einen Ableger von ihr, der

Unten: *Der Chirurg John Elliotson, der im 19. Jahrhundert von den etablierten Medizinern regelrecht verfolgt wurde, weil er seine Patienten mit Hilfe von Hypnose anästhetisierte.*

Links: Hypnose ist heute ein anerkanntes medizinisches Verfahren: hier anästhetisiert ein Arzt und Hypnotiseur eine Patientin.

von Bedeutung ist. Kontinentaleuropäische Hypnotiker wiesen immer wieder auf die sogenannte »Empfindungsgemeinschaft« hin, die zwischen dem Hypnotiseur und dem Hypnotisierten besteht. Die magnetische Kraft, die zwischen den beiden wirksam ist, schien paranormale Effekte (vor allem telepathischer Natur) zu erzeugen. Die hypnotisierte Person war offenbar in der Lage, die Gedanken des Hypnotiseurs zu lesen und Befehlen nachzukommen, noch bevor diese vom Hypnotiseur ausgesprochen worden waren. Mesmer selbst demonstrierte, wie »Hypnose auf Distanz« funktioniert: er zeigte, wie eine hypnotisierte Person auf die Gedanken des Hypnotiseurs auch dann reagiert, wenn der eine vom anderen ein Stück weit weg ist und außer Reichweite der üblichen sensorischen Kommunikation. Auch hat man von hypnotisierten Personen berichtet, daß sie, wenn von dem Hypnotiseur dahingehend instruiert, in der Lage seien, auch entfernte Ereignisse wahrzunehmen.

Die Hypnose birgt ein Hauptproblem in sich: sie läßt sich nicht mit objektiven Mitteln registrieren oder aufzeichnen. Man hat viele Versuche unternommen, um eine besondere Hirnstromaktivität während der Hypnose festzustellen, aber leider erfolglos. Der Vorstellung von einem spezifischen »hypnotischen Zustand« scheint keine Validität oder Gültigkeit innezuwohnen – oder aber dieser Zustand kennt keine meßbare Grundlage.

Glücklicherweise gibt es einige Merkmale, die typisch für hypnotisierte Personen, aber nicht unbedingt für die Hypnose sind, und diese Merkmale können uns einiges verraten über die Hypnose in Verbindung mit der Lärmreduktionsidee (siehe Kapitel 4).

Es gibt keine objektiven Merkmale, die für die hypnotisierte Person typisch wären – jede der Versuchspersonen dieses Hypnotiseurs kann anders reagieren.

Entspannung, verringerte Aufmerksamkeit gegenüber äußeren Ereignissen – diese und ähnliche Vorgänge sind uns mittlerweile vertraut. Es gibt eine ganze Menge Befunde, aus denen hervorgeht, warum bei hypnotisierten Personen diese Vorgänge auftreten, doch darauf kommen wir später zu sprechen. Wichtig in diesem Stadium ist, daß die hypnotisierte Person tatsächlich entspannt und ihrer Umgebung gegenüber eine verringerte Aufmerksamkeit an den Tag legt. So dürften wir also im Rahmen des Lärmreduktionsmodells erwarten, daß Hypnose einer ASW förderlich sein kann. Ist das auch der Fall?

Wir bekommen es nun mit drei Kategorien von Experimenten zu tun – die erste Kategorie arbeitet mit ASW-Karten, die zweite Gruppe mit Zielbildern (der hypnotische Traum und die hypnotische Tagtraumarbeit), und die dritte Kategorie umfaßt die russischen Forschungsarbeiten.

Ein Überblick über die publizierten Experimente, die sich der Hypnose und des ASW-Kartenratens bedienen, ist von Charles Honorton zusammengestellt worden, und wenn wir dem einige Arbeiten aus jüngster Zeit hinzugesellen, so entdecken wir, daß insgesamt 23 *Vergleiche* durchgeführt wurden, die sich alle mit der Fähigkeit des Kartenratens befaßten, sei es nun mit oder ohne Hypnoseeffekt. Von diesen 23 Hypnoseexperimenten haben 14 – also über 60 Prozent, was ein gewaltiger Anteil ist – signifikante ASW-Befunde erbracht. Und von den 23 Experimenten, die im normalen Wachzustand durchgeführt wurden, erbrachte nur ein Fall einen solchen Befund. Auch war es so, daß von den Vergleichsfällen 12 signifikant besser abschnitten, wenn Hypnose im Spiel war – und kein einziges Mal hat ein Experiment im normalen Wachzustand im direkten Vergleich signifikant bessere ASW-Werte erzielt als ein Experiment unter Hypnose. Und so sehen wir auch in diesem Fall, daß alle Ergebnisse in eine Richtung zeigen: Hypnose fördert ASW, und durch Hypnose lassen sich wesentlich besser ASW-Resultate erzielen.

Auch begegnen wir hier noch einem weiteren interessanten Effekt. In manchen Fällen sieht es so aus, als *wüßten* die hypnotisierten und kartenratenden Personen, wann sie einen Treffer haben. Eine Studie, die von Karlis Osis, dem Forschungsleiter der American Society for Psychical Research, und Jan Fahler durchgeführt wurde, ergab, daß hypnotisierte Personen, die bestimmte Karten raten sollten, ungewöhnlich viele Treffer erzielten.

Andere Experimentatoren, die das Hypnoseverfahren benutzten, haben Ähnliches zu berichten gewußt, und auch die Ganzfeld-Technik liefert eine Bestätigung in diese Richtung. Carl Sargent forderte in den meisten seiner Experimente die Versuchspersonen auf, die vorgelegten Bilder nach einem 0-bis-99-Schema zu bewerten: 0 bedeutet nicht den geringsten Bezug zu dem, was die Person im Ganzfeld erfahren hatte, während 99 den totalen Bezug bezeichnete. Dann befaßte sich Sargent vor allem mit den Fällen, in denen die Leute recht selbstsichere Urteile abgegeben hatten, das heißt ein bestimmtes Bild hatte 90 oder sogar noch mehr Punkte erzielt. Die Zufallswahrscheinlichkeit beträgt bei einer solchen Aufgabe 25 Prozent. In Sargents Untersuchung lag jedoch die gesamte Trefferrate um die 40 Prozent, und in den 90-Punkte-Fällen betrug die Trefferrate über 60 Prozent. Auch in diesem Fall erwiesen sich die wirklich selbstbewußten Schätzungen häufig als richtig – ein Effekt, den auch Ian McLaren bestätigen konnte, der in Cambridge Untersuchungen zur Traum-ASW durchführte.

Hier sind wir an einem wichtigen Punkt angelangt. Das Lärmreduktionsmodell sagt vorher, daß die Ganzfeld- und die Hypnosetechniken ASW begünstigen müßten, und es gibt Befunde, die dies bestätigen. Trotzdem könnte es andere Gründe für einen solchen Erfolg geben, zum Beispiel den einer starken Erfolgserwartung seitens der Experimentatoren. Doch das Lärmreduktionsmodell behauptet, daß diese Prozeduren nicht nur die Punktwerte bei ASW-Experimenten verbessern werden, sondern auch die Ermittlung *und Erkennung* von ASW-Signalen. Die Fähigkeit, richtige Signale zu erkennen, wird veranschaulicht durch Osis' Arbeit mit hypnotisierten Personen und durch Carl Sargents Ganzfeld-Untersuchungen. Hier haben wir ein beweiskräftiges Indiz, das für das Lärmreduktionsmodell spricht, doch wie in anderen Fällen benötigen wir auch hier mehr Beweise, bevor wir dieses neue Stück des experimentellen Puzzlespiels akzeptieren können.

Die richtigen Identifizierungen bei den Kartenexperimenten sind vielleicht deshalb erfolgt, weil bei der Hypnose (wie bei der Ganzfeldtechnik) die mentale Bilderwelt eine gewisse Rolle spielte. Wenn wir uns mit dieser Vermutung näher befassen, stoßen wir auf die zweite Kategorie von ASW-Hypnose-Experimenten – den hypnotischen Traum mit Bildzielen. Der ASW-Teil dieses Experiments ähnelt den Traum- und Ganzfeld-Experimenten – ein Sender betrachtet intensiv ein Zielbild, das der Empfänger herauszufinden versucht. In dem Fall, mit dem wir uns nun befassen, wird der Empfänger hingegen hypnotisiert und bekommt dann den Traum erzählt.

Auch in diesem Fall hat Honorton alle Experimente dieses Typus zusammengetragen. In seinem Überblick entdecken wir, daß von zehn Experimenten mit Hypnose und Bilderraten sieben signifikante ASW-Prozesse erkennen ließen. Darüber hinaus hat Honorton in eigenen Experimenten nachgewiesen, daß die besten Punktwerte von Leuten stammen, die bei einer Messung ihrer Empfänglichkeit für Hypnose sehr positiv abschneiden und zu berichten wissen, daß sie sich im Hypnosezustand stark affiziert fühlten. Bei Honortons Experimenten verzeichneten die besten Punktwerte die hypnotisierten Personen, die berichteten, daß sich ihre Aufmerksamkeit eher nach innen als nach außen richtete. Das ist natürlich genau das, was man von dem Lärmreduktionsmodell erwartet hätte. Diese Studien zum Bilderraten lassen das gleiche Muster erkennen wie die Experimente zum Kartenraten: die Resultate sind beständig.

Schließlich kommen wir nun zum Werk des Russen Leonid L. Wassiliew.

Obgleich die sowjetische Parapsychologie für die westlichen Wissenschaftler großenteils ein Buch mit sieben Siegeln ist, so wissen wir doch, daß sich die Russen immer schon für ASW und Hypnose interessiert haben. Bereits im Jahr 1926 gründete man die Experimentelle Kommission für Hypnotismus und Psychophysik, um – immer mit Billigung der sowjetischen wissenschaftlichen Autoritäten – ASW und ähnliche Probleme zu erforschen. Im Jahr 1928 besuchte Leonid Wassiliew parapsychologische Zentren in Deutschland und Frankreich, und im Jahr 1932 erhielt das Sowjetische Institut für Hirnforschung den Auftrag, »eine experimentelle Untersuchung der Telepathie« in die Wege zu leiten – Leiter dieses Unternehmens war Wassiliew.

Zu Wassiliews interessantesten Untersuchungen, für die er selbst die erfolgreichsten Resultate verbuchte, gehörten Versuche, Personen aus der Ferne zu hypnotisieren. Bei diesen Experimenten wurden empfängliche Versuchspersonen in hypnotische Trance versetzt und in manchen Fällen aus einer Entfernung von über 1500 Kilometern wieder aufge-

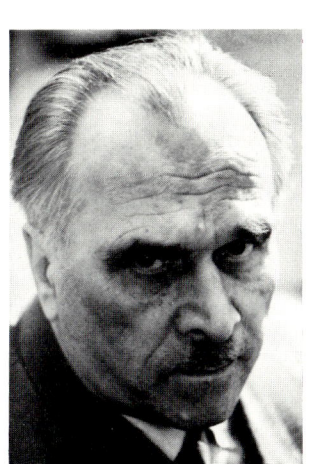

Leonid L. Wassiliew – Begründer der sowjetischen Parapsychologie.

weckt. Die Zeiten, zu denen das »Wecken« erfolgte, waren zufällig gewählt; in einigen Fällen benutzte man auch Kontrollpersonen, die nicht hypnotisiert waren. Leider aber weisen diese Experimente wesentliche Mängel auf.

Denn obgleich die Zeiten, zu denen die »Fernweckversuche« stattfanden, und die Effekte auf die Versuchspersonen mit der Stoppuhr festgehalten wurden, stoßen wir bei 40 Prozent der Zeitnahmen lediglich auf Minutenwerte – in unseren Augen eine etwas dürftige Genauigkeit. Und in jenen Experimenten, in denen man es mit hypnotischer Schlafinduktion versuchte, schliefen am Ende alle Versuchspersonen ein, egal ob nun hypnotisiert oder nicht. Wassiliews »Resultate« ergaben, daß einige Versuchspersonen rascher einschliefen als andere. Damit jedoch diese Ergebnisse auch einen Wert erhalten, wäre es unerläßlich gewesen, daß die Versuchspersonen im Zufallsverfahren der Hypnose- bzw. Nicht-Hypnose-Kategorie zugeteilt oder in beiden Kategorien gleich oft getestet worden wären. Wir haben es hier mit einem technischen Problem zu tun, das einem sofort klar wird, wenn man folgende Überlegung anstellt: Was wäre, wenn alle Versuchspersonen, die sowieso schon dazu neigten, rasch einzuschlafen, der Kategorie der Hypnotisierten zugeteilt wurden, während alle diejenigen, die von Natur aus leichter wach blieben, nicht in diese Kategorie kamen? Natürlich würde die hypnotisierte Gruppe ein rascheres Einsetzen des Schlafes zu verzeichnen haben, doch hätte dies nichts zu tun mit den Auswirkungen einer Fernsuggestion!

Diese und andere Probleme zwingen uns zu der Schlußfolgerung, daß Wassiliews Forschungsbemühungen vermutlich zu viele Mängel aufweisen, als daß man sie wirklich nutzen könnte.

Nach Wassiliews Tod im Jahr 1966 erfuhren wir kaum mehr etwas über seine Schüler und deren Arbeit, so daß man sich fragen konnte, ob die ganze Forschung überhaupt versiegt war. War dem wirklich so?* Die Reaktionen auf Sargents Publikation im Jahr 1978 beweist, daß nach wie vor ein einschlägiges Interesse vorhanden ist. Ein weiterer Hinweis darauf, daß sich die Russen immer noch der Hypnose- und ASW-Forschung widmen, kommt aus einer recht unvermuteten Ecke. Die Schachweltmeisterschaften von 1978 fanden auf den Philippinen statt, und im Finale spielten (da Bobby Fischer 1975 seinen Titel nicht verteidigen wollte) Anatoli Karpow aus der UdSSR und der Exilrusse Viktor Kortschnoi gegeneinander. Kortschnoi aber behauptete, daß ein Mann aus Karpows Gefolge, nämlich der mysteriöse Dr. Zoukhar, ihn aus der Ferne zu hypnotisieren versuchte.

Carl Sargent und der Schachspieler Bill Hartston, seines Zeichens British International Master, interviewten Kortschnoi und Michael Stean, seinen Assistenten. Weitere Gespräche, die in diese Richtung gingen, fanden zwischen Hartston und Boris Spassky, einem weiteren Exilrussen, statt, der 1976 von Kortschnoi geschlagen wurde. Diese Gespräche ließen

Das große Karpow-Kortschnoi-Match. Viktor Kortschnoi behauptete steif und fest, die Sowjets hätten Telepathie-Experten mitgebracht, die sein Konzentrationsvermögen beeinträchtigen sollten. Eine paranoide Fantasie – oder eine wissenschaftliche Möglichkeit?

* Die Übersetzer verweisen in diesem Zusammenhang auf das Buch von Sheila Ostrander und Lynn Schroeder: »PSI – Die wissenschaftliche Erforschung und praktische Nutzung übersinnlicher Kräfte des Geistes und der Seele im Ostblock«, München, 4. Auflage, 1972.

Rechts: *Auszüge aus Brauds Tonbandinstruktionen, die auf Jacobsons Technik der Tiefenentspannung basieren. Mit Hilfe dieser Instruktionen und der resultierenden Entspannung erzielten Brauds Versuchspersonen bessere ASW-Werte.*

Progressive Entspannung

(Von einem Tonband mit Übungen zur progressiven Entspannung): Spannen Sie die Muskeln in Ihren Beinen an, halten Sie diese Spannung so lange der Countdown von 10 bis 1 nach 0 dauert, fühlen Sie, wie unangenehm diese Spannung ist. Spannen Sie jetzt also Ihre Muskeln an ... 10, 9, 8 ... 3, 2, 1, 0. Und jetzt entspannen. Entspannen Sie ihre Muskeln völlig, atmen Sie aus, und fühlen Sie die Erleichterung der Entspannung. Entspannen Sie alle Ihre Muskeln, und fühlen Sie, wie gut das tut. Spannen Sie jetzt ihre Bauchmuskeln voll an, so richtig hart und fest. Und 10, 9, 8 ... 3, 2, 1, 0. Entspannen Sie, entspannen Sie diese Muskeln, fühlen Sie die Erleichterung, Sie sind jetzt ganz entspannt, lassen Sie Ihren Körper in einen tiefen Entspannungszustand absinken, entspannen ... entspannen ...

... Wir beginnen jetzt mit der geistigen, mit der mentalen Entspannung ... halten Sie Ihren Kopf gerade, und drehen Sie die Augen nach oben, bis es wirklich anstrengend wird ... aber ohne zu zwinkern ... Ihre Augenlider werden schwer, müde, schwer und müde ... atmen Sie tief ein und langsam wieder aus, und fühlen Sie, wie Ihre Augen mit jeder Sekunde noch müder werden, wirklich müde und bleiern ... und jetzt schließen Sie die Augen. Und wieder fühlen Sie die Erleichterung der Entspannung, entspannen Sie die Augenmuskeln, entspannen Sie. Lösen Sie alle Anspannungen, lösen Sie allen Druck ... es ist gut, sich so entspannt zu fühlen. Lärm und irgendwelche Geräusche um Sie herum werden Sie jetzt nicht mehr ablenken, sondern im Gegenteil, sie verhelfen Ihnen zu einer noch größeren Entspannung ... Und jetzt entspannen Sie auch Ihren Geist, keine geistige Anstrengung mehr ... stellen Sie sich etwas Natürliches und Angenehmes vor, eine Lieblingslandschaft oder ein Bild, das Sie lieben; Sie sehen es vor Ihrem geistigen Auge, ohne jegliche Anstrengung, das Bild kommt Ihnen ganz einfach in den Sinn. Sehen Sie sich selbst, wie Sie an Ihrem Platz entspannen, entspannen Sie. Und mit jedem Atemzug stellen Sie sich vor, daß Sie noch mehr entspannen, immer noch mehr ...

Und jetzt entspannen Sie total, total, entspannen Sie ganz und total, entspannen Sie. Lösen Sie Ihren Geist von allen alltäglichen Sorgen und Anspannungen, diese tun jetzt nichts zur Sache. Entspannen, entspannen. Denken Sie an einen leeren weißen Kreis, und kein Gedanke, der zu Ihnen gelangt, der Sie ablenkt. Jetzt ist Ihr Geist klar und ruhig ...

---

die Vermutung zu, daß russische Schachmeister routinemäßig mittels Hypnose und ASW instruiert werden.

Aber zurück zu konkreten Daten. Die Ergebnisse von Hypnoseexperimenten verbürgen eindeutig einen ASW-Effekt. Honorton, der im Jahr 1977 alle veröffentlichten Berichte genau überprüfte, zog folgendes Fazit: »Ich glaube, die Schlußfolgerung ist heute *unumgänglich*, daß nämlich hypnotische Induktionsverfahren [ASW] fördern.« Und unumgänglich scheint diese Folgerung wirklich zu sein, so daß das Lärmreduktionsmodell eine weitere Unterstützung erfährt.

Progressive Entspannung – der Schlüssel zur ASW?

Die Entspannung des Körpers ist ein wesentlicher Faktor im Prozeß der Lärmreduktion. Ein entspannter Körper zeichnet sich dadurch aus, daß die willentlich gesteuerten Muskeln kaum mehr aktiv sind, und diese übriggebliebene Aktivität läßt sich leicht und zuverlässig mit dem Elektromyographen (EMG) messen. Angesichts der entscheidenden Bedeutung der Entspannung und ihrer problemlosen Meßbarkeit überrascht es einen, daß man mit der Erforschung von Entspannung und ASW erst kürzlich angefangen hat. Und was nun die Traumforschung anlangt, mußte die Parapsychologie auf Kleitmans Entdeckung der REM-Schlafphasen warten. Andererseits war Jacobsons klassisches Werk *Progressive Relaxation* beinahe schon 35 Jahre auf dem Markt, bevor sich Bill und Lendell Braud von der University of Houston dieses Werkes im Bereich der Parapsychologie bedienten. Nun stellte sich die Frage: Könnten die meßbaren *physiologischen* Auswirkungen von Entspannung eine Entsprechung finden in irgendeiner Veränderung der Performanz bei ASW-Tests?

Im Jahr 1969 unternahmen die Brauds Experimente, bei denen sie eine modifizierte Version der Jacobsonschen Technik zur Tiefenentspannung benutzten. Ihre erste Versuchsperson war ein 26jähriger Universitätslehrer. Dieser Mann wurde instruiert, seinen Körper dadurch zu entspannen, daß er die Muskeln abwechselnd an- und entspannte; dann forderte man ihn auf, sich geistig zu entspannen, indem er sich zunächst auf angenehme Vorstellungen konzentrieren sollte (friedliche, ländliche Szenen), um danach zu versuchen, seinen Geist leer und passiv zu machen. Zur selben Zeit suchte ein Sender in einem etwa 15 Meter entfernten Raum auf Zufallsbasis ein Zielbild heraus, wobei das vorhandene Versuchsmaterial 150 postkartengroße Bilder umfaßte. Dieser Sender versuchte gewisse Elemente, nämlich Formen, Farben ja sogar Geschmäcker und Gerüche, die in dem Zielbild auftauchten oder durch dieses assoziiert wurden, an den Empfänger zu übermitteln. Pro Tag fand eine Sitzung mit einem Zielobjekt statt. Zum Abschluß jeder Sitzung wurde die Versuchsperson gebeten, die Eindrücke schriftlich festzuhalten, die sie während des Entspannungszustandes gehabt hatte. Nach sechs Sitzungen übergab man die sechs Berichte und die sechs Zielobjekte einem unabhängigen Gutachter, mit der Bitte, Berichte und Bilder einander zuzuordnen. Und nun stellte sich heraus, *daß diese Zuordnungen perfekt stimmten.* Wozu gesagt werden muß, daß in einem solchen Fall die statistische Wahrscheinlichkeit bei eins zu über 700 liegt.

In sieben vorausgegangenen Experimenten mit insgesamt 22 Versuchspersonen – die in Gruppen oder einzeln antraten – gelang es den Brauds eine Gesamt-Erfolgsrate von 86 Prozent zu erzielen, obwohl die Zufallserwartung lediglich 50 Prozent betrug. In einigen Fällen stachen die Übereinstimmungen regelrecht ins Auge. So sah beim ersten Braud-Test die Versuchsperson zum Beispiel klar und deutlich eine Coca Cola-Flasche vor sich. Und das Zielobjekt? Eine Coca Cola-Reklame. Derartige Treffer wurden bei 59 Prozent der Fälle registriert, während die Zufallserwartung lediglich 17 Prozent betrug.

In diesen Tests belief sich die maximale Entfernung zwischen Sender und Empfänger auf etwa 2000 Kilometer. Bei dieser Versuchsreihe, die sich über zwei Jahre hinzog, konnten die Brauds, wenn sie ihre Ergebnisse so streng wie möglich bewerteten, eine »Antizufallswahrscheinlichkeit« von eins zu 1000 für sich beanspruchen. Bei späteren Experimenten verglichen sie Resultate von Tiefenentspannungsgruppen mit Ergebnissen von Gruppen, die Übungen zur *Muskelanspannung* durchgeführt

Rechts: Meditation beruhigt den Geist, könnte theoretisch also auch Psi-Fähigkeiten fördern...

Ganz rechts: *Dämonen versuchen in die vollkommene Meditation eines buddhistischen Meisters einzudringen. Aus alten Sanskrittexten erfahren wir, daß es während der Meditation durchaus zu ASW- oder Psychokinese-Phänomenen kommen kann, doch sollen diese lediglich als Ablenkungsmanöver vom richtigen meditativen Zustand betrachtet werden.*

hatten. Die auftretenden Unterschiede wurden objektiv mit einem Elektromyographen gemessen. Die Folgerungen aus diesen Untersuchungen bestätigen eindeutig die früheren experimentellen Ergebnisse.

Rex Stanford von der University of Virginia sah sich in der Lage, die Braudschen Experimente zu wiederholen und konnte deren Ergebnisse bestätigen. Diese Erkenntnisse und weitere Untersuchungen haben eindeutig ergeben, daß die Tiefenentspannung der ASW-Performanz förderlich ist. Seltsam aber ist, daß spätere (auch von Braud selbst durchgeführte) Untersuchungen Resultate erzielten, die längst nicht mehr so spektakulär waren. Ein Grund dafür könnte darin zu suchen sein, daß diese Experimente keinen allgemeinen Standard für den zu erzielenden Grad der Entspannung festgelegt hatten. Trotz der enttäuschenden Ergebnisse dieser späteren Experimente verfügen wir aber über genügend beweiskräftige Indizien, die – im Bereich der Träume, der Ganzfeldtechnik und der Hypnose – erkennen lassen, daß eine progressive Entspannung der ASW förderlich ist, denn diese Entspannung reduziert den ablenkenden Lärm des normalen sensorischen Inputs.

Meditation und ASW

In der Geschichte der Menschheit hat es immer wieder Praktiker der verschiedenen Meditationstechniken gegeben, die nachdrücklich auf die verstärkten Kräfte des Geistes während der Meditation hingewiesen haben. So hat es zum Beispiel in Indien schon in frühesten Zeiten Yogis gegeben, die behaupteten, sie könnten körperliche Prozesse wie Atem oder Herztätigkeit dem Willen unterwerfen. Und wie wir bereits sahen, hat der frühe Yogameister Patanjali klar und deutlich festgestellt, daß man durch das Verfahren, den Geist von der Außenwelt abzuziehen, Psi-Effekte erzielen könnte, auch wenn sich diese als unerwünscht heraus-

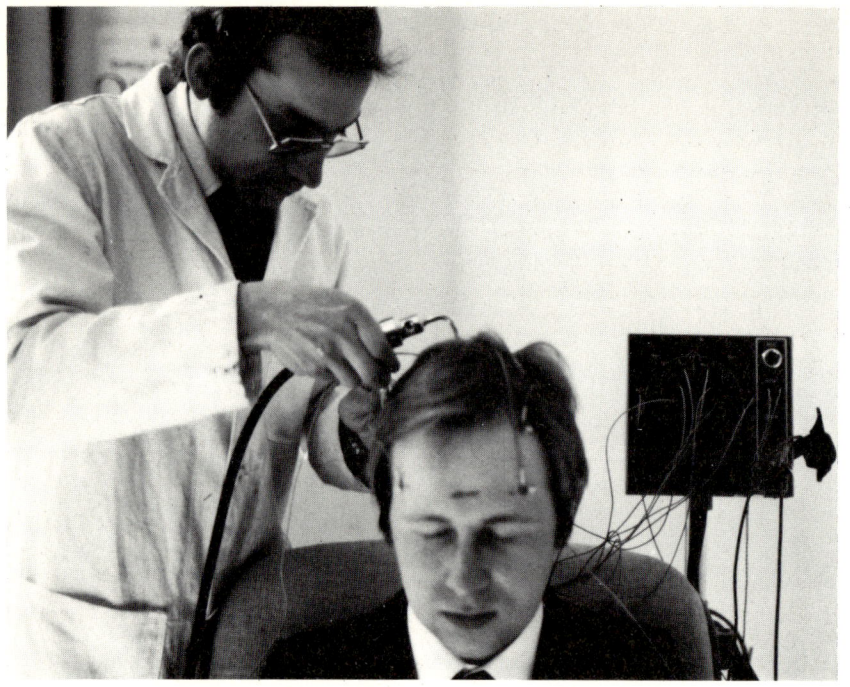

Meditierende Personen wie dieser Anhänger der Transzendentalen Meditation (TM) können durchaus starke ASW-Kräfte entwickeln, doch fällt es ihnen schwer, diese Kräfte in eine bestimmte Richtung zu lenken.

stellten. Und zu allen Zeiten der Menschheitsgeschichte hat es Mystiker gegeben, die Wahrheiten verkündeten, welche ihnen in besonderen Bewußtseinszuständen offenbart wurden. Derartige Zustände werden in der Regel durch Praktiken herbeigeführt, die einen repetitiven Akt beinhalten – zum Beispiel die physischen und spirituellen Übungen der Yogis, aber auch gewisse Tänze, Gesänge usw. So daß wir uns nun fragen, ob es möglich ist, daß die durch besagte mystische Praktiken veränderten Bewußtseinszustände einer ASW förderlich sind.

Unser erstes Problem bei der Beantwortung dieser Frage ist, daß es, auch wenn wir uns auf den Bereich Yoga beschränken, auf eine ganze Menge Meditationsschulen stoßen, die aber von Parapsychologen in ihren Berichten oft in einen einzigen Topf geworfen wurden. Eine Folge hiervon besteht darin, daß die Untersuchungen zum Thema Meditation und Psi sich durch eine bemerkenswerte Laxheit auszeichnen. Doch können wir wissenschaftliche Untersuchungen heranziehen, die auf anderen Gebieten gemacht wurden. So hat man zum Beispiel in der Medizin die Behauptungen verschiedener Meditationsschulen auf Herz und Nieren geprüft und feststellen müssen, daß hier wirklich ungewöhnliche Resultate vorlagen – Resultate, über die sich die Medizin noch vor 15 Jahren mokiert hätte.

Eine dieser Schulen ist die Transzendentale Meditation (TM); sie behauptet, sich von allen anderen radikal zu unterscheiden. TM-Praktiker erklären, sie könnten tiefe Meditationszustände durch die Wiederholung eines *mantra* sozusagen im Eilschritt erzeugen – bei diesem *mantra* handelt es sich um einen an und für sich sinnlosen Ton, der ständig wiederholt wird und den Geist so sehr löst und lockert, daß dieser sich auf die tiefsten Konzentrationsebenen begeben kann. So ist man dahin gekommen, daß man TM-Personen in einer Reihe von ASW-Experimenten einsetzte. Bevor wir uns mit diesen Untersuchungen auseinandersetzen, können wir eine allgemeine Feststellung treffen, die den Leser auf das, was jetzt kommt, vorbereiten soll: Es hat den Anschein, als könnten Meditierende bemerkenswerte Psi-Effekte erzeugen, doch um ihre Fähigkeit, sie auch zu kontrollieren, scheint es mager bestellt zu sein. Diese Tatsache kommt unerwartet und ist recht faszinierend. Unerwartet deshalb, weil erfahrene Meditationsanhänger ihre Körper auf eine ganz erstaunliche Weise willentlich kontrollieren können; und faszinierend deshalb, weil natürlich die Hoffnung besteht, daß man durch diese ebenso starken wie unbeständigen Psi-Kräfte vielleicht auf gewisse Gesetzmäßigkeiten der Psi-Effekte stoßen könnte.

Wir sollten hier kurz anführen, welche Effekte ein Meditierender in seinem Körper durch einen einfachen Willensakt erzeugen kann. Er kann zum Beispiel die Herzschlagrate und die Atmung erstaunlich einschränken. Ein uns bekannter Wissenschaftler, der sich mit Swami Rama, dem indischen Yogi, auseinandersetzte, stellte fest, daß dieser Swami seinen Herzschlag so lange anhielt, daß ein Mitglied des Medizinerteams fast einen Herzschlag bekommen hätte! TM-Forscher haben offensichtlich auch während der TM-Übungen eine gewaltige Kohärenz des Hirnwellenspektrums festgestellt, gekoppelt mit niedriger Herzschlag- und Atmungsrate. Diese Effekte sind hervorragend belegt, und viele unter ihnen kann man sich selbst antrainieren – mit Hilfe von *Biofeedback*-Techniken. Ja, man hat sogar festgestellt, daß ein Mensch lernen kann, sich eine Änderung der Impulsrate einer *einzelnen Zelle* in seinem Rückenmark zu wünschen – und er diesen Effekt dann auch erzielt. Über diese erstaunliche Entdeckung berichtete im Jahr 1969 die Zeitschrift *Science*.

Doch trotz dieser beeindruckenden Berichte über die Kontrolle der Aktivität des eigenen Körpers scheint der Meditierende ziemlich unfähig zu sein, seine Psi-Effekte selbst zu kontrollieren. Auf dem Gebiet der Traumarbeit, der Ganzfeldtechnik und der progressiven Entspannung liegt der typische ASW-Wert *über der* Zufallserwartung. Umgekehrte Prozesse – bei denen der ASW-Wert *unter* der Zufallserwartung liegt und man dem sonderbaren Psi-Missing-Effekt begegnet – solche Prozesse also sind sehr selten. Doch wurden bei diesen Experimenten meistens ganz gewöhnliche Leute als Versuchspersonen eingesetzt. Im Fall der Meditierenden war dem anders. Auch passierte hier etwas, was wir zunächst einmal nur als Frage formulieren möchten.

Es geht um ein ASW-Ganzfeld-Experiment mit 20 TM-Praktikern, die als Empfänger fungierten. John Palmer, der Versuchsleiter, fand nun heraus, daß der Punktwert, gemessen von zwei Gutachterpaaren, eindeutig über der Zufallserwartung lag (so wie das auch bei den meisten Ganzfeldexperimenten der Fall ist). Doch die TM-Personen, die ihre eigenen Daten beurteilten, gelangten zu Ergebnissen, *die weit unter der Zufallserwartung lagen.* Was also die vier Gutachter als positive ASW-Effekte sahen, war den TM-Personen zu sehen nicht möglich. Wirklich sehr seltsam! Es ist zwar richtig, daß das Experiment in Kalifornien durchgeführt wurde, und daß die Kalifornier sonderbare Leute sind. Doch die Gutachter sahen das richtige Bild. Und warum dann nicht die TM-Anhänger?

Andere Perspektiven von veränderten Bewußtseinszuständen

Wir hoffen, genügend detaillierte Beispiele gegeben zu haben, die veranschaulichen, daß die Erforschung veränderter Bewußtseinszustände den Parapsychologen wichtige neue Einblicke in die Wirkungsweise von Psi-Effekten vermittelt hat. Es war vor allem Charles Honortons Entwicklung der Ganzfeldtechnik, die den Forschern eine hervorragende Methode in die Hand gab, um ebenso starke wie zuverlässige Psi-Werte zu erzeugen und ihre Effekte zu messen. Als experimentelle Methode hat die Ganzfeldtechnik die Vorteile, daß sie, was ihre Anwendung anlangt, unkompliziert, flexibel und ökonomisch ist. Auch vom ästhetischen Standpunkt aus ähnelt die Ganzfeld-Umgebung, obwohl streng kontrolliert, auf eine zufriedenstellende Weise solchen realen Lebensbedingungen, in denen Psi am häufigsten spontan auftritt – nämlich im Traum, im Tagtraum und in Zuständen äußerster körperlicher Entspannung.

Genauso erfreulich ist die Tatsache, daß Honorton seine neuartige experimentelle Technik aus einer spezifischen Analyse der Funktionsweise von ASW entwickelte. Man hat der Parapsychologie häufig vorgeworfen, sie sei eine Wissenschaft mit vielen Fakten, aber wenig Theorien. Doch indem Honorton und seine Kollegen die ASW einerseits zwar als einen schwachentwickelten menschlichen Sinn behandelten, andererseits aber als ein Wahrnehmungsorgan, das normalerweise von dem ablenkenden Lärm der Umgebung behindert wird, konnten sie vorhersagen, daß eine ASW besser funktioniert, wenn der normale sensorische Input reduziert wird. Das aber war eine Vorhersage, die sich praktisch erhärten ließ. Die größte Stärke der Lärmreduktionstheorie besteht darin, *daß sie auch in der Praxis stimmt.*

Der kalifornische Parapsychologe John Palmer vertritt einen anderen und komplexeren Standpunkt als Honorton. Für Palmer tendiert der durch Hypnose, die Ganzfeldtechnik oder welches Verfahren auch immer induzierte veränderte Bewußtseinszustand dazu, einen ASW-Wert zu erzeugen, der von der üblichen Zufallserwartung weit entfernt ist. Dieser veränderte Bewußtseinszustand beeinflußt *die Größte* des Effekts. *Die Richtung* des Effekts jedoch – egal, ob der Punktwert über oder unter der Zufallserwartung liegt – wird durch andere Faktoren bestimmt. Das zumindest ist die Auffassung Palmers. Diese Unterscheidung ist explizit in Honortons Modell nicht enthalten, denn hier begegneten wir dem Standpunkt, wonach der veränderte Bewußtseinszustand dazu tendieren sollte, einen höheren *positiven* Punktwert zu produzieren.

Palmers Modell hat zwei Schwächen. Die erste besteht darin, daß Palmer nicht spezifizieren konnte, welche Faktoren die Richtung der Punktwertung bestimmen. Die Persönlichkeit scheint *keiner* von diesen Faktoren zu sein: das geht klar aus einigen von Sargents Untersuchungen hervor. Wahrscheinlich sind *soziale* Faktoren – also das, was ein konventioneller Forscher als Atmosphäre bezeichnet hätte – von größerer Bedeutung. Die zweite Schwäche des Palmerschen Modells ist die, daß ein Großteil der signifikanten Ergebnisse, die durch Traumzustände, das Ganzfeldverfahren oder andere Techniken erzielt wurden, über der

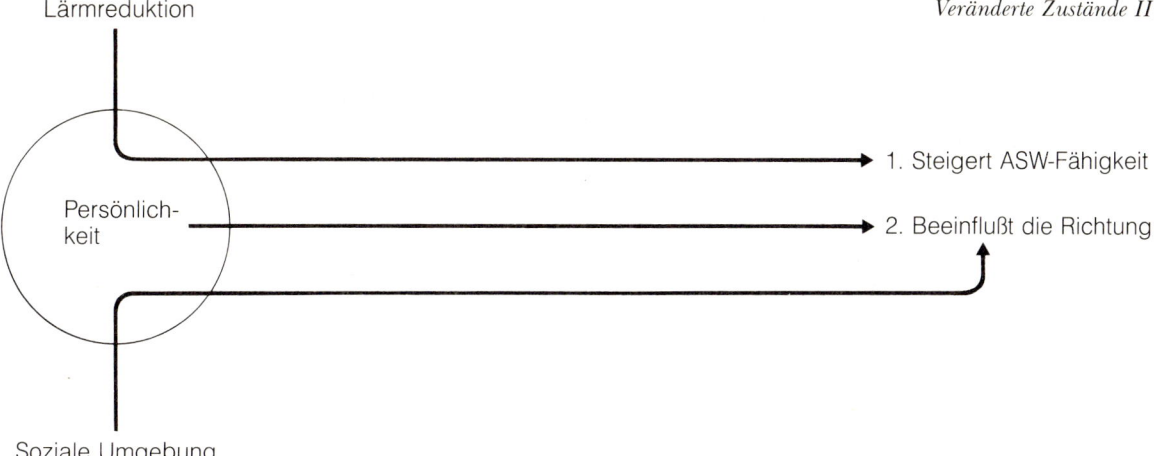

Lärmreduktion

Persönlich-keit

Soziale Umgebung

1. Steigert ASW-Fähigkeit

2. Beeinflußt die Richtung

Die Stärke des ASW-Punktwertes und die Richtung, in die dieser zielt, werden durch das Zusammenwirken von drei Faktoren beeinflußt: durch die Reduktion äußeren Lärms, durch den Persönlichkeitstypus und durch die soziale Umgebung, in der die Tests durchgeführt werden.

Zufallserwartung lagen und nicht darunter. Obwohl dieses Resultat in keinem Widerspruch zum Palmerschen Modell steht, hätte Honortons Modell diese Lage der Dinge vorhergesagt, das Palmersche aber eben nicht.

Allerdings verfügen wir über eine entscheidende Methode, die es uns erlaubt, die beiden Modelle miteinander zu vergleichen. Honortons Modell behauptet, daß es ein *positives* Verhältnis geben müßte zwischen dem ASW-Wert bei einem – nun, sagen wir mal – Ganzfeldexperiment – und dem Bericht der Versuchsperson darüber, wie erfolgreich die Ganzfeldtechnik bei der Indizierung von ASW nun wirklich gewesen ist. Die Personen, die sich radikal von ihrem üblichen Bewußtseinszustand entfernen, müßten die besten ASW-Werte erzielen. Der ASW-Erfolg, der sich unter diesen Bedingungen einstellt, *sollte der Theorie nach immer positiv sein.* Doch Palmer meint, dem sei nicht so. Und er argumentiert, daß dies dann und nur dann zutreffe, wenn der gesamte ASW-Wert für die Gruppe zu testender Personen positiv ist. Ist jedoch der gesamte ASW-Wert negativ, so müßte auch das Verhältnis zwischen dem ASW-Erfolg und der Veränderung des Bewußtseins negativ sein. Doch warum sollte dem so sein?

Palmer erklärt, das sei deshalb zu erwarten, weil die Personen, die durch das Ganzfeld am stärksten beeinflußt werden, auch am empfindlichsten auf die soziale Atmosphäre reagieren müßten, und das wiederum würde sich in einem *starken positiven* ASW-Wert ausdrücken, wenn die Atmosphäre richtig ist, und in einem *starken negativen* Wert, wenn die Atmosphäre unangenehm, sehr formell oder angespannt ist.

Für Honorton müßten Personen, die durch die Ganzfeldtechnik stark affiziert werden, mit sehr hohen Punktwerten (das heißt Werten, die weit über der Zufallserwartung liegen) abschneiden, während genau die gleichen Personen für Palmer mit sehr starken Werten aufwarten müßten (das heißt mit Werten, die von der Zufallserwartung sehr weit weg liegen – was ein positiver, aber auch ein negativer Wert sein könnte).

Die Ergebnisse aus 14 Untersuchungen, in deren Verlauf die Erfolgswerte der Ganzfeldtechnik bei der Veränderung von Bewußtseinszuständen gemessen wurden, bestätigen durchwegs Palmers Modell. Jedes Mal wenn der Gesamtpunktwert über der Zufallserwartung lag (das heißt bei

Ein Ganzfeld-Experiment mit Bilderraten

12. Experiment, 16. Sitzung
10. Dezember 1979
Zielbild: »Der Alte der Tage« von William Blake

Bericht des Empfängers: Bild von einem Nachthimmel mit einem Planeten darin oder einem unnatürlichen goldenen Oval. Ein glühendes Gebilde, das Feuer verstrahlt. Ungeschickt gemaltes Bild von einer Frau im weißen Nachtgewand . . . wirres Haar, Fackel in der einen Hand. Die Hände und Füße sind zu groß . . . Nahaufnahmen von der Sonne, ich kann die roten Flammen auf der Oberfläche sehen. Sonne wirkt schwarz . . . Blakes Gemälde von Gott mit dem Stechzirkel, wie er die Welt erschafft.

11 Experimenten), war das Verhältnis zwischen den beiden positiv, während bei den drei Experimenten, bei denen der gesamte Punktwert unter der Zufallserwartung lag, besagtes Verhältnis sich als negativ herausstellte. Das Palmersche Modell scheint also in diesem Fall im Vorteil zu sein. Doch zu welcher Interpretation der Ergebnisse man sich auch entscheidet, die Beweiskraft der Daten liegt auf der Hand.

So werden also Stärke und Richtung der ASW durch drei Faktoren beeinflußt. Erstens durch ein ruhiges, nach innen gerichtetes Bewußtsein, das durch keine äußeren Lärmquellen beeinträchtigt wird, zweitens durch die Persönlichkeit (Introvertiert/Extravertiert, Gläubig/Ungläubig usw.) und drittens durch die Atmosphäre, die zwischen den Personen herrscht.

Natürlich bleibt die Situation noch unübersichtlich. Wir haben aber bereits einige entscheidende Striche in das Bild eingezeichnet: das Drei-Faktoren-Modell (Lärmreduktion/Persönlichkeit/Umgebung) liefert eine befriedigende und intuitiv anregende Grundlage für weitere Untersuchungen. Auch sollten wir nicht vergessen, daß die Effekte unter den richtigen Bedingungen verblüffend einfach ausfallen können. Bill Brauds Empfänger versuchte sich Eindrücke von einem ihm unbekannten Zielbild zu verschaffen und sprach von Coca Cola – das Zielobjekt zeigte ganz einfach Coca Cola-Flaschen. Charles Honortons Empfänger erzählte von Spielcasinos in Las Vegas – und das Zielbild zeigte ebensolche Casinos. Carl Sargents Empfänger »sieht« William Blakes »Der Alte der Tage«, und bei dem Zielbild handelt es sich . . . natürlich um dieses Gemälde. Es gibt hinreichend Schlüsselfakten wie diese, die dem Zweifler als ebenso einfache wie beeindruckende Resultate angeboten werden können. Vielleicht könnten wir sagen: die Ergebnisse sind relativ einfach, doch die Erklärungen erweisen sich immer wieder als relativ kompliziert. Und nach diesen Erklärungen müssen wir suchen. Die Fakten sind da, damit sie von uns, wenn möglich, verstanden werden, und wir müssen noch mehr von ihnen untersuchen, damit wir uns ein volleres Bild davon machen können, was Psi alles erreichen kann. Das paranormale Gespür für Ereignisse, die sich in der Ferne abspielen, ist zwar eine interessante Sache, doch noch interessanter wäre es herauszufinden, welche Kraft diese Ereignisse beeinflußt oder gar steuert. Und so müssen wir uns nun die Frage stellen, was vermag der Geist denn überhaupt auszurichten?

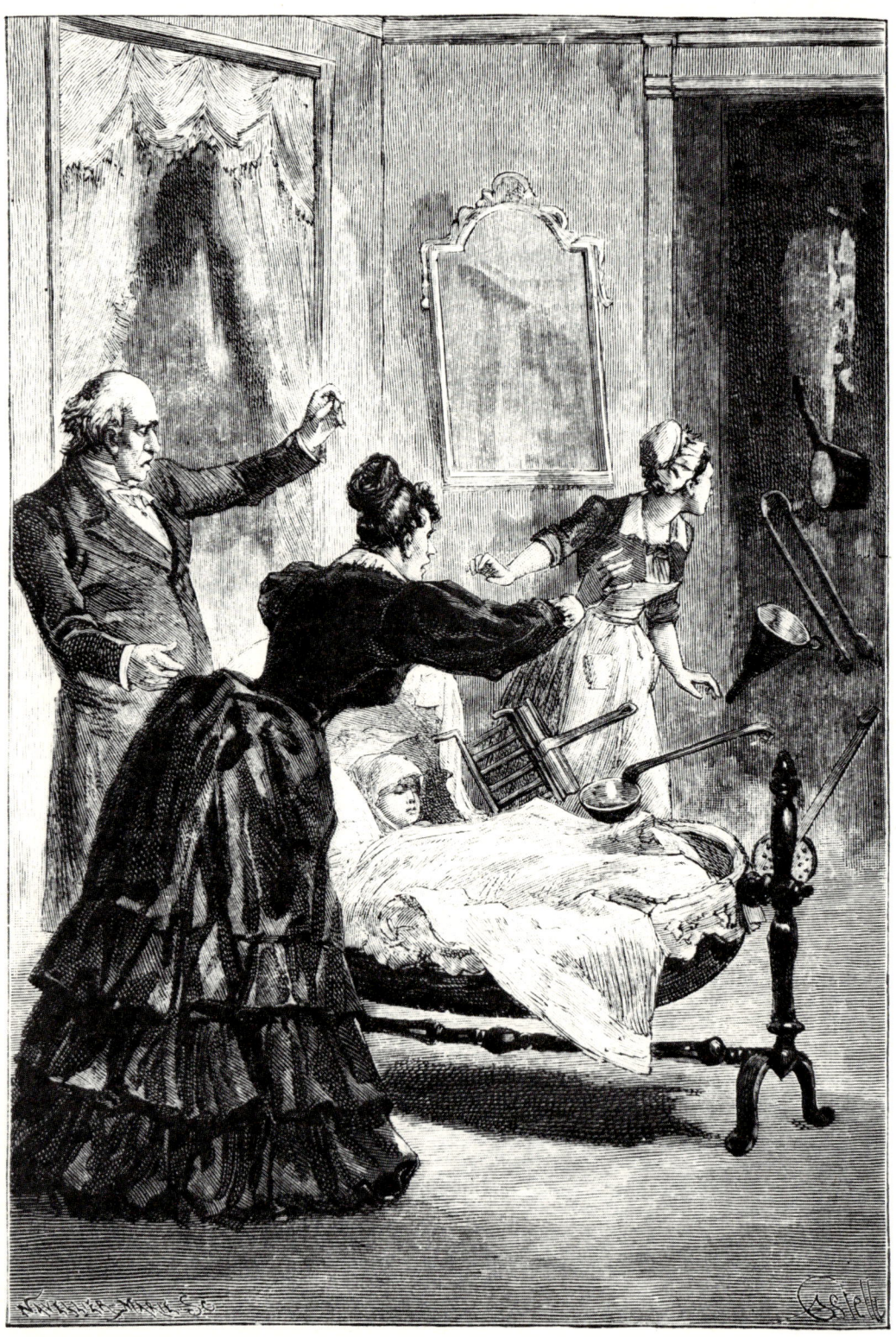

7 Kräfte des Geistes

Bislang haben wir uns hauptsächlich mit den Phänomenen befaßt, aus denen hervorgeht, daß eine paranormale Wahrnehmung tatsächlich existiert – wir meinen Telepathie, Hellsehen und Präkognition. Die Beweislast der vorhandenen Daten ist so überwältigend, daß viele Wissenschaftler und die meisten Laien heutzutage ASW entweder für wahrscheinlich oder aber für bewiesen halten – diese Überzeugung wird durch zahlreiche Untersuchungen belegt. Was nun jedoch die Psychokinese anlangt, so haben ähnliche Untersuchungen eindeutig ergeben, daß die meisten Menschen nicht glauben, daß es für den menschlichen Geist möglich sei, in der materiell greifbaren Welt Ereignisse auszulösen oder zu beeinflussen. Wir selber haben bereits zwei Beispiele für Psychokinese-Effekte angeführt: die zwar nicht testbaren, aber zuverlässigen Berichte über die außergewöhnliche Karriere von D. D. Home und die aufsehenerregenden experimentellen Befunde von Helmut Schmidt. Nun aber ist es an der Zeit, daß wir uns eingehend mit der systematischen Forschung im Bereich der Psychokinese auseinandersetzen. Zu diesem Zweck haben wir uns für vier Teilbereiche entschieden – für die Poltergeister, das Gesundbeten, die experimentellen Untersuchungen mit technischen Geräten vor und nach Helmut Schmidt und das Metallbiegen. Wenn die Psychokinese-Beispiele, die aus diesen Bereichen stammen, der Wahrheit entsprechen, dann finden wir uns in der Tat in eine höchst absonderliche Welt versetzt, in eine Welt, in der Ereignisse beobachtet und gemessen werden können, die keine uns bekannte Ursache haben. Doch wenn wir nach einer kritischen Bewertung der vorhandenen Daten zugeben müssen, daß solche Ereignisse offenbar tatsächlich stattfinden, wie könnten wir sie dann noch ignorieren?

Poltergeister

Bei diesen Geistern handelt es sich um einen Spuk, der über eine gewisse Zeitlang auftritt und sich auf eine physikalisch unerklärliche Weise manifestiert. Diese Manifestationen nehmen häufig die Form von sonderbaren Geräuschen an und zuweilen von noch merkwürdigeren Körperbewegungen. Auch können diese Manifestationen manchmal recht heftig ausfallen.

Sozusagen historisch belegt sind Poltergeister bereits im Italien des sechsten Jahrhunderts. Eine objektive Bewertung dieser Berichte ist heute natürlich schwierig, doch begegnen wir im 16. Jahrhundert und später immer wieder Forschern, die versuchten, ihre Fälle mit einiger Sorgfalt aufzuzeichnen, und der Autor einer Dämonologie aus dem 16. Jahrhundert erklärte, als er bei den Poltergeistern anlangte: »Da diese Erscheinungen wohlbekannt sind, werde ich auf Beispiele verzichten...«

Die üblichen Geschichten von Poltergeist- und Spukmanifestationen haben häufig ein Kind zum Mittelpunkt. – Der hier gezeigte Spuk wurde im 19. Jahrhundert in Guillonville (Frankreich) aufgezeichnet.

Wenn wir uns also nun mit Versuchen befassen, die zum Ziel haben, dem Unwesen der Poltergeister mit wissenschaftlich ausgeklügelten Mitteln auf den Leib zu rücken, so sollten wir immer vor Augen haben, daß uns diese lärmigen Geister schon sehr lange heimsuchen.

Der Poltergeist unterscheidet sich in einem Punkt ganz wesentlich von den üblichen spontanen Psi-Ereignissen – er tritt nicht einmal, sondern wiederholt auf. Das bedeutet, daß der Beobachter den Schauplatz selbst aufsuchen, seine Untersuchungsgeräte aufstellen und auf die Dinge, die da kommen, warten kann – er kann also, wenn er Glück hat, den Poltergeist auf frischer Tat ertappen.

Rechts:
Spukmanifestationen im Büro der Air Keeting Co. in Leeds (England).

Ganz rechts: *Die Verheerung, die durch Spukphänomene angerichtet werden kann, ist für die Betroffenen ganz sicher nicht zum Lachen!*

Zwei Poltergeister von heute

Jeder erfahrene Parapsychologe, befragt, welchen Poltergeist-Paradefall er dem rationalistischen Skeptiker vorsetzen würde, würde mit ziemlicher Sicherheit auf die Rosenheimer Affäre hinweisen. In den Jahren 1967 und 1968 ereigneten sich in der Praxis eines angesehenen Rechtsanwalts in Rosenheim äußerst seltsame Dinge.

Unter den ersten Manifestationen waren fortwährend Telefonanrufe (die vier Apparate läuteten häufig gleichzeitig) und grundlos durchgebrannte Sicherungen. Der Anwalt entrüstete sich über diese Vorfälle und vermutete dahinter Leute, die ihm Böses wollten oder aber eine Störung der elektrischen Zuleitung zu dem Haus. Das Prüfamt der Rosenheimer Stadtwerke wurde dringend gebeten, den Fall zu untersuchen. Die Untersuchungskommission rückte an mit Spannungs- und Stromschreibern und stellte schließlich sogar ein Notstromaggregat zur Verfügung. Die verdutzten Revisoren entdeckten, daß die Registrierstreifen der Meßgeräte abnorme Vollausschläge zeigten, während die Leute von der Post eine unmöglich hohe Zahl von Anrufen bei der Zeitansage registrierten.

Da die Welt auf diese Weise außer Rand und Band geriet, suchte man Hilfe bei Spezialisten. Hans Bender, der Parapsychologe an der Universität Freiburg, führte eine eingehende Untersuchung durch, wobei ihm zwei Physiker vom Max Planck-Institut für Plasmaphysik in München assistierten. Diese Physiker brachten ihre eigenen Prüfgeräte mit, und Bender installierte Kameras und Tonbandgeräte.

Was ihn als erstes befremdete, war, daß all diese sonderbaren Ereignisse nur dann auftraten, wenn Annemarie S., ein 19jähriges Mädchen, im Haus war. Ging dieses Mädchen durch den Flur, begannen die Lampen hinter ihr zu schwingen, explodierten Beleuchtungskörper und flogen die Scherben auf sie zu, ein Phänomen, das auch dann noch etwas anhielt, wenn sie bereits wieder gegangen war. Bender gelang es, dieses Geschehen auf einen Film zu bannen, und er suchte nun emsig nach irgendeiner Spur, die einen Betrug erkennen lassen würde – zum Beispiel nach geheimen elektrischen Leitungen, die jene Effekte hätten erzielen können.

Und die beiden Physiker saßen grübelnd über ihren Meßergebnissen, denn sie entdeckten genau die gleichen abnormen Vollausschläge wie die

Leute von den Elektrizitätswerken und der Post. Dann eliminierten sie systematisch mögliche Ursachen für diese Stromstörungen in der Hauptzuleitung und kümmerten sich unter anderem um die Röntgenapparatur eines Zahnarztes, der im selben Haus seine Praxis hatte. Ihre Schlußfolgerungen waren im Grunde recht simpel – in diesem Haus, so meinten sie, gingen höchst seltsame Dinge vor sich. Sie hatten mit ihren Geräten gesucht und geprüft und gemessen, doch ohne etwas zu finden, was die ungewöhnlichen Vorgänge hätte erklären können.

Sowie Bender erkannte, daß Annemarie möglicherweise die Spukauslöserin war, ließ er sie nicht mehr aus den Augen. Gegen Ende der ganzen Rosenheimer Affäre (als Annemarie ging, um eine neue Stelle anzutreten) zählte Bender mindestens vierzig Personen, die Zeuge geworden waren der verschiedensten Phänomene und ihrer Folgen. So fielen Bilder von den Wänden oder drehten sich vor Augenzeugen, Schubladen kamen vor den Augen des einen Physikers selbsttätig aus den Schreibtischen, und schließlich wurde zweimal ein dreieinhalb Zentner schwerer Aktenschrank um etwa 30 Zentimeter von der Wand abgerückt. Natürlich wurden diese Zeugen genau befragt, denn der Rechtsanwalt ging einmal sogar so weit, daß er Anzeige gegen Unbekannt erstattete!

Natürlich wurden Versuche unternommen, die gesammelten Daten nach der ganzen Affäre als unglaubwürdig hinzustellen (und der Skeptiker hat in einer solchen Situation immer einen guten Stand, denn seine Einwände lassen sich nicht mehr durch unmittelbare Beobachtung der

Poltergeist-Phänomene widerlegen). Trotzdem haben sich diese Versuche als müßig erwiesen.

Als Annemarie ihre Stelle bei dem Anwalt aufgab, ging ihr Poltergeist sozusagen mit ihr mit und wurde auch an ihrem neuen Arbeitsplatz aktiv, allerdings nur für einige Zeit, dann gab er seine Seele – oder was auch immer – auf.

Daten wie die aus der Rosenheimer-Affäre sind selten, obgleich zum Beispiel Benders intensive Forschungsbemühungen eine Menge Zeit und Geld kosteten. In der Regel wird die parapsychologische Forschung von staatswegen nur wenig unterstützt, und so fehlt den meisten Forschern die ausgeklügelte Ausrüstung, die erforderlich ist, um Poltergeist-Manifestationen richtig erforschen zu können. Dennoch verfügen wir über einwandfreie Daten, die von unmittelbaren, detaillierten und systematischen Beobachtungen stammen. So konnten zum Beispiel 1967 Gaither Pratt (der übrigens mit Stepanek arbeitete) und William Roll, seines Zeichens Forschungsdirektor der Psychical Research Foundation of North Carolina, die Poltergeist-Effekte beobachten, die mit einem 19jährigen Jungen namens Julio zu tun hatten. Dieser Junge arbeitete als Versandbuchhalter und mußte im Rahmen seiner Tätigkeit gelegentlich ins Lagerhaus. Aber immer wenn er dort auftauchte, flogen die verschiedensten Artikel von den Regalen – einige Artikel freilich, wie Roll beobachtete, häufiger als andere. Er führte ein Experiment durch, bei dem er bestimmte Artikel, die häufig losflogen, *an genau den Orten* plazierte, von denen die Levitationen anscheinend am häufigsten ausgingen. Roll und Pratt konnten zehn Ereignisse ausmachen, bei denen die »Zielobjekte«, wie sie sie nannten, sich immer dann bewegten, wenn sie, die Beobachter, im Begriff standen, ihr Augenmerk auf diese Gegenstände zu richten oder von diesen bereits abgezogen hatten – das heißt jeweils unmittelbar vor oder nach dem Ereignis. Bei sieben Ereignissen beobachtete einer von beiden den Jungen. Was jedoch beide erstaunte, war, daß sie eigentlich niemals einen der Artikel in Bewegung sahen. Die Beschreibungen von Roll und Pratt sind genau und detailliert, so daß es

---

Beobachtung eines Poltergeists

Bill Roll beobachtete folgendes Spukgeschehen in dem berühmten Fall vom Miami:

»Um 11.27 zerbrach ein Zombie-Glas auf dem Regal 2 im Seitengang 2. Dieses Glas war ... 30 Zentimeter vom Regalrand entfernt gestanden, und vor dem Glas befanden sich eine flache Schale, eine Wasserschüssel und einige Notizbücher. Während des Vorfalls hielten sich außer mir noch drei andere Personen im Lagerhaus auf. Miss Roldan an ihrem Schreibtisch. Mr. Hagmeyer, der sich in der Südwestecke der Halle befand. Und Julio. Zur Zeit des Vorfalls saß Julio am Nordende von Seitengang 3. Ich selbst war 1,5 bis 2 Meter von ihm entfernt und stand ihm zugewandt. Er hatte keinen sichtbaren Kontakt mit Regal 2. Das fragliche Glas war über einen Meter von seinem Rücken entfernt. Und nun rückte es ab von ihm, stieß aber an keinen der Artikel, die vor ihm standen. Folglich muß sich das Glas mindestens fünf Zentimeter in die Luft erhoben haben.«

(Copyright: *Journal of the American Society for Psychical Research,* 1971. Aufsatz von Roll und Pratt, Band 65, Seite 446–447.)

einem unmöglich vorkommt zu behaupten, die beiden könnten das Opfer einer Wahnvorstellung geworden sein.

Wie beweiskräftig sind die Daten?

Wir haben es hier mit Belegen zu tun, die bei einer Bewertung des Poltergeist-Phänomens ernstgenommen werden müssen. Es gibt Zeugenaussagen dieser Art von Beobachtern und Experimentatoren in einer solchen Fülle, daß es unmöglich sein dürfte, sie einfach so abzutun. Dennoch haben wir es hier mit einigen Problemen zu tun, die uns mißtrauisch stimmen sollten.

Problem Nummer eins, mit dem jeder Poltergeist-Forscher konfrontiert wird, ist die Tatsache, daß bei 95 Prozent der gemeldeten Fälle ein zweiter Besuch unnötig ist. Berichte über seltsame Vorkommnisse stammen von alten Ladies, die sich nach einem Gesprächspartner und etwas Unterhaltung sehnen, oder von gerissenen betrügerischen Familien, die auf eine neue Wohnung spekulieren. Auch ist es oft der Fall, daß die Leute von ihren Poltergeist-Erfahrungen erst dann erzählen, wenn der Poltergeist seine Aktivitäten eingestellt hat. Das aber bedeutet, daß der Forscher nun keine direkten Beobachtungen mehr anstellen kann. Auf diese Sachverhalte müssen wir besonders hinweisen, denn wir wollen keinesfalls den Eindruck erwecken, daß an jeder Straßenecke ein Poltergeist lauert. Poltergeister sind selten und *gute* Poltergeister, die solide Daten erbringen, noch seltener.

Das Problem Nummer zwei heißt Betrug. William Roll zeigte bei seiner Analyse einer (zugegebenermaßen kleinen) Stichprobe von Poltergeistfällen, daß bei den 82 vor 1949 zusammengetragenen Berichten 9,8 Prozent Fälschungen waren. Und bei den 34 nach 1949 gesammelten Berichten stieg der Prozentsatz auf 32. Also ein ganzes Drittel! Diese Frequenz ist recht hoch, und der wahre Wert liegt wahrscheinlich noch höher. Denn wenn ein Forscher einen Betrug entdeckt, so könnte er durchaus dazu neigen, auf dessen Publikation zu verzichten. Auch kann es durchaus sein, daß der Amateurforscher von einem gerissenen Betrüger hinters Licht geführt wird – was natürlich bedeutete, daß der Betrug unbemerkt bleibt. So könnte es durchaus sein, daß von den in den letzten 30 Jahren berichteten Poltergeist-Fällen etwa 50 Prozent reine Fälschungen sind.

Obleich – Betrug ist ein hartes Wort. Denn die meisten Poltergeister haben mit Kindern zu tun, und Kinder besitzen nicht das gleiche moralische Empfinden wie Erwachsene. Zwar führen uns die meisten Aufdeckungen eines Betrugs auf Kinder zurück, doch ist es in vielen Fällen nicht pure Böswilligkeit, sondern der Familienhintergrund, der die Täuschungen begünstigt.

Ein angeblicher Poltergeistfall, der zwar keine beobachtbaren Psychokinese-Effekte, aber den dreimaligen Besuch eines Forschers erbrachte, soll hier als Musterfall für einen »Betrug« stehen. In dieser Familie gab es keinen Vater, und die Kinder liebten den Besuch von aufmerksamen Fremden. Bei einem der Besucher handelte es sich um einen der Autoren dieses Buches. Als dieser Besucher sich beim ersten Mal verabschiedete, ohne daß sich in seinem Beisein irgendetwas Ungewöhnliches ereignet hätte, da packte ihn eines der Mädchen beim Ärmel und sagte: »Aber du kommst doch wieder, oder?« Und gegen Ende seines zweiten Besuches, bei dem wieder nichts Entscheidendes passiert war, sah der Besucher aus dem Augenwinkel, wie der Junge eine Schrubberbürste in die Luft warf und dann so tat, als sei hier ein Poltergeist am Werk gewesen.

Auf der einen Seite bedeutet das, daß der Skeptiker ebenso grimmig wie verachtungsvoll auf die hohe Betrugsrate verweisen kann. Und es bedeutet auch, daß der Poltergeistforscher allzu leicht in Teufels Küche gerät, wenn er nicht wie ein Schießhund aufpaßt und seine Augen überall hat. Auf der anderen Seite ist es natürlich falsch, den (immerhin erst achtjährigen) Jungen als glatten Betrüger hinzustellen. Dieses Kind kann sein Tun nicht als Missetat begreifen und ist zudem für seine Handlung bestens motiviert. Es mag seltsam klingen, aber vielleicht sind sich die Psychologie des Poltergeistes und die des achtjährigen Jungen recht ähnlich – vielleicht lechzen die beiden nach Aufmerksamkeit! Wir selber vermuten, daß es viele Fälle gibt, in denen Kinder, die einen Poltergeist um sich haben, selbst diesen Poltergeist spielen, weil der richtige Poltergeist nicht willens ist, zum richtigen Zeitpunkt aufzutreten.

Unaufrichtig und ungerecht seitens des Skeptikers wäre es jedoch, wenn er die Daten – zum Beispiel des Spuks von Rosenheim – auch dann nicht anerkennt, wenn die Möglichkeit eines Betrugs von den verschiedensten Seiten her eindeutig widerlegt worden ist.

Die Psychologie von Poltergeistern

Bei der Auseinandersetzung mit der Frage, wie Parapsychologen Poltergeister erforschen, kamen wir auf die psychologischen Faktoren zu sprechen – zum Beispiel den Wunsch, Aufmerksamkeit zu wecken – die solche Forschungsarbeiten zusätzlich erschweren können. Wir wenden uns nun einer eingehenden Untersuchung der Psychologie jener Personen zu, die im Mittelpunkt eines Poltergeistgeschehens stehen. Denn in der Regel ist es so, daß Poltergeisteffekte stets eine zentrale Bezugsperson haben. Annemarie S. oder der Junge Julio waren Beispiele hierfür. Wir wollen diese Person *Fokusperson* nennen, und fragen uns, ob ihr ein typisches psychologisches Profil eignet. Weist diese Person eher männliche oder weibliche Züge auf, ist sie eher introvertiert oder extravertiert, eher neurotisch oder wohlangepaßt?

Was die Frage der Geschlechtszugehörigkeit der Fokusperson anlangt, so finden wir Aufschluß bei William Roll. Hier stoßen wir sofort auf eine faszinierende Tatsache. Bei den Fällen, über die vor 1900 berichtet wurde, waren 80 Prozent der Fokuspersonen weiblichen Geschlechts. Im zwanzigsten Jahrhundert jedoch hat sich diese Verteilung entscheidend geändert, und die Daten zeigen, daß nun beide Geschlechter gleichermaßen an Poltergeistphänomenen beteiligt sind. Auch hat Roll entdeckt, daß das Durchschnittsalter der Fokusperson 16 Jahre beträgt. Doch auch hier war in den letzten Jahren eine Veränderung zu beobachten, denn dieses

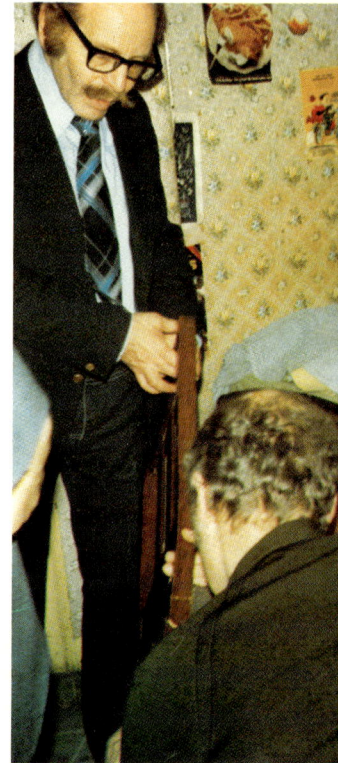

Sind Kinder der Fokus oder Mittelpunkt eines Spukgeschehens, so kann das starke Interesse von Erwachsenen dazu führen, daß das Kind entsprechend dramatische Effekte erfindet oder in Szene setzt.

Unten: *Dieses Gerät hat die Aufgabe, Psychokinese-Effekte zu messen, die auf Spuk- oder Poltergeistaktivitäten zurückzuführen sind.*

Unten rechts: *Die Ausrüstung des Spukforschers besteht unter anderem aus Kameras, Tonaufzeichnungsgeräten, Vibrationsdetektoren und Thermometern.*

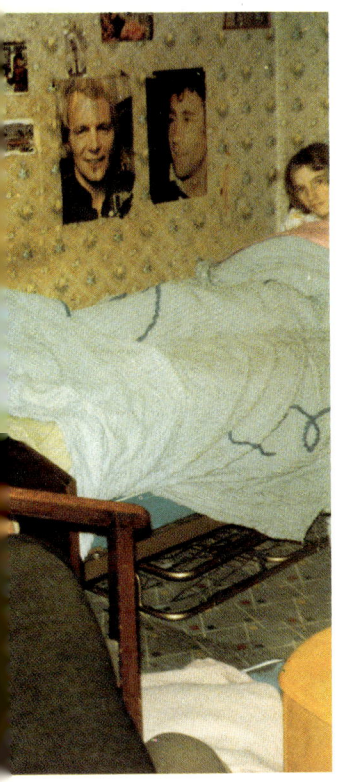

Durchschnittsalter ist auf 20 Jahre hochgerutscht. Zurückzuführen ist diese Veränderung auf einen zunehmenden Anteil von Fokuspersonen, die 70 Jahre und älter sind.

Trotzdem ist es auch heute noch so, daß es sich bei den meisten Personen, die mit Poltergeistphänomenen zu tun haben, um Kinder im Pubertätsalter handelt. Diese Tatsache könnte die alte Vorstellung stützen, wonach den Poltergeist- oder Spukmanifestationen sexuelle Spannungen und Frustrationen zugrunde liegen sollen. So hat es auch einen Film gegeben, den vulgären Schocker *Der Exorzist*, der sich diese Vorstellung weidlich zunutze machte. Vielleicht war es für die Pioniere auf dem Gebiet der Poltergeistforschung natürlich, daß sie einen Zusammenhang herstellten zwischen Pubertät, sexueller Anspannung und Spukphänomenen. Es gab ja wirklich viele Mädchen im Pubertätsalter, die sich zu Fokuspersonen entwickelten; und zu den entsprechenden Auswirkungen gehörten oft Effekte, die stark sexuell bzw. masochistisch eingefärbt waren. Doch hat sich schließlich herausgestellt, daß Jungen und Mädchen gleichermaßen in Poltergeistfälle verwickelt waren, so daß eine frustrierte *weibliche* Sexualität als Ursache immer weniger in Frage kommt. Außerdem ist es – nach vielen frühen, aber auch heutigen Berichten zu urteilen – in den meisten Fällen so gewesen, daß die Poltergeistaktivität sofort oder nach wenigen Besuchen eines Arztes oder Priesters aufhörte. Wenn wir nicht von groben beruflichen Verfehlungen des beteiligten Arztes oder Priesters ausgehen, dann können wir uns nur schwer vorstellen, daß solche Besuche Abhilfe für eine frustrierte Sexualität schaffen könnten; was natürlich nicht ausschließt, daß der Arzt oder Priester dem vernachlässigten Kind wirklich helfen konnte.

Doch zunächst wollen wir uns mit einer weiteren Begründung des möglichen Zusammenhangs zwischen Poltergeistphänomenen und Kindern auseinandersetzen. Es hat viele Fälle gegeben, in denen die von Poltergeistern heimgesuchten Kinder von Psychiatern oder Psychoanalytikern untersucht wurden, und diese Fachleute stellten jeweils ein oder mehrere Symptome fest – sie vermerkten Hysterie, Depressionen, ein Zuviel oder Zuwenig an Aggression, Neurosen usw. Ein Hauptproblem bei derartigen Diagnosen ist darin zu suchen, daß der Psychiater oder Psychoanalytiker fast immer weiß, weshalb er das Kind untersuchen soll –

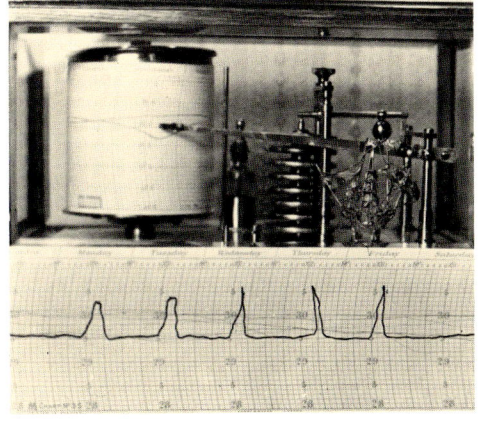

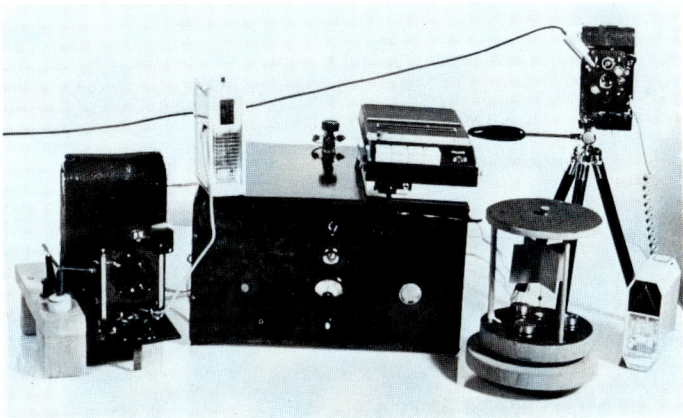

und das führt natürlich zu einer Prädisposition, Symptome auch dort festzustellen, wo gar keine gegeben sind.

Wesentlich beweiskräftigere Daten lassen jedoch vermuten, daß Poltergeister nicht auf sexuelle Frustration oder irgendeine Geistesgestörtheit zurückzuführen sind, sondern auf den Wunsch, Aufmerksamkeit zu erregen. Bei einer Untersuchung von mehreren jungen Personen, die alle bis zu 18 Jahre alt waren und mit Poltergeistphänomenen zu tun gehabt hatten, machte William Roll eine bemerkenswerte Entdeckung. Nicht weniger als 62 Prozent dieser Gruppe lebten, als der Spuk sich einstellte, nicht zu Hause. Von den übrigen Personen waren es 17 Prozent, von denen nur mehr ein Elternteil entweder überhaupt noch lebte oder ein Mitglied des Haushalts war. Diese Werte scheinen in der Tat recht hoch zu sein, obwohl wir keine Vergleichsdaten für Kinder im allgemeinen besitzen. Doch dieser unstabile oder zum Teil gar nicht vorhandene Familienhintergrund stützt natürlich die Vorstellung, wonach Poltergeister ein Mittel sein könnten, um Aufmerksamkeit zu erregen. Zusätzlich gestützt wird dieses Argument durch den seit 1950 erfolgten plötzlichen Anstieg von erheblich älteren Fokuspersonen. Die Einstellung der Gesellschaft zu Leuten dieses Alters ist heutzutage wesentlich gefühlloser als zu früheren Zeiten.

Auf diesem Gebiet müssen noch viele Untersuchungen durchgeführt werden. Doch glauben wir selbst, daß man sich auf der Suche nach einer stichhaltigen psychologischen Erklärung des Poltergeistphänomens der fruchtbarste Ansatz der wäre, daß man den jeweiligen Familienhinter-

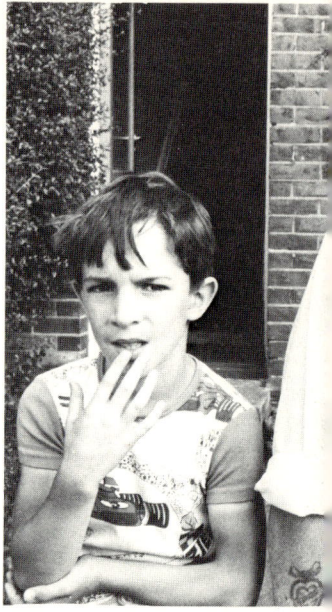

Es sind zusehends alte Leute neben den Kindern und Jugendlichen, die im Fokus eines Spukgeschehens stehen. Ist ein Grund hierfür die Isolierung alter Menschen?

»Esther Cox – Opfer mein« – Ein anschaulicher Poltergeistfall

Vor etwas über hundert Jahren war die 18jährige Esther Cox der Mittelpunkt eines Spukgeschehens in Amherst (Kanada). Das reizlose und (offenbar) psychoneurotische Mädchen lebte in Armut und mußte ein Bett mit ihrer (attraktiven) Schwester Jane teilen. Als der Verehrer dieser Jane versuchte, Esther zu vergewaltigen, setzten in ihrem Haus die Spukeffekte ein.

Plötzlich war im Schlafzimmer der Schwestern der Teufel los: »Kästchen sausten in der Luft umher, Laken und Bezüge wurden vom Bett gefegt, dazu hörte man laute, hallende Schläge. Ein Arzt wurde zu der fiebernden Esther gerufen, und dieser Mann entdeckte mit eigenen Augen eine Schrift, die auf der Wand erschien: »Esther Cox – Opfer mein.« Später, als der gute Mann in einem Türrahmen stand, stürzte plötzlich ein Haufen Gips von der Wand, der jedoch *um die Ecke herumflog,* um ihm dann vor die Füße zu prasseln. Auch hörte der Arzt Geräusche, die wie Schläge von einem Vorschlaghammer klangen.

Esther verfiel in Trancen, und ein Geistlicher, der seine Dienste anbot, mußte miterleben, daß in Esthers Beisein das Wasser in einem Eimer von alleine zu schwappen und scheinbar zu kochen begann. Von nun an fing der Spuk offenbar auch zu zündeln an, so daß das Haus der Cox' fast niedergebrannt wäre.

Ein Magier namens Walter Hubbell besuchte das Haus mehrere Male und erlebte, wie Stühle umstürzten, wenn er einen Raum betrat, und wie von unbekannter Hand Messer nach ihm geschleudert wurden. Hubbells Buch über den Fall wurde ein Bestseller. Obgleich das Buch nicht in jedem Punkt glaubwürdig ist, können die Zeugenaussagen der Familie, des Arztes und des Geistlichen doch nicht völlig übergangen werden. Auch steht dieser Fall für viele der »klassischen« Spukeffekte.

grund zusammen mit dem möglichen Wunsch, Aufmerksamkeit zu erregen, untersucht. Trotzdem liegt auf der Hand, daß dies keine vollständige Erklärung sein kann, denn es gibt zum Beispiel viele Kinder, die die Aufmerksamkeit auf sich lenken wollen, ohne daß dadurch jedoch Poltergeistphänomene in die Welt gesetzt werden würden.

Was können wir nun aus solchen Phänomenen wirklich lernen? Es würde uns überraschen, wenn wir zu einem sauberen, verläßlichen und kohärenten Bild gelangten, denn immerhin haben wir es hier mit Psychokinese in ihrer chaotischsten Form zu tun, was heißen will, daß wir mit unkontrollierten Umgebungen befaßt sind, in denen wir vielleicht zwar ein Geschehen messen können, ohne jedoch darauf hoffen zu dürfen, die Ereignisse steuern, vorhersagen oder gar manipulieren zu können. Das aber genau ist spontanes Psi!

Wir stoßen in unseren Poltergeistbefunden auf Effekte, in denen der Geist die Materie beeinflußt – Effekte auch, von denen wir hoffen, daß sie eines Tages auf positivere Weise genutzt werden können. Diese Art von Hoffnung sehen wir heute schon bestätigt, wenn wir uns mit der Rolle befassen, welche die Psychokinese beim Gesundbeten spielt.

Der heilende Geist

Die Tradition der Glaubensheilung ist sehr alt und niemals völlig untergegangen. Behauptungen, wonach »Wunderheilungen« stattgefunden

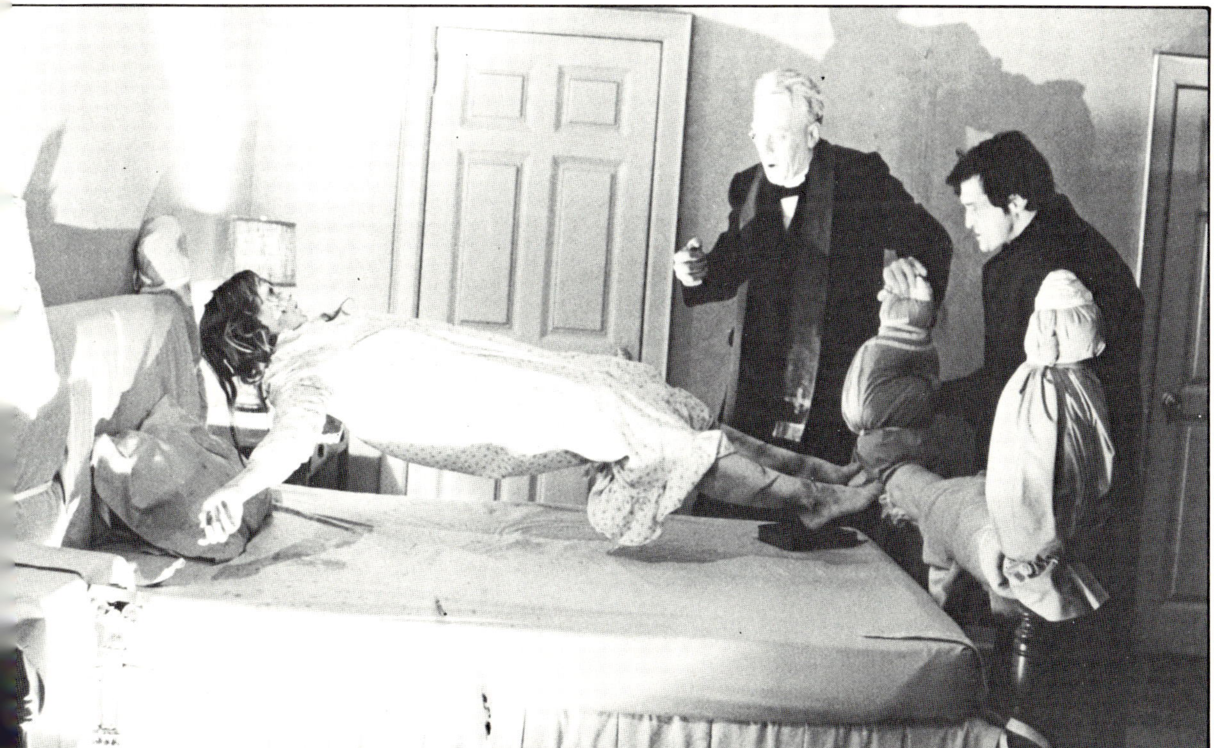

Unten: *Die erschreckende Esther Cox-Geschichte aus dem 19. Jahrhundert liest sich wie ein Drehbuch für ein modernes okkultes Melodram – Der Exorzist ist nur ein Beispiel.*

haben sollen, sind schwer nachzuprüfen. Trotzdem sind die Leute, die an die Glaubensheilung glauben, fest davon überzeugt, daß manchen Menschen die Macht eignet, andere Menschen kraft ihres Geistes und ohne jegliche Arneimittel zu heilen. Vom Standpunkt des Parapsychologen aus gesehen kann bei jeder psychischen oder geistigen Fähigkeit, die eine effektive Wirkung auf die materielle Welt – in unserem Fall auf den menschlichen Körper – erzeugt, Psychokinese im Spiel sein. Doch lassen sich die mutmaßlichen übersinnlichen Kräfte der Gesundbeter oder Glaubensheiler wissenschaftlich überhaupt testen? Und können wir überhaupt nachweisen, daß Psychokinese bei den von Glaubensheilern durchgeführten Kuren eine bzw. keine Rolle spielt?

Selbst bei den bestdokumentierten Berichten über »Wunderheilungen« können wir nicht sicher sein, ob die Eingangsdiagnose richtig war und ob der Behandlungseffekt letztlich nicht doch auf eine – vielleicht sogar weiter zurückliegende – orthodoxe medizinische Therapie zurückzuführen war. Außerdem wissen wir, daß die Suggestion allein schon einen zwar starken – aber nicht paranormalen – Einfluß auf den menschlichen Körper ausüben kann. Hierzu nun ein Beispiel.

In der Zeitschrift *British Medical Journal* berichtete Dr. A. Mason über die erfolgreiche Hypnosebehandlung einer Erbkrankheit. Bei dem Patienten handelte es sich um einen Jungen, der an der schrecklichen Krankheit Ichthyosis (Fischschuppenhaut infolge verminderter Talg- und Schweißdrüsenabsonderung) litt. Es existiert keine effektive medizinische Behandlung dieser Krankheit, und die dergestalt Erkrankten sterben in der Regel an den ständigen Infektionen, die sie sich zuziehen. Bei diesem Jungen nun hatte man es mit den verschiedensten Behandlungsweisen versucht, aber ohne Erfolg.

Bevor Mason mit seiner Behandlung begann, war er sich durchaus bewußt, daß die Skeptiker, sollte er mit seiner Therapie Erfolg haben, alle nur möglichen Gründe gegen diese Art von hypnotischer Heilung anführen würden. Deshalb ging Mason so vor, daß er den Jungen hypnotisierte und ihm in diesem Zustand suggerierte, daß die verhärtete Haut zunächst *an nur einem Arm* verschwinden sollte. Und erstaunlicherweise geschah das dann auch. So aber haben wir heute einen wirklich triftigen Beweis in der Hand, daß eine hypnotische Suggestion durchaus therapeutisch wirksam sein kann. Denn Mason gelang es tatsächlich, etwa 90 Prozent der beschädigten Körperoberfläche des Jungen auf diese Weise zu heilen. So war also durch hypnotische Suggestion eine »unheilbare« Krankheit effektiv niedergerungen worden.

Ein Glaubensheiler wird getestet

Aber wie sollen wir nun mit diesen Problemen fertig werden – mit der Diagnose und der insgesamten Einschätzung des Falles, mit den langfristigen Auswirkungen einer vorausgegangenen Behandlung, mit der Rolle, die die Suggestion spielt? Bernard Grad, Professor für Psychiatrie an der McGill-University, hat für dieses Problem eine fast schon geniale Lösung gefunden. Er entwickelte ein Experiment, bei dem Labormäusen

Rechts: *Die heilenden Kräfte Jesu lassen auf eine starke Psychokinese-Fähigkeit schließen – stärker, so fragen wir uns, als der Tod selbst? –*

Ganz rechts: *Heutzutage ist es der Wallfahrtsort Lourdes, der für viele Menschen Hoffnung auf wunderbare Heilung verkörpert.*

Bei der sogenannten Fischschuppenkrankheit (Ichthyosis) handelt es sich um eine unbehandelbare Hauterkrankung, die erfolgreich mit Hilfe von Hypnose geheilt wurde. Bei den von Glaubensheilern durchgeführten Kuren ist es schwer, die Auswirkungen hypnotischer Suggestion und mögliche Psychokinese-Effekte auseinanderzuhalten.

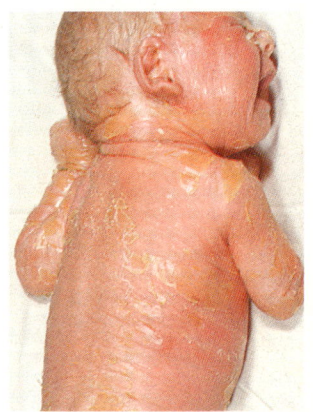

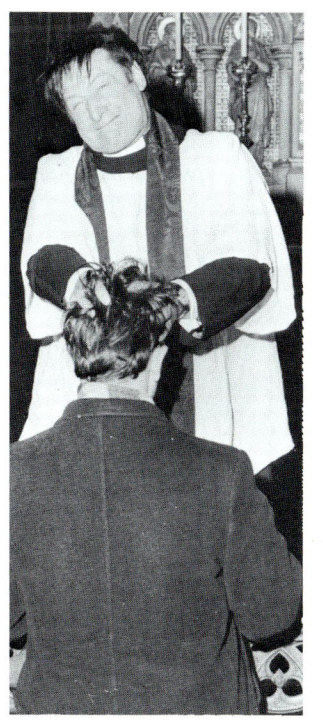

Teufelsaustreibungen: noch immer sind Priester berufen, sich als Exorzisten zu betätigen. Handelt es sich hier um eine Art Glaubensheilung für eher geistige als körperliche Erkrankungen?

relativ schmerzlose Wunden zugefügt wurden, die daraufhin von Oscar Estabany, einem Glaubensheiler, »behandelt« wurden.

Professor Grad besorgte sich einige Mäuse, die er anästhetisierte, um dann bei jedem dieser Tiere ein winziges Stückchen Rückenhaut zu entfernen. Nun wurden die Mäuse in zwei Gruppen aufgeteilt – in eine Kontrollgruppe, deren Wunden ohne Behandlung und auf natürliche Weise verheilen sollten, und in eine experimentelle Gruppe, die von Estabany behandelt werden sollte. Bei dieser Behandlung durfte Estabany lediglich die Käfige berühren, in denen die Mäuse saßen. Dieser Punkt ist deshalb wichtig, weil man weiß, daß ein Hätscheln und Streicheln den physischen Heilungsprozeß bei verwundeten Mäusen beeinflußt.

Bei sorgfältig kontrollierten Bedingungen – unter anderem wurden »Blindmessungen« der Genesungsrate beider Mäusegruppen durchgeführt – genasen Estabanys Mäuse erheblich rascher als die Kontrollgruppe. Doch führte man noch ein anderes Experiment durch, bei dem die Käfige unter einem Haufen von Säcken steckten. In diesem Fall erzielte Extabany bei den Mäusen keine signifikante Wirkung.

So konnten also Estabanys Fähigkeiten nicht völlig überzeugend unter Beweis gestellt werden. Doch hat diese experimentelle Methode zumindest gezeigt, daß es theoretisch möglich ist, Psi (hier Psychokinese) so zu testen, daß psychosomatische Faktoren der Glaubensheilung eliminiert wurden. Wesentlich eindeutigere Resultate wurden bei anderen Experimenten erzielt, die Estabanys Psi-Effekt auf Pflanzen untersuchten. Professor Grad bereitete zwei Pflanzengruppen vor, die in chemischen Lösungen heranwuchsen. Die Kontrollgruppe kam in eine Lösung, die ihr Wachstum förderte. Die andere Gruppe indes mußte sich mit einer Salzlösung zufriedengeben, von der zu erwarten war, daß sie das Wachstum beeinträchtigen würde.

Die Pflanzen wurden in regelmäßigen Abständen gewässert. Bei den Pflanzen in der Salzlösung »behandelte« Estabany das Wasser, indem er die betreffenden versiegelten Fläschchen in der Hand hielt. Das Ziel des Experiments bestand natürlich darin, herauszufinden, ob die Pflanzen in der Salzlösung vielleicht nicht doch rascher wuchsen als man erwartete. Professor Grad konnte schlüssig nachweisen, daß dies tatsächlich der Fall war. Hochinteressant in diesem Zusammenhang ist, daß Bernhard Grad Proben der »behandelten« Lösungen analysierte und keine chemischen Veränderungen, die die Resultate hätten erklären können, feststellen konnte. So lag nun also klar auf der Hand, daß Oskar Estabany das Wachstum dieser Pflanzen effektiv in einer wachstumsfeindlichen Umgebung gefördert hatte. Das war also ein beweiskräftiges Faktum für einen Psychokinese-Effekt – der sich indes nicht auf die Lösung selbst bezog, sondern auf die Pflanzen, *zu denen Oskar Estabany nicht den geringsten direkten Kontakt hatte.*

Auch nahm Oskar Estabany an einer bemerkenswerten Reihe von Experimenten teil, die von Sister Justina Smith, der Leiterin der Chemie- und Physikabteilungen des Rosary-Hill-College in Buffalo, durchgeführt wurden. Mit diesen Experimenten wollte man herausfinden, ob Oskar Estabany bei einem sehr einfachen physikalischen System, der Wirksamkeit menschlicher Enzyme, Psychokinese-Effekte erzielen konnte. Bei Enzymen handelt es sich um eine Kategorie von Proteinen, die im menschlichen Körper eine ganze Reihe lebenswichtiger Funktionen erfüllen. Ihre Hauptaufgabe besteht darin, gewisse chemische Reaktionsraten zu beeinflussen. Viele Enzyme beschleunigen solche Reaktionen, während sich andere hemmend auswirken. Dabei handelt es sich in der Regel um ein feinstausgewogenes Steuerungssystem. Die Enzyme selbst werden durch die chemischen Reaktionen nicht beeinträchtigt, sondern wirken als Katalysatoren. Um eine Vorstellung davon zu geben, wie wichtig die Enzymaktivität ist, wollen wir an dieser Stelle lediglich darauf hinweisen, daß der Leser, noch bevor er diese Seite hier zu Ende gelesen hat, ein mausetoter Mensch wäre, wenn einige Schlüsselenzyme in seinem Körper *jetzt* zu funktionieren aufhörten.

Justina Smith untersuchte Oskar Estabanys Fähigkeit, die Aktivität von Enzymen zu beeinflussen, vor allem anhand eines ganz bestimmten Enzyms, des sogenannten Trypsin. Dabei handelt es sich um ein Dünndarmenzym mit der Aufgabe, aufgenommene Nahrung abzubauen. Die Erforschung dieses Enzyms ist realtiv einfach, weil es sich ohne weiteres in seiner Reinform präparieren läßt, und die biochemischen Messungen, die erforderlich sind, um seine Aktivität zu bewerten, sind ebenfalls relativ einfach. Justina Smith entdeckte nun, daß Estabany die Aktivität dieses Enzyms steigern und dadurch die Trypsinlösung beeinflussen konnte. Das war sogar dann der Fall, als Justina Smith die unmittelbare Umgebung des Trypsin überwachte, damit keine Veränderungen des magnetischen Feldes oder der Temperatur stattfanden, denn von solchen Veränderungen wußte man, daß sie die Enzymprozesse beeinflussen. Und obwohl keine solche Veränderungen zu registrieren waren, konnte Justina Smith feststellen, daß der beim Trypsin erzielte Psychokinese-Effekt eine Kraft hatte, die einer magnetischen Induktion von 13 000 Gauß entsprach.

Angesichts dieser klaren Resultate, die Justina Smith erzielte, kommt es

Von oben nach unten: *Tag 10 und Tag 14 der Gradschen Experimente mit Pflanzen, die von Estabany behandelt wurden. X kennzeichnet die behandelten Pflanzen, Y die Kontrollpflanzen.*

Oskar Estabany, ein
Glaubensheiler, der unter
Laborbedingungen
Psychokinese-Effekte
demonstrierte.

einem merkwürdig vor, daß man dieses Experiment nur ein einziges Mal zu replizieren versucht hat. Diesen Versuch unternahm der amerikanische Forscher Hoyt Edge, der mit einer Glaubensheilerin namens Anne Gehman arbeitete. In einer Reihe streng kontrollierter Experimente gelangte Hoyt Edge zu Ergebnissen, die zwar von Experiment zu Experiment etwas anders ausfielen, trotzdem aber einen definitiven positiven Psychokinese-Gesamteffekt aufwiesen. Ähnlich wie Justina Smith führte auch Hoyt Edge sorgfältige Vergleiche durch zwischen dem Effekt, den ein künstlich induziertes magnetisches Feld bei dem Trypsin erzielte, und jenem anderen Effekt, der der Glaubensheilerin zuzuschreiben war. Dabei machte er die gleiche Entdeckung wie Justina Smith, daß nämlich sowohl magnetische Felder als auch Psychokinese-Effekte die Aktivität eines Enzyms beeinflussen konnten.

Psychokinese – von Mensch zu Mensch

Offenbar ist es also so, daß der Mensch bei einfachen Systemen wie Bakterien, Enzymen, Hefepilzen und Pflanzen meßbare Psychokinese-Effekte hervorrufen kann. Selbst Mäuse, obwohl biologisch wesentlich komplexer gebaut, haben auf menschliche Psychokinese reagiert. Doch wie sieht es nun mit dem Menschen selbst aus? Wie wir gesehen haben, ist es schwierig, einen Psychokinese-Effekt bei Glaubensheilungen nachzuweisen. Aus diesem Grunde haben Forscher versucht, einen vereinfachten experimentellen Rahmen zu schaffen, der es erlauben sollte, den Effekt einer menschlichen Psychokinese auf andere Menschen zu testen.

Die in Tel Aviv arbeitenden Wissenschaftler H. und S. Kreitler haben versucht, einen möglichen Psychokinese-Effekt auf die menschliche Wahrnehmung nachzuweisen. In ihren Experimenten konfrontierten sie die Versuchsperson mit der sogenannten Müller-Lyerschen Täuschung. An einem bestimmten Ort wurden dem Sender Dias gezeigt, die die verschiedenen Aspekte der Müller-Lyerschen Täuschung bebilderten. (Bei dieser Täuschung handelt es sich um zwei waagrechte Linien, die zwar objektiv gleich lang sind, doch die Pfeilspitzen an ihren Enden erschweren diese Wahrnehmung.) Diese Dias wurden jeweils nur sehr kurz gezeigt. An einem anderen Ort befand sich der Empfänger, der berichten sollte, welchen Aspekt der obengenannten Täuschung er gerade sah. Die Frage war nun, ob der Sender den Empfänger dahingehend beeinflussen konnte, daß dieser die als Dia präsentierte Version sah. Daten aus diesem und aus anderen Experimenten weisen darauf hin, daß dem – unter gewissen Bedingungen – dann auch so war.

Noch interessantere Ergebnisse hatte Elmar Gruber von der Universität in Freiburg zu verzeichnen. Seine Versuchspersonen (die Empfänger) bekamen lediglich gesagt, daß sie an einem Experiment teilnähmen, das sich mit Bewegungsmöglichkeiten unter Streßbedingungen befaßte. Jede der Personen bekam eine undurchsichtige Brille sowie einen Kopfhörer, dem ein weißes Rauschen eingefiltert wurde. Derart ausstaffiert wurden die Leute aufgefordert, in einem abgedichteten Raum frei nach Laune hin und herzugehen. Darüber hinaus hatte Elmar Gruber diesen Raum mit einem Scheinwerfer ausgestattet, der mitten an der Zimmerdecke hing und dessen Licht nach unten strahlte. Und jedesmal wenn nun die Versuchsperson den Lichtbalken durchquerte, war im Kopfhörer, mit dem der Sender ausgestattet war, ein Klicken zu hören. Der Sender war instruiert worden, so viele Klickgeräusche als möglich aus dem Hörer zu »ziehen« (er sollte also die Versuchsperson veranlassen, daß sie sich in ihrem Raum so viel als möglich bewegte). Diese Versuchsanordnung galt für 50 Prozent der Zeit des Experiments; während der anderen 50 Prozent wurden keine Klickgeräusche verabreicht, und der Sender brauchte die Versuchsperson nicht mehr zu beeinflussen.

In dieser ganzen Zeit registrierte ein Gerät *alle* Durchquerungen des Lichtbalkens. Wenn nun Psychokinese am Werk war, so mußte die Versuchsperson den Lichtbalken in der Psychokinese-Situation häufiger durchqueren als unter der Kontrollbedingung – und das war dann auch der Fall.

Es gibt nicht viele Experimente dieser Kategorie, mit denen wir uns befassen können, doch liefern uns diejenigen, die verfügbar sind, ziemlich beweiskräftige Daten des Inhalts, daß ein Mensch durchaus in der Lage ist, das Verhalten eines anderen Menschen psychokinetisch zu beeinflussen. Von hier aus können wir weitergehen und gelangen zu der Frage, ob eine Person durch Psychokinese die *Physiologie* einer anderen Person, also die physischen Prozesse des Körpers, beeinflussen kann.

Oben: *Ein Psychokinese-Experiment. Die Frau im Hintergrund versucht die Kartenwahl des Empfängers zu beeinflussen.*

Hirnströme

Mit dieser Frage haben sich verschiedene Forscher befaßt, indem sie mögliche Psychokinese-Effekte auf eine einzige physische Variable wie Herzschlagrate, Leitfähigkeit der Haut oder Hirntätigkeit untersuchten. Targ und Puthoff, bekannt wegen ihrer Forschungen zur Fernwahrnehmung (ASW) und ihrer Arbeit mit Uri Geller, haben sich mit der Beeinflussung der Hirntätigkeit befaßt. Ein Empfänger, der nichts von dem wahren Zweck des Experiments ahnte, ließ seine Hirntätigkeit mittels eines EEGs messen. Andernorts befand sich ein Sender, der ebenfalls an ein EEG angeschlossen war. Dieser Sender wurde einem stroboskopischen Licht ausgesetzt, das eine gewisse Frequenz aufwies, was zum Effekt hatte, daß die Hirntätigkeit verändert wurde. Vor allem bei zwei Versuchspersonen stießen Targ und Puthoff auf beweiskräftige Indizien, die erkennen ließen, daß sich die Hirnströme des Empfängers änderten, um sich denen des Senders anzugleichen.

Bis heute gibt es nur wenige Befunde von anderen Forschern, die belegen, daß meßbare menschliche Körpertätigkeiten durch Psychokinese beeinflußt werden können.

Trotzdem besteht zu einiger Hoffnung Anlaß. Bislang sind die Forschungsarbeiten auf diesem Gebiet eher etwas unbeholfen gewesen, zumal verschiedene Forscher sich der unterschiedlichsten Forschungsmethoden bedienten. Wenn wir jedoch zu stärker standardisierten und genaueren Methoden gelangen, dann kann sich auch die Forschung effektiv fortentwickeln.

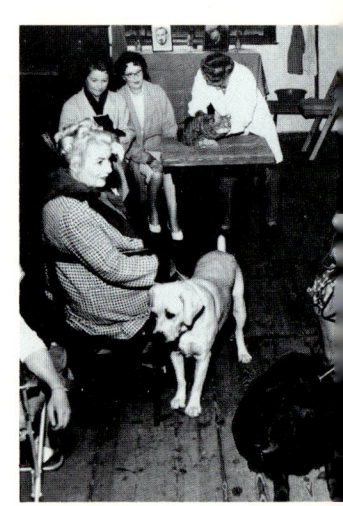

Unten: *Hunde- und Katzenbesitzer im Wartezimmer eines Glaubensheilers. Solche Heileffekte an Tieren wurden in Labortests nachgewiesen.*

Psychokinese und organische Systeme: eine Zusammenfassung

Welche Feststellungen können wir nun über die Wirkungen treffen, die Psychokinese auf organische Systeme hat, ganz gleich ob es sich um Menschen, Mäuse, Pflanzen, Bakterien oder Enzyme handelt? Was den Menschen anlangt, so sind die Belege nicht ganz lupenrein. Die von uns behandelten Experimente haben zwar Resultate erzielt, doch sind wir uns nicht sicher, ob die beobachteten Effekte auf Psychokinese zurückzuführen sind. Sie könnten genausogut das Ergebnis einer ASW sein, wobei der Empfänger unbewußt die Absicht des Senders aufspürt und auf sie reagiert.

In anderen Fällen – zum Beispiel bei den Experimenten mit den Enzymen – können wir schon eher auf einen reinen Psychokinese-Effekt verweisen. Und so können wir nun, angesichts der Daten, die wir besitzen, folgende Schlußfolgerungen ziehen:

(1) Zumindest manche Personen können die Wachstumsrate von (zumindest einigen) Pflanzen durch Psychokinese beeinflussen.
(2) Zumindest manche Personen können das Verhalten und möglicherweise die Physiologie von (zumindest einigen) Tieren durch Psychokinese beeinflussen.
(3) Zumindest manche Personen können die Aktivität von organischen Molekülen durch Psychokinese beeinflussen.

Und wenn nun Psychokinese tatsächlich in der Lage sein sollte, organische Systeme zu beeinflussen, wie steht es dann mit der Möglichkeit, daß sie auch auf unbelebte Materie einwirken könnte? Die Arbeiten von Helmut Schmidt haben uns bereits gezeigt, wie sich menschliche Psychokinese auf unbelebte Materie auswirken kann. Wir wollen uns nun mit dieser Frage noch eingehender befassen, denn ein Großteil der Psychokinese-Forschung hat sich auf diesen Bereich konzentriert.

Wie die Würfel fallen

Als J. B. Rhine seine bahnbrechenden Untersuchungen auf dem Gebiet der ASW durchführte, lernte er einen Spieler kennen, der ihm den Anstoß zu seinen Psychokinese-Forschungen gab. Dieser Mann erzählte Rhine, daß Würfelspieler, die Craps oder ähnliche Spiele spielten, sich manchmal in der Lage fühlten, den Fall der Würfel durch einen Willensakt zu beeinflussen. Und J. B. Rhine, der ein aufgeschlossener Mann war, tat diese Feststellung nicht als Phantasterei eines Spielers ab, sondern beschloß, dieser Möglichkeit ernsthaft nachzugehen. Er und seine Kollegen verbrachten neun Jahre mit der Erforschung von Psychokinese-Effekten beim Würfelspiel, um erst dann ihre Ergebnisse zu veröffentlichen.

J. B. Rhines Experimente sind im Grunde sehr einfach konzipiert. Jemand warf einen oder mehrere Würfel, und die Versuchsperson mußte sich darauf konzentrieren, daß diese Würfel mit einer ganz bestimmten Seite nach oben zu liegen kämen. Rhine war sich zum Beispiel sehr wohl bewußt, daß die handelsüblichen Würfel, die er benutzte, einen ganz bestimmten Makel hatten – nämlich die in die Würfelseiten eingelassenen Augen, die ein leichtes Übergewicht zugunsten der Sechserseite erzeugten. Er wirkte dem entgegen mit Hilfe seiner »Siebener Methode«. Dabei wurden die Versuchspersonen aufgefordert, *zwei* Würfel gleichzeitig dahingehend zu beeinflussen, daß sie sieben Augen zählten. Um dahin zu gelangen, muß die Versuchsperson einen niedrigen und einen hohen Wert erzielen 1 + 6, 2 + 5, 3 + 4. Bei diesem Experiment konnte die Unausbalanciertheit von Würfeln nicht einen Erfolg erklären, der über der Zufallserwartung läge – doch J. B. Rhine und andere konnten trotzdem derartige Erfolge zu verzeichnen.

Eine weitere Fehlerquelle der frühen Forschungsarbeiten bestand darin, daß die Versuchspersonen die Würfel mit der Hand werfen durften. J. B. Rhine entwickelte später Maschinen, welche die Würfel in gerippte Rinnen hineinwarfen. Und in der Folgezeit führten Forscher photographische Aufzeichnungen der Würfeltests ein, um auf diese Weise menschlichen Befangenheit und menschliche Irrtümer zu vermeiden.

Bei einem Rückblick auf seine ersten 20 Experimente entdeckte J. B. Rhine, daß viele von diesen Experimenten, obwohl sie natürlich auch ihre Mängel aufwiesen, Punktwerte erzielt hatten, die höher als 16,67 Prozent lagen, also die Zufallserwartung von 1 aus 6 übertrafen. Doch war es ein zweites Phänomen, dem J. B. Rhine nun nachforschte. Dieses Phänomen hatte mit den Aufzeichnungsformularen zu tun, die Rhine und seine Kollegen benutzten. Diese Formulare unterteilten sie in vier Abschnitte, die das Geschehen vom Anfang bis zum Ende der Psychokinese-Würfelsitzung umfaßten. Eine spätere Analyse dieser Formulare durch Rhine und Betty Humphrey ergab jedoch, daß die Punktwerte vom ersten bis zum letzten Viertel progressiv abnahmen. Das traf auf 18 Experimente zu. Die Wahrscheinlichkeit, daß diese Abnahme Ergebnis des Zufalls allein hätte sein können, betrug eins zu 100 Millionen. Das Bild war jedoch völlig klar: die »Antizufallswahrscheinlichkeit« übertraf bei weitem jeden Effekt, der auf einen nicht ausbalancierten Würfel hätte zurückgeführt werden können oder aber auf irgendeine Verzerrung, die durch die analytische Methode selbst erzeugt worden wäre. Dieser Absinkeffekt war allein schon ein ziemlich beweiskräftiges Datum dafür, daß in diesen Experimenten Psychokinese am Werk war. Im Jahr 1962 veröffentlichte der Psychologe Edward Girden eine Zusammenfassung, die auf viele Schwächen der ersten Würfelexperimente hinwies. Obwohl diese Kritik nicht völlig gerechtfertigt war, wirkte sie sich doch dahingehend aus, daß weitere Forschungsbemühungen in diesem Bereich zunächst einmal unterblieben.

In jüngerer Zeit durchgeführte Experimente untersuchten vor allem die Auswirkungen von Variablen wie Anzahl der benutzten Würfel, Größe dieser Würfel und Entfernung der Versuchsperson von diesen Würfeln. Hier und jetzt sollten wir uns jedoch die Frage stellen, ob die Faktoren Glaube, Persönlichkeit oder Reduktion sensorischer Stimulierung, die einen Effekt auf ASW hatten, nicht ähnliche Auswirkungen auf Psychokinese haben könnten.

Glaube und Psychokinese. Die Daten, denen wir hier begegnen, sind schwach und widersprüchlich. Weitere Arbeiten auf diesem Gebiet wür-

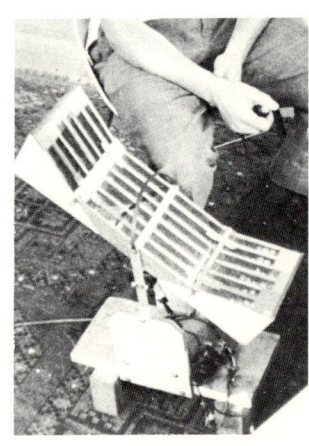

Beeinflussung träger Masse durch Psychokinese: Ein freiwilliger Kandidat versucht Spielkügelchen (Murmeln, Klicker), die nach dem Zufallsprinzip in numerierte Schlitze fallen, zu beeinflussen.

den vor allem dann zu gesicherten Befunden führen, wenn man verläßliche Möglichkeiten entwickelt hat, um den Glauben oder die Zweifel von Versuchspersonen gegenüber dem Phänomen Psychokinese zu messen.

Persönlichkeit und Psychokinese. Auf diesem Gebiet wurden noch sehr wenige experimentelle Untersuchungen durchgeführt. In Argentinien haben Mischo und Weis eine Testreihe festgehalten, die einen starken Beleg dafür erbrachte, daß hohe Psychokinese-Punktwerte und Soziabilität positiv korreliert sein könnten – dabei hätten wir es übrigens mit einem Merkmal der extravertierten Persönlichkeit zu tun. Doch erbrachte eine weitere Testreihe keine positiven Ergebnisse. Zwei von Carl Sargent durchgeführte Experimente konnten keinen Zusammenhang zwischen Extraversion und Punktwert belegen. Doch lieferten diese Experimente, bei denen eine Schmidt-Maschine benutzt wurde, ein ziemlich sonderbares Ergebnis. Solange diese Maschine allein oder in Sargents Beisein arbeitete, belieferte sie ihre vier Kanäle mit den üblichen Zufallsimpulsen. War jedoch eine der Versuchspersonen zugegen, so belieferte sie den Kanal 3 mit wesentlich mehr Impulsen als der Zufall hätte erwarten lassen. Und dieser Effekt war immer dann am ausgeprägtesten, wenn es sich bei den Versuchspersonen um Extravertierte handelte.

Drei Experimente, von denen zwei Carl Sargent und eines Mischo und Weis durchführten, haben eine Korrelation erbracht zwischen negativem Psychokinese-Effekt und Neurotizismus. Doch im großen und ganzen gibt es nur sehr wenige Indizien, die bei Psychokinese-Experimenten eine Korrelation zwischen Persönlichkeit und Leistung erkennen lassen. Die vorhandenen Indizien jedoch bestätigen, daß Faktoren wie Extraversion und Neurotizismus, von denen wir wissen, daß sie den Erfolg bei ASW-Experimenten beeinflussen, auch bei Psychokinese eine Rolle spielen. Zumindest aber gibt es keine Befunde, die in die Gegenrichtung deuteten.

Veränderte Zustände und Psychokinese. J. B. Rhine selbst fand keine Belege dafür, daß Hypnose einen Effekt auf Psychokinese haben könnte. Nur drei Experimente zum Thema Psychokinese im Schlaf wurden durchgeführt, und auch hier waren keine eindeutigen Effekte zu verzeichnen. So weit wir wissen, hat man keine Ganzfeld-Experimente auf diesem Gebiet durchgeführt. Doch haben andererseits Untersuchungen von Helmut Schmidt, William Braud und Charles Honorton ergeben, daß der Prozeß der Meditation eine erfolgreiche Psychokinese-Leistung offenbar begünstigt. Zugleich aber scheinen meditierende Personen mit guter Psychokinese-Befähigung nicht in der Lage zu sein, die Effekte zu kontrollieren oder zu steuern. So ist es manchmal dazu gekommen, daß meditierende Personen, obwohl aufgefordert, Psychokinese überzufällig zu erzeugen, Ergebnisse erzielten, die signifikant *unter* der Zufallserwartung lagen. Das Bild bleibt also verworren und unklar.

Ein wichtiges Experiment, das Honorton durchführte, schien zunächst darauf hinzuweisen, daß die Muskelanspannung von Versuchspersonen Punktwerte über der Zufallserwartung begünstigte, während Entspannung das Gegenteil zu bewirken schien. Interessant in diesem Zusammenhang ist jedoch die Tatsache, daß Honorton, als er sich selbst testen ließ, die Resultate seiner Versuchspersonen bestätigte, nur daß eben seine

Punktwerte viel höher ausfielen. Und Honorton selbst hat vorgeschlagen, daß vielleicht *alle* Resultate auf ihn zurückzuführen waren. Verursachten die Versuchspersonen die Psychokinese-Effekte, oder war der Experimentator für sie verantwortlich? (Siehe auch Kapitel 9.)

Zusätzlich zu Honortons Belegen haben uns auch William Braud und Rex Stanford mit Daten versorgt. So fand zum Beispiel Braud heraus, daß Personen bessere Psychokinese-Effekte erzielten, wenn sie sich in einem passiven entspannten Zustand befanden. Und schlechtere Effekte waren zu verzeichnen, wenn die Personen aufgefordert wurden, sie sollten sich auf mathematische oder allgemein logische Aufgaben konzentrieren. Stanford und andere haben eine faszinierende Variante dieses Ergebnisses beigebracht. In ihren Versuchen wurden die Personen aufgefordert, den Output einer Schmidt-Maschine möglichst stark zu verzerren. Dann sagte man ihnen, sie sollten aufhören, so als sei der Test vorbei. Doch die Schmidt-Maschine ließ man weiterlaufen. Bei diesen Experimenten erwiesen sich die psychokinetischen Effekte in der Regel als armselig, wenn die Versuchsperson sich bemühte, doch sowie sie aufhörte damit, verbesserten sich die Effekte. Dieses Phänomen hat sicher mit der Geistes- oder der psychischen Verfassung zu tun, die einer ASW förderlich ist, das heißt mit einer Verfassung, in der Selbstbewußtheit und Anspannung auf ein Minimum reduziert sind. Der Cambridge-Psychologe Robert Thouless ist sogar so weit gegangen, daß er behauptete, die beste Geistesverfassung, um erfolgreiche Psychokinese-Leistungen zu erzielen, lasse sich in folgendem Satz zusammenfassen: »Zwar möchte ich schon Erfolg haben, doch ob sich der einstellt oder nicht, ist mir letztlich ziemlich egal.«

Zusammenfassend können wir also sagen, daß das Gros der beweiskräftigen Daten, die aus Experimenten mit »veränderten Zuständen« hervorgegangen sind, die Vermutung nahelegt, daß Bedingungen oder Umstände, die eine ASW-Leistung fördern, auch eine Psychokinese-Leistung begünstigen. Doch die Effekte, die Glaube und Persönlichkeit auf eine Leistung haben können, sind längst noch nicht so klar abzuschätzen, was in erster Linie auf die wenigen experimentellen Forschungen in diesem Bereich zurückzuführen ist.

Metallbiegen: Tatsache oder Fiktion?

Und schließlich müssen wir uns nun dem umstrittensten aller Psychokinese-Phänomene zuwenden – dem paranormalen Verbiegen von Metall durch einen Akt des Willens. Wie wir noch sehen werden, ist der Begriff Metallbiegen etwas irreführend, da man auch über andere Effekte – zum Beispiel Brechen und Verhärten von Metall – zu berichten wußte.

Am 23. November 1973 brachte das BBC-Fernsehen in Großbritannien ein Programm mit Uri Geller, einem jungen Israeli, der von Andrija Puharich, einem amerikanischen Erfinder, Wissenschaftler und Einzelgänger bei irgendeiner obskuren Zaubershow entdeckt worden war. Im Beisein eines großen Studiopublikums (darunter John Taylor, seines

J. B. Rhines Würfeltests begannen damit, daß er das intuitive Verhalten von Spielern untersuchte und sie endeten mit Psychokinese-Experimenten im Labor.

Hier sehen wir den verdutzten Moderator David Dimbleby im englischen Fernsehen mit einem von Uri Geller unbrauchbar gemachten Schlüssel.

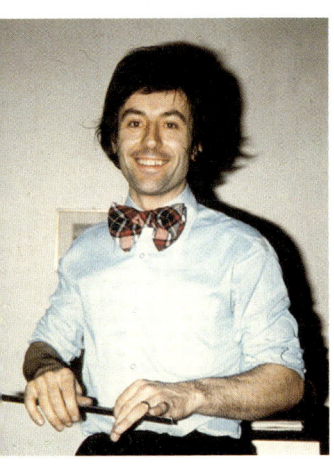

Jean-Paul Girard, der französische Metallverbieger: er hat, wie berichtet wurde, Metallstäbe verbogen, die man zuvor in Glasröhren versiegelt hatte.

Zeichens Mathematikprofessor am King's-College in London) schien Uri Geller mit paranormalen Mitteln Schlüssel und Besteck zu verbiegen, und ebenfalls völlig unerklärlich war, wie er offenbar kaputte Uhren wieder in Gang setzte. Und es gab Zuschauer bei dieser Sendung, die an die Fernsehanstalt zu berichten wußten, daß sich Besteck bei ihnen zu Hause verbogen hätte, oder daß seit langem stillstehende Uhren aus Großmutters Zeiten plötzlich wieder zu schlagen begonnen hätten, und Gegenstände hätten sich nach eigener Lust und Laune zu bewegen begonnen. Medienleute kamen angerannt und verpflichteten Uri Geller zu irgendwelchen fadenscheinigen ASW-Experimenten, um ein großes Publikum anzuziehen. So wurde der Geller-Wahn geboren. Woran es allerdings zu mangeln scheint, sind Daten aus kontrollierten wissenschaftlichen Experimenten, denn die wenigen, die uns Gellers Akoluthen überlassen haben, sind nicht besonders beeindruckend.

Das ist auch der Grund, weshalb wir Uri Geller in der Zirkuswelt belassen wollen, um uns an dieser Stelle wesentlich beeindruckenderen Forschungsarbeiten zuzuwenden, die aus einer Reihe anderer Quellen herrühren. Einige dieser Untersuchungen wurden von Professor John Hasted vom Birkbeck-College in London durchgeführt, andere von Dr. Crussard und Dr. Bouvaist in Frankreich, und wieder andere sind noch jüngeren Datums und stammen aus Japan.

Zunächst wollen wir einige Metallverbiegungseffekte untersuchen, die offensichtlich sehr stark für Psychokinese sprechen. Später werden wir uns mit einigen sehr subtilen Effekten auseinandersetzen, die die Möglichkeit eines Betrugs oder Irrtums sozusagen bis zur Unkenntlichkeit einschränken.

(1) *Metallbiegen in versiegelten Röhren:* Crussard und Bouvaist haben aufzeichnen können, wie der französische Metallbieger Jean-Paul Girard Metallstreifen *in total versiegelten Glasröhren* verbog. Hasted und andere haben die französischen experimentellen Methoden untersucht und sind dabei zu dem Schluß gelangt, daß hier jegliche Betrugsmöglichkeit ausgeschaltet worden sei.

(2) *Psychokinese-Geschehen an mehreren Orten gleichzeitig:* John Hasted, der mit Metallbiegern arbeitete, bei denen es sich gewöhnlich um Jugendliche handelte, versuchte, irgendwelchen Psychokinese-Kräften mit allerwinzigsten »Meßgeräten« auf die Spur zu kommen. Diese Minimesser wurden in Metallstreifen eingebaut und erzeugten bei einem Verbiegen dieses Streifens elektrische Signale, welche wiederum aufgezeichnet wurden. Dabei ist es Hasted bei mehreren Gelegenheiten gelungen, Signale von drei oder sogar mehr Minimessern gleichzeitig zu empfangen. Einen solchen Effekt auf betrügerische Weise zu erzielen, ist so gut wie unmöglich, da dies eine auffällige technische Ausstattung erfordern würde. Und was nun andere mögliche Ursachen angeht, so hat einer der Autoren dieses Buches verifiziert, daß Vibrationen, ganz egal ob sie in der Nähe oder weiter entfernt stattfinden, keine Wirkung auf jene Minimesser ausüben, und offenbar können auch elektrische Faktoren diese Effekte nicht hervorbringen.

(3) *Psychokinese erzielt Effekte, welche die normale Kraft eines Menschen übersteigen:* John Hasted und die französischen Forscher registrierten Fälle, in denen Metall mit einer Kraft verbogen wurde, die man buchstäblich als übermenschlich bezeichnen konnte. Crussard nahm eine Sitzung auf Videoband auf, bei der Jean-Paul Girard eben dabei ist, ein Stück Metall ganz leicht zu berühren. Doch zu der erzeugten Verbiegung hätte man die Kraft von drei Menschen benötigt.

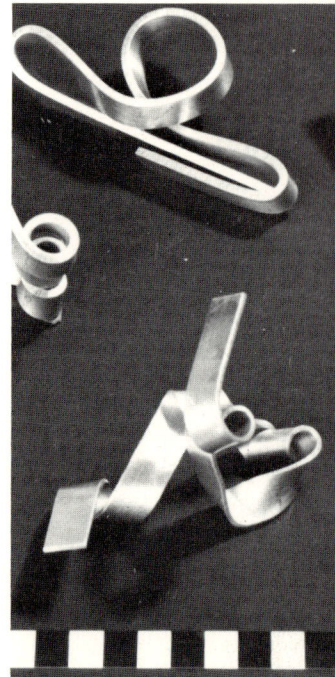

(4) *»Unmögliche« Psychokinese-Effekte:* John Hasted berichtete über zwei schrecklich einfache Tests für »unmögliche« Psychokinese. Bei dem einen Test bediente man sich eines Stabes, der aus einer spröden Legierung bestand und der sich nur in einem bestimmten Zeitraum zu einem gewissen Winkel zurechtbiegen ließ. Bei zu viel Kraftanwendung wäre der Stab einfach abgebrochen. Die einzige Möglichkeit, diesen Stab dennoch zu verbiegen, bestand darin, daß eine beständige Kraft auf ihn einwirken mußte, die dann mit der Zeit den gewünschten Krümmungseffekt erzeugen würde. Trotzdem wußte John Hasted zu berichten, daß derartige Stäbe (mit Hilfe von Psychokinese) in einem Zeitraum verbogen wurden, der weit unter dem erforderlichen lag.

Bei einem weiteren offensichtlich »unmöglichen« Psychokinese-Effekt handelt es sich um die sogenannte »plastische Deformation«. So berichtete John Hasted von einem Fall, bei dem er von einem Metallbieger einen Löffel gereicht bekam, den dieser gerade leicht gestreichelt hatte, und »Es war wie wenn der gebogene Teil des Löffels aus weichem Kaugummi bestanden hätte«. Und John Hasted bemerkte dazu: »Ich glaube nicht, daß es sich um Betrug handeln kann, wenn eine derartige plastische Verformung unter strengster Beobachtung erzielt wird.« Solche Effekte könnten nur dann zustande kommen, wenn man korrosive Chemikalien (zum Beispiel merkurische Salze) benutzte. Solche Chemikalien sind jedoch nicht nur hochgiftig, sondern sie würden auch das Metall verfärben. Außerdem wäre es aufgrund der Korrosion zu einer Gewichtsreduktion gekommen. Doch John Hasted wog diesen Löffel vor und nach dem Verbiegen und entdeckte keinen Gewichtsverlust.

Derartige Befunde lassen sich nicht einfach fortinterpretieren. Und wenn wir uns mit den Techniken der französischen Forscher auseinandersetzen, so entdecken wir sofort, daß wir uns nicht mehr in Gellerland befinden. Crussard und Bouvaist werden durch eine französische Metallgesellschaft subventioniert, und die beiden Forscher arbeiten mehr als gründlich. Wenn sie zum Beispiel irgendwelche Metallverbiegungseffekte an Metallstreifen oder -stäbchen untersuchen, nehmen sie folgende experimentelle Messungen vor:

(i)   Alle gegebenen Größen werden vor und nach dem Verbiegen gemessen.

(ii)   Die Mikrohärte des Metalls wird an mehreren Punkten gemessen, auch in diesem Fall vor und nach dem Verbiegen.

(iii)   Zurückbleibende Belastungswerte werden (mittels Messung von kristallinen Strukturen) untersucht.

(iv)   Häufig werden elektronisch-mikrographische Analysen der Feinstruktur von superdünnen Mustern unternommen.

Einige Metallgegenstände, die in Professor John Hasteds Labor am Birkbeck College (London) von Kindern »im Psychokinese-Verfahren« verbogen wurden. Der Maßstab im Vordergrund ist in Zentimeterfelder gegliedert.

(v)   Auch nimmt man Anlaysen der chemischen Verbindung vor, denen man an verschiedenen Stellen des Streifens oder Stabes begegnet.

Wir haben es hier also mit einer hervorragenden Testbatterie zu tun, mit deren Hilfe man einige sehr subtile Effekte aufzeichnen konnte, die vorzutäuschen so gut wie unmöglich gewesen wäre. Wir können einige dieser Effekte aufzählen.

(1) Sowohl die französischen Forscher als auch John Hasted haben stellenweise Verhärtungen der benutzten Metallgegenstände verzeichnet, übrigens in manchen Fällen auch dann, wenn keine Verbiegung stattfand. Auch japanische Forscher haben über solche Fälle berichtet. Bei einem dieser Fälle von »ungewöhnlicher Verhärtung« meinte John Hasted, daß die Beschaffenheit des Metallstreifens den Eindruck erweckt habe, daß der Streifen »unter einem Gewicht von fünf Tonnen zermalmt worden sei«. Trotzdem hat man bei all diesen Deformationen nicht den Eindruck, als sei hier eine starke von außen wirkende Kraft am Werk gewesen. Vielmehr hat es den Anschein, als sei das Metall einer *inneren* Belastung ausgesetzt gewesen.

(2) Crussard und Bouvaist haben über einen verblüffenden Fall berichtet, bei dem ein Metallstreifen mit radioaktiven Cäsium-Atom beschossen wurde, und später – das heißt nach dem Verbiegungsprozeß – fand man heraus, daß sich das Cäsium in dem Streifen *anders verteilt hatte*. Dabei hatte man den Eindruck, als hätten sich in dem Streifen die Cäsiumatome selbst verschoben oder verlagert.

Dieses Metallbesteck wurde von einer der jugendlichen Versuchspersonen John Hasteds deformiert.

(3) Untersuchungen mit Girard als Versuchsperson haben in Aluminiumstreifen ganz spezifische Veränderungen hervorgerufen, die an und für sich charakteristisch sind für Hochtemperaturreaktionen (bei 625°C) und die nur durch sorgfältige metallurgische Analysen festgestellt werden können.

Wir könnten noch andere bemerkenswerte Effekte anführen, doch sind diese technisch wohl etwas zu kompliziert. Allgemein sollten wir noch anmerken, daß bei fast allen Experimenten die benutzten Metallstreifen oder -stäbe genau markiert wurden, so daß eine betrügerische Vertauschung unmöglich war.

Aber welche Schlußfolgerungen sollen wir nun aus all diesen Berichten und Befunden ziehen? Schließlich sind wir keine Metallurgen, und so sagen uns die erzielten subtileren Effekte wahrscheinlich nur wenig. Auch kann es unter Metallurgen zu Meinungsverschiedenheiten kommen hinsichtlich der angewandten Techniken und/oder der Interpretation der Befunde, und wir selbst können uns kein Urteil bilden über die Ergebnisse, so wie sie vorliegen. Doch haben wir es in einigen dieser Fälle mit Methoden zu tun, die einerseits als Forschungstechniken ganz besonders einfach erscheinen, andererseits aber zu eindeutigen Psychokinese-Erlebnissen geführt haben. Natürlich hat es so manche Forscher gegeben, die John Hasteds Versuchsanordnungen und die darin möglicher-

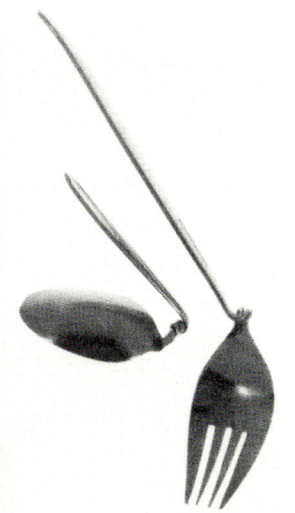

weise enthaltenen Fehlerquellen mit einem schiefen Lächeln bedachten, zumal dann, wenn sie diese Anordnung nie zu Gesicht bekommen hatten. Doch hindert dies nicht, daß es nun an den Skeptikern und Kritikern ist, diese ganzen Berichte und Befunde unvoreingenommen zu überprüfen.

Psychokinese: eine Zusammenfassung

Die beweiskräftigen Daten, die für eine Existenz von Psychokinese sprechen und noch vermehrt werden müßten, sind zum Teil nicht ganz so überzeugend wie die Daten, welche die Existenz von ASW belegen. Das ist nicht zuletzt darauf zurückzuführen, daß auf dem Gebiet der Psychokinese noch nicht so viele Forschungsarbeiten durchgeführt wurden. Trotzdem aber sind die Daten, über die wir verfügen, schon recht umfassend und zum Teil von einer erstaunlichen Qualität. Jeder vernünftige Mensch, der sich mit all den erzielten Befunden und Belegen auseinandersetzt, würde sich schwertun, wenn er die Existenz von Psychokinese verneinen wollte.

Doch was nun die innerpsychischen Strukturen von Psychokinese anlangt, so verfügen wir hier über nur wenige Daten, und das ist wiederum auf die dürftige Forschungsarbeit zurückzuführen. Wir dürfen jedoch darauf hoffen, daß uns Psychokinese-Effekte künftig Aufschluß geben über die *Physik* von Psi-Erscheinungen und die Kräfte, die hier am Werk sind. John Hasted und andere Forscher, die die Prozesse des Metallbiegens experimentell untersucht haben, sind auf beachtenswerte Ergebnisse gestoßen, und auch die Forschungsarbeiten jüngeren Datums, die sich bei ihrer Auseinandersetzung mit dem Psychokinese-Phänomen der Schmidt-Maschinen bedienen, haben einiges an Relevanz aufzuweisen. Doch bevor wir uns der Physik von Psi zuwenden – also gewissen Möglichkeiten, wie solche Phänomene funktionieren könnten – müssen wir uns mit einem letzten Bereich der parapsychologischen Forschung befassen – einem Bereich, der nicht nur hochinteressant, sondern auch sehr wichtig ist. Wir haben uns bis jetzt mit Psi-Untersuchungen auseinandergesetzt, bei denen es um Einzelpersonen oder Gruppen ging, die (wenn wir von D. D. Home und den Spukphänomenen einmal absehen) *bewußt und gezielt* versuchten, Psi zu benutzen. Doch im Alltag unternehmen die Leute *keine* Versuche dieser Art – im Alltag passiert Psi, einfach so. Die Forschungsbemühungen in den letzten zehn Jahren haben die Kluft zwischen diesen beiden Bereichen zu schließen versucht, indem sie sich mit Einzelpersonen im Laborrahmen befaßten, die willentlich keine Psi-Effekte erzielen wollten. Das heißt diese Personen waren sich überhaupt nicht bewußt, daß ihre Psi-Fähigkeiten getestet wurden! Und diese Experimente haben, wie wir nun sehen werden, erstaunliche Belege für das ergeben, was wir spontane Psi-Erlebnisse nennen wollen.

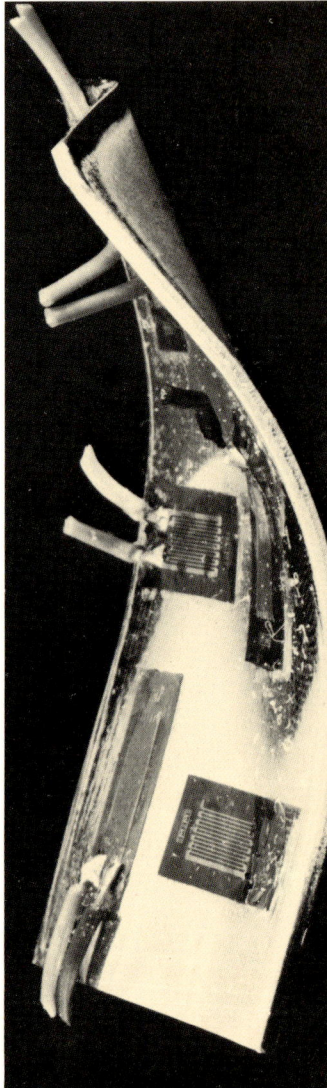

Der sogenannte Fernverbiegungseffekt. Wir haben es hier mit einem großen Aluminiumkristall zu tun, der von Andrew G., einer zwölfjährigen Versuchsperson bei den Hasted-Experimenten, aus einer Entfernung von über neun Metern verbogen wurde.

8 Auf der Suche nach Psi im Alltagsleben

Ein Problem, das vielen Leuten nachgeht, die glauben, Psi-Erfahrungen gemacht zu haben, besteht darin, daß sie zwar die wissenschaftliche Forschung auf diesem Gebiet durchaus sehen und deren Erkenntnisse, die das Vorhandensein von Psi bestätigen, intellektuell auch akzeptieren, was jedoch nicht hindert, daß sie immer wieder das Gefühl haben, jene im Labor gemachten Psi-Erfahrungen unterschieden sich von ihren eigenen spontanen emotionalen Erlebnissen.

Psi für jedermann

Der amerikanische Parapsychologe Rex Stanford hat, was diesen Problembereich anlangt, einen besonders interessanten Standpunkt vertreten. Er vermutet, daß jeder mit Psi-Kräften begabt ist, wobei diese Kräfte jedoch unterhalb der Schwelle des normalen Bewußtseins operieren. Noch verblüffender aber ist Stanfords Vermutung, daß die Leute diese Psi-Kräfte unbewußt die ganze Zeit benutzen könnten, um aus ihrer näheren und weiteren Umgebung vorteilhafte Informationen einzuholen. So haben zum Beispiel die meisten Leute schon Zufälle erlebt, die ebenso unerwartet kamen wie sie nützlich waren. Und könnte es nicht

Unvermutete Begegnungen: Ist es möglich, daß wir sie unbewußt durch unsere Psi-Fähigkeiten herbeiführen?

sein, so fragt sich Stanford, daß solche Zufälle den Psi-Fähigkeiten der betreffenden Person zuzuschreiben sind, wobei diese Fähigkeiten dazu dienen, Informationen einzuholen und Ereignisse so zu beeinflussen, daß alle an dem Zufall beteiligten Faktoren sich am rechten Ort zur richtigen Zeit einstellen? Stanford bezeichnete diesen Prozeß als *psi-mediated instrumental response* (PMIR – psi-vermittelte instrumentelle Reaktion). Und da seine Theorie im Grunde besagt, daß Psi ohne bewußte Absicht der Person stattfindet, nennt er diese Art von Psi *nicht-intentional*.

Stanford ist der Meinung, daß die Leute durch nicht-intentionales Psi unbewußt gewisse wesentliche Bedürfnisse (oder *Dispositionen*, wie er sie nennt) befriedigen. So kann ASW zum Beispiel dazu benutzt werden, daß wichtige Informationen ausgewählt werden, und andere Aspekte von Psi – zum Beispiel Psychokinese – könnten dazu dienen, daß diese Informationen so gehandhabt werden, daß ein bestimmtes Bedürfnis gestillt werden kann. So unglaublich es uns auch scheinen mag, ist es doch durchaus möglich, Stanfords Theorie wissenschaftlich zu überprüfen. Und was noch unglaublicher ist: Die Ergebnisse der einschlägigen Experimente sind weit davon entfernt, besagte Theorie zu widerlegen – ja, sie bestätigen sie zum Teil sogar.

So führte zum Beispiel im Jahre 1971 James Carpenter, seines Zeichens Psychologe an der Duke-University, folgendes ASW-Experiment durch. Er teilte seine Versuchspersonen in zwei Gruppen auf, je nachdem, ob sie in einem Voraustest mit hohen oder niedrigen Angstniveaus abgeschnitten hatten. Diesen Personen sagte man, daß sie an einem Standard-ASW-Test zum Thema Hellsehen teilnähmen, und bei diesem Test müßten sie ASW-Karten raten, die man ihnen in geschlossenen Umschlägen präsentieren würde. Was die Versuchungspersonen jedoch nicht wußten, war, daß die Hälfte der ASW-Karten nicht allein in ihren Umschlägen steckten. Denn Carpenter hatte zu diesen Karten auch noch Pornobilder dazugesteckt! Bei seiner Analyse der Ergebnisse entdeckte Carpenter, daß die Gruppe mit hohen Angstniveaus bessere Punktwerte erzielte, wenn sich in den Umschlägen nur die ASW-Karten befanden, während die Gruppe mit niedrigen Angstniveaus durch die Pornobilder offenbar bessere Ergebnisse zu verzeichnen hatte. Überraschenderweise hatten die Testpersonen auf Informationen, von denen sie überhaupt keine Ahnung haben konnten, eindeutig und auf recht unterschiedliche Weise reagiert.

Anderen Wissenschaftlern, unter ihnen vor allem Martin Johnson, Professor für Parapsychologie an der Universität von Utrecht, gelang es, Carpenters Befunde mit Hilfe von ähnlichen Experimenten zu bestätigen. Trotzdem kann natürlich argumentiert werden, daß die Testpersonen über ihre Teilnahme an einem ASW-Versuch ja Bescheid gewußt hätten, auch wenn sie über bestimmte Aspekte des Tests nicht informiert worden waren. Ein noch überzeugenderer Fall von nicht-intentionalem Psi ließe sich konstruieren, wenn sich ähnliche Resultate aus Experimenten ergäben, bei denen die Versuchspersonen nicht die leiseste Ahnung haben, daß ihre ASW-Fähigkeiten getestet werden.

»Noch sieben Stunden und kein Ende . . .« Experimente haben gezeigt, daß Personen Psi benutzen können, um langweilige Arbeiten kurzweiliger zu gestalten.

Stanford berichtet tatsächlich über eine solche Untersuchung, die man im Jahr 1970 durchführte. Bei diesem Experiment forderte man freiwillige Versuchspersonen auf, sich von einem Tonband einen Traum anzuhören und danach diesbezügliche Fragen zu beantworten. Die getarnte ASW-Komponente in diesem Experiment bestand darin, daß es gewisse Ziel- und gewisse Nicht-Ziel-Anworten gab. Das heißt Stanford wollte herausfinden, ob nicht-intentionales ASW dazu beitragen würde, daß seine Freiwilligen die Zielfragen *richtig* und die Nicht-Ziel-Fragen *falsch* beantworteten. Damit aber dieser Fall einträte, müßte die ASW das Erinnerungsvermögen der Versuchspersonen dergestalt beeinflussen, daß, wenn nötig, eine richtige Erinnerung zugunsten einer falschen Antwort unterdrückt werden müßte, während es bei anderen Fragen genau umgekehrt sein würde. Die Ergebnisse zeigten klar und deutlich, daß die Arbeitsweise des Erinnerungsvermögens selbst unter solchen Bedingungen durch ASW beeinflußt wurde, unter denen die Personen überhaupt nicht wußten, daß ihre ASW-Fähigkeiten getestet wurden.

Es sind so viele Experimente dieser Art veröffentlicht worden, daß der erste Teil von Stanfords Theorie einer psi-vermittelten instrumentellen Reaktion dadurch bereits kräftig abgestützt wird. Diese Theorie läßt sich nun in drei Punkten zusammenfassen:

1. *Personen können sich der ASW in Experimenten bedienen, ohne sich dessen bewußt zu sein und ohne dies in irgendeiner Weise zu beabsichtigen.*

2. *ASW kann unbewußt und nicht-intentional benutzt werden, um Bedürfnisse zu befriedigen.*

3. *Auch Psychokinese kann unbewußt und nicht-intentional benutzt werden, um Bedürfnisse zu befriedigen.*

ASW und menschliche Bedürfnisse

Ein entscheidender Bestandteil von Stanfords Theorie ist das sogenannte Bedürfnis – ein Begriff, der allerdings undefiniert bleibt. Für die meisten Menschen sind »Bedürfnisse« gleichbedeutend mit körperlichen Bedürfnissen – also nach Nahrung, Flüssigkeit, Wärme, Geborgenheit, Sex usw. Freilich stellt der Mensch an seine Umgebung wesentlich höhere Anforderungen als durch diese enge Definition abgedeckt wären. In Schriften jüngeren Datums verwendet Stanford daher das Wort »Disposition« – ein Terminus, der sowohl gesellschaftlich als auch körperlich bedingte Bedürfnisse berücksichtigt.

Außerordentlich interessante Untersuchungen über den Zusammenhang zwischen menschlichen Bedürfnissen und der Arbeitsweise von nicht-intentionaler ASW wurden von Martin Johnson, Bill Braud, Ramakrishna Rao und Ephraim Schechter durchgeführt. Sie alle bedienten sich eines Experimenttypus, den sie allerdings jeweils verfeinerten.

Bill Brauds 1975 durchgeführtes Experiment illustriert auf eine besonders elegante und befriedigende Weise diese Resultate. Braud ließ seine Studenten an einer Prüfung in drei Abschnitten teilnehmen:

Der amerikanische Parapsychologe Rex Stanford, behauptet, jedermann besitze Psi-Fähigkeiten.

Erster Abschnitt: 16 Fragen über Definitionen.

Zweiter Abschnitt: 14 Fragen für kurze Aufsätze. Für sieben dieser Fragen (für jeden Studenten auf Zufallsbasis ausgesucht) waren »verdeckte Antworten« vorbereitet, so daß diese Information durch ASW erlangt werden und sich in einer guten Aufsatzleistung niederschlagen konnte.

Dritter Abschnitt: ein bewußter, intentionaler ASW-Test.

Der zweite und der dritte Abschnitt wurden mit 76 respektive 12 Punkten bewertet, so daß die Motivation zum Erfolg bei dem nicht-intentionalen ASW-Test größer war als bei dem dritten, »offenen« Test. Brauds Befunde bestätigen, daß die durchschnittlichen Punktwerte bei den Zielfragen signifikant höher lagen als bei den anderen Fragen, also die Studenten, die »verdeckten Antworten« nutzen konnten.

Sex und Geld

Angesichts dieser Experimente, die einen Zusammenhang zwischen ASW und spezifischen Bedürfnissen erkennen lassen, stellt sich natürlich die Frage, ob sich die Stärke des ASW-Effekts proportional zur Stärke des Bedürfnisses verändert. Leider hat man nur wenige Experimente, die in diese Richtung zielen, durchgeführt; doch ist zumindest eines darunter, das Stanford selbst leitete und der näheren Betrachtung wert ist. Er suchte sich eine Gruppe Männer aus und unterzog diese einem Wortassoziationstest. Äußerte einer dieser Männer eine bestimmte (sehr langsame oder sehr rasche) Reaktion auf ein zufällig gewähltes »Schlüsselwort«, so wurde er aufgefordert, an einem anderen Experiment teilzunehmen. Natürlich wußten das die Versuchspersonen nicht, als sie den Wortassoziationstest absolvierten, genauso wenig wie sie wissen konnten, daß sie in dem nun folgenden Experiment aufgefordert werden würden, Fotos von einer Reihe junger Frauen zu erraten, die sich, um ihrer sexuellen Attraktivität willen, in verschiedenen Stadien der Entblößung befanden. Dabei könnte sich die nicht-intentionale ASW folgendermaßen auswirken: Erstens würde die Testperson unbewußt wahrhaben, daß es eine hübsche Belohnung gibt, wenn sie im Vortest die »richtige«Reaktion erbrächte. Zweitens würde der ASW-Effekt für die richtige Reaktion sorgen, damit diese Belohnung dann auch verabreicht wird. Und wie man dann sah, stimmten Stanfords Vermutungen mit seinen Erwartungen genau überein. Die Männer produzierten in der Regel viel häufiger eine sehr rasche oder sehr langsame Reaktion auf das Schlüsselwort als man der Wahrscheinlichkeit nach hätte annehmen mögen, und ganz hervorragend schnitten sie ab, wenn sie von einer Frau getestet wurden.

Dieser Befund und andere Experimente derselben Kategorie erhärten den zweiten Teil von Stanfords Theorie, daß nämlich

2. ASW ohne Intention und ohne Bewußtsein zur Befriedigung von Bedürfnissen benutzt werden kann, wobei folgendes gilt: je stärker das Bedürfnis, desto stärker die ASW.

Prüfungen ließen sich wesentlich leichter absolvieren, wenn die Prüflinge ständig Psi-Kräfte einsetzen könnten. So hat man zum Beispiel ASW-Tests als Schulprüfungen kaschiert und dabei entdeckt, daß die Prüflinge erheblich besser abschnitten, wenn sie Fragen gestellt bekamen, für die entsprechende versteckte Antworten vorbereitet waren – von diesen Antworten konnten sie jedoch einzig durch ASW Kenntnis erlangen!

Wenn jeder von uns Psi-Fähigkeiten besitzt, warum gewinnen wir dann nicht jedes Mal beim Spiel? – Stanford meint dazu, daß die rivalisierenden Motivationen der Spieler das Problem sein könnten.

Allerdings gibt es auch hier Grenzen. Denn wie wir aus der experimentellen Psychologie wissen, wird ein Verhalten gestört und bricht die entsprechende Leistung zusammen, wenn die Stärke eines Bedürfnisses ungewöhnlich hoch ist. Parapsychologen dürften es im allgemeinen für schwierig und für moralisch nicht vertretbar halten, daß Experimente unter solchen Bedingungen durchgeführt werden. Was wir jedoch tun können, ist, daß wir uns mit Bedürfnissen auseinandersetzen, denen ein konflikthafter Zug eignet. Denn Stanford weist darauf hin, daß die ASW-Effekte geringer ausfallen können, wenn die Bedürfnisse zwar sehr stark sind, aber von Schuldgefühlen oder dergleichen begleitet werden. In solchen Fällen können wir sogar auf negative oder Psi-Missing-Effekte stoßen. Interessant in diesem Zusammenhang ist die Tatsache, daß wir dem einzigen Fall von Psi-Missing bei einem Experiment von Sargent begegnen, in dem Geldbelohnungen als Anreiz benutzt wurden. Insgesamt gesehen lagen die Punktwerte der Versuchspersonen stark *unter* der Zufallserwartung – eine wirklich trostreiche Erkenntnis für diejenigen, die der menschlichen Natur gegenüber positiv eingestellt sind! Auch hat Stanford einige Arbeiten durchgeführt, die darauf schließen lassen, daß man nicht-intentionales Psi altruistischen Bedürfnissen zugute kommen lassen könnte.

Nicht-intentionale Psychokinese

Und nun zum dritten und letzten Aspekt der Stanfordschen Theorie. Die ersten beiden Teile dieser Theorie konnten also belegt werden. ASW kann durchaus ohne Bewußtsein oder Intention zur Anwendung kommen, und besonders wahrscheinlich dürfte dies sein, wenn ein starkes

Bedürfnis zu befriedigen ist. Bei dem dritten Aspekt geht es um die Frage, ob in den vorerwähnten Prozessen auch Psychokinese zum Zuge kommt; das heißt wenn alle anderen Möglichkeiten scheitern, könnte dann nicht die Psychokinese eine entscheidende Rolle spielen?

Bei allen bisherigen PMIR-Experimenten war es eine einfache motorische Handlung, derer man bedurfte – nämlich das Niederschreiben der richtigen Prüfungsfrage bzw. die richtige Reaktion in einem Wortassoziationstest. In dem elegantesten Experiment, das Stanford ausführte, war eine solche Handlung nicht genug – nur Psychokinese konnte hier helfen.

Bei diesem Experiment wurden vierzig Männer getestet. Sie wurden als erstes aufgefordert, drei Minuten lang ihren bewußten Psychokinese-Faktor testen zu lassen, wobei sie mit einem Gerät arbeiteten, das einer der Schmidt-Maschinen ähnelte. Als nächstes erklärte man ihnen, daß sie sich nun einem psychologischen Experiment unterziehen müßten, bei dem es um die Koordination von Bewegungen ging. Dieser Versuch nennt sich auch *pursuit rotor tracking*-Experiment, und die Aufgabe der Versuchsperson besteht darin, daß sie mit einem Stift oder einem ähnlichen Gerät die Mittellinie einer nach beiden Seiten wegrutschenden Bahn halten muß. Stanford ließ diese Bahn sich sehr langsam bewegen, wodurch die Aufgabe besonders langweilig wurde. Die unglücklichen Freiwilligen mußten nun auch noch erfahren, daß sie diese Schinderei 45 Minuten lang durchstehen müßten.

In der Zwischenzeit hatte Stanford in einiger Entfernung, und ohne daß die Versuchspersonen etwas davon wußten, einen Zufallsgenerator aufgestellt. Dieses Gerät erzeugte alle zehn Sekunden zehn Impulse, die sich auf sechs verschiedene Kanäle verteilten. Die Maschine tickte also los, und die Leute beschäftigten sich mit ihrem *pursuit rotor tracking*. Wenn nun aber die Maschine auf einem einzigen der sechs Kanäle von zehn Impulsen ganze sieben produzierte, was man schon als einen Ausnahmefall bezeichnen kann, dann wurde die Person von ihrem *rotor tracking*-Gerät fortgeholt und in ein anderes Zimmer gebracht, wo sie sich stattdessen erotische Fotos anschauen durfte.

Jetzt aber werfen wir einen Blick hinter diese ganze Versuchsszenerie. Zunächst geht es einmal um ein Experiment, bei dem sich die Versuchspersonen schlichtweg zu Tode langweilen. Und wenn nun eine Maschine, die in einiger Entfernung aufgestellt ist, eine sehr ungewöhnliche und sonderbare Reaktion emittiert, dann sind sie aus ihrer Langeweile entlassen und dürfen sich einer als angenehm empfundenen Beschäftigung widmen. Bleibt diese Reaktion jedoch aus, so müssen sie sich weiter dem langweiligen Experiment unterziehen.

Das primäre Bedürfnis besteht also darin, dieser Situation zu entrinnen. Das gelingt ihnen immer dann, wenn sich die Maschine zu einer dieser seltenen Reaktionen entschließt. Doch da sie über diesen Vorgang nichts wissen, bedarf es der ASW, um dies herauszufinden. Und da weiterhin die Wahrscheinlichkeit, daß die Maschine so reagiert, sehr gering ist, besteht die einzige wirkliche Möglichkeit, sich aus dieser Lage zu befreien, darin, daß der Betroffene auf die Maschine psychokinetisch einwirkt. Die vollständige Formel für diesen Fall müßte also lauten:

Ein Mann könnte spontanes Psi einsetzen, um ein Treffen mit einer attraktiven Frau zustande zu bringen.

Bedürfnisbezogene ASW plus Psychokinese, aber das alles unbewußt und nicht-intentional.

Die Ergebnisse dieses Experiments waren völlig eindeutig. Die Versuchspersonen zeigten im ersten Stadium – dem bewußten Psychokinese-Test – eine Leistung, die nur um ein Geringes über der Zufallserwartung lag. Beim nicht-intentionalen Test aber erzielten sie Punktwerte, die weit über dem Zufallswert lagen. Wäre der Zufall allein am Werk gewesen, hätten nur 7,2 Prozent der Testpersonen entrinnen können, doch waren es in der Tat ganze 20 Prozent. Dieses Experiment ist somit ein klarer Beweis dafür, daß der Mensch in der Lage ist, ASW und Psychokinese zusammen zu benutzen, um ein Bedürfnis zu befriedigen, ohne sich dabei jedoch einer bewußten Intention bedienen zu müssen.

So gibt es nun also einiges Beweismaterial, daß die dritte Hypothese der Stanfordschen Theorie erhärtet, nämlich den Satz:

3. Sowohl ASW als auch Psychokinese können ohne Bewußtsein und Intention eingesetzt werden, um Bedürfnisse zu befriedigen.

Und die Grenzen?

Doch nun hat der gesunde Menschenverstand sofort seine Frage parat: »Wenn nicht-intentionales Psi schon so gut funktioniert, warum bekommen wir dann nicht immer, was wir uns wünschen?« Das erste oder vorrangige Problem ist hier sicher in den widerstreitenden Motivationen zu suchen. Denn in der Regel ist es doch so, daß ein wünschenswertes Ziel oder Objekt von vielen Leuten verfolgt wird, so daß die psi-vermittelte instrumentelle Reaktion der einen Person sehr leicht mit der einer anderen Person in Widerstreit geraten kann.

Das zweite – bereits angedeutete – Problem ist darin zu suchen, daß, wenn ein Bedürfnis oder Verlangen sehr ausgeprägt ist, dies nicht zu einer Steigerung, sondern vielmehr zu einer Zerstörung der Performanz führen kann; in diesem Fall steht die Organisation des Verhaltens auf schwachen Füßen und die Gefahr einer Desintegration droht.

Das dritte Problem besteht darin, daß im Falle einer intentionalen ASW bestimmte Einstellungen und Persönlichkeitsmerkmale bekannt sind, vor allem um eine schlechte Performanz oder sogar negative Punktwerte (Psi-Missing) hervorzubringen. Stanford meinte dazu, es sei äußerst wahrscheinlich, daß der Effekt dieser Faktoren für nicht-intentionales und intentionales Psi der gleiche ist. Skeptiker, Introvertierte und Neurotiker können Psi bewußt unterdrücken oder verzerren. Als ein Beispiel führt Stanford den neurotischen Mann an, der sich durchaus der psi-vermittelten instrumentellen Reaktion bedienen könnte, um einer hübschen Frau zu begegnen, ohne jedoch so weit zu gehen, daß es zu einem richtigen sexuellen Kontakt kommt, da er von zu vielen Sexualängsten besetzt ist. Wenn wir es also mit einer Konfliktsituation, mit Angst, Schuld oder Verdrängung zu tun haben, dann besteht die hohe Wahrscheinlichkeit, daß die psi-vermittelte instrumentelle Reaktion systematisch verzerrt wird.

Zusätzlich zu all diesen Punkten hat Stanford die unterschiedlichsten Forschungsergebnisse zusammengetragen und – zusammen mit Bill Braud – einen Denkansatz erarbeitet, der eine Brücke schlagen könnte zu den Problemen der sogenannten Psi-Physik. Seiner Meinung nach können gewisse Eigenschaften des menschlichen Gehirns sowie unsere typischen Wahrnehmungs- und Reaktionsweisen dazu beitragen, daß die psi-vermittelte instrumentelle Reaktion beeinträchtigt wird.

Psi und das de-strukturierte Bewußtsein

Im Rahmen seiner gesamten Psi-Forschung befaßte sich Stanford noch einmal mit der Frage, weshalb veränderte Bewußtseinszustände eine vorhandene ASW positiv beeinflussen können. Stanford meint dazu, der Grund dafür, daß die Ganzfeld-Technik und andere ASW-begünstigende Zustände funktionierten, sei darin zu suchen, daß diese Methoden das Gehirn zu einer Tätigkeit anregten, die weniger vorhersagbar, weniger kohärent und weniger strukturiert sei.

Stanford gelangte zu seinem Standpunkt durch eine Reihe von Experimenten, die er und seine Mitarbeiter in den 60er Jahren mit Hilfe der von J. B. Rhine entwickelten Karten-Identifizierungs-Methode durchführten. Dabei fand er heraus, daß es einen Unterschied gab zwischen den Personen, bei denen sich Treffer und Nicht-Treffer in etwa ausglichen, und jenen Leuten, die spontan reagierten und bei denen besagtes Verhältnis ungleich war. Eine solche Unterscheidung könnte schwierig sein, da die Leute in der Regel dazu neigen, ihre Schätzungen zwischen den möglichen Alternativen auszutarieren. Ein extremer Versuch freilich bestünde darin, daß man jedes der fünf verschiedenen Kartensymbole jeweils fünfmal abzurufen versuchte – was übrigens häufiger gelingt als man gemäß der Zufallserwartung erhoffen möchte. Stanford und andere Forscher entdeckten, daß Personen, die recht ausgewogene Schätzungen ausführten, einen Punktwert erzielten, der einen sehr schwachen ASW-Effekt erkennen ließ. Weniger ausgeglichene Versuchspersonen hinge-

Die üblichen Muster aufbrechen – ist das der Schlüssel zum Psi-Erfolg? Stellen sich Psi-Effekte eher ein, wenn das Gehirn nicht voll damit beschäftigt ist, jede Alltagserfahrung zu strukturieren und zu organisieren?

gen zeigten stärkere ASW-Effekte, und dies manchmal über und manchmal unterhalb der Zufallserwartung.

In weiteren Experimenten befaßten sich Stanford und andere mit einer zweiten Art von Befangenheit *(bias)*, die dann auftritt, wenn Leute Karten raten. Bei den Personen, die ihre Vermutungen nicht richtig ausbalancieren, besteht in der Regel die Neigung, manche Reaktionen häufiger zu emititieren als andere. So ist zum Beispiel die Reaktion »Kreis« ziemlich häufig. Und bei einem Kartenspiel mit 52 Karten ist es meistens das Pik-As, das bei 52 Durchgängen häufiger als einmal geraten wird. Auch beim Erraten von Bildern begegnen wir gewissen populären Bildthemen, die sich sozusagen eingebürgert haben.

Veränderte Bewußtseinszustände – zum Beispiel durch Hypnose, Ganzfeld usw. – erzeugen aber im allgemeinen Ergebnisse, die sichtlich über der Zufallserwartung liegen. Stanford sucht den Grund für diesen Effekt darin, daß diese Zustände die übliche strukturierte Tätigkeit des Gehirns in Richtung einer unvorhersagbaren und zufallsbestimmten Aktivität modifizieren. Bei dergestalt veränderten Zuständen könnte die Reaktion mit nur geringer Befangenheit in Vorstellungsmustern belastet sein – was auf eine verbesserte Leistung hinausliefe. Wenn dem aber so ist, bekämen wir eine zufriedenstellende Begründung dafür, weshalb derart modifizierte Bewußtseinszustände eine ASW begünstigen. »Es geht hier um systematisches Verhalten. Wir sehen und hören definitive, kohärente und strukturierte Dinge. Diese Dinge erzeugen im Gehirn und im Geist eine gewisse Organisation. Sie produzieren bestimmte Reaktionskategorien und erzeugen im Denken wie im Handeln eine Befangenheit in Gewohnheitsmustern. Im Gegensatz dazu besteht bei einem Gehirn, dessen Aktivität nicht andauernd stark strukturiert ist, eine stärkere Tendenz zur Hervorbringung von Psi-Effekten.«

So erklärt also Stanfords Modell, warum bestimmte Bewußtseinszustände ASW begünstigen. Doch lassen sich auch andere Forschungsergebnisse mit Hilfe dieses Modells begründen. So haben wir zum Beispiel bemerkt, daß die ASW-Leistung dazu neigt, sich in einer Testsitzung mit der Ganzfeld-Technik zu verbessern. Stanford führt dies darauf zurück, daß die Tätigkeit des Gehirns mit zunehmender Zeit immer weniger vorhersagbar wird, wenn die strukturierenden Zwänge durch die Außenwelt mehr und mehr nachlassen.* Darüber hinaus ließen sich Stanfords Vorstellungen, wenn man sich einer ähnlichen Logik bedient, ohne weiteres auf die positiven Auswirkungen von Hypnose auf ASW anwenden. Stanfords Denkmodell ist vollständig und sauber gearbeitet. Es könnte dies ein alternativer Denkansatz zu dem von Honorton sein, doch vermuten wir, daß es sich hier um mehr als nur eine Alternative handelt. Denn die Vorstellung, wonach Psi am stärksten in solchen Systemen sich auswirkt, die ziemlich zufällig, ungezwungen und unbefangen funktionieren, deckt sich auf eine erstaunliche Weise mit jüngeren Forschungsarbeiten auf dem Gebiet von Psychokinese und Physik. Wie wir noch sehen werden, stehen Stanfords Modell und die Physik in keinem Widerspruch zueinander. Doch weist Honortons Denkansatz in dieser Hinsicht einige Mängel auf, und zwar insofern, als es lediglich eine *Annahme* ist, daß ASW ein schwach ausgeprägter Sinn sein soll. Wir selbst können fast mit Bestimmtheit sagen, daß es sich hier nicht um eine Form der Sinneswahrnehmung handelt; auf die Gründe für diese Behauptung werden wir bald zu sprechen kommen. Wir nehmen lediglich an, daß ASW wie eine Sinneswahrnehmung abläuft, denn dieser Vergleich nützt uns beim Entwerfen von Experimenten, die ihrerseits ganz ausgezeichnet funktionieren.

* Tatsächlich haben kürzliche Untersuchungen von Sargent, Heidi Bartlett, Sue Moss und Stanford selbst diese Vorstellung bestätigt.

Eine destrukturierte Welt: Salvador Dalis surrealistische Gemälde evozieren auf brillante Weise einen traumartigen Bewußtseinszustand, in dem vertraute Bilder durch schweifende Assoziationen verwandelt werden.

9 Die physikalischen Gegebenheiten von Psi

Es gibt viele Skeptiker, die behaupten, Psi sei unmöglich, weil unvereinbar mit den Gesetzen der Physik. In jüngster Zeit hat man aber einige aufregende Theorien entwickelt, die Möglichkeiten erläutern, wie Psi auch im physikalischen Sinne funktionieren könnte. Doch sollten wir uns zunächst einmal einen Überblick darüber verschaffen, was in physikalischer Hinsicht über Psi bekannt ist.

Den Kern unseres Wissens bildet ein Rätsel – wir wissen nicht, wie Psi genau funktioniert. Andererseits hat man mit Experimenten Effekte erzeugt, die nicht durch Zufall erklärt werden können und bei denen es sich folglich – wenn wir von den gebräuchlichen wissenschaftlichen Kriterien ausgehen – um reale, um wirkliche Effekte handelt. Wir können sowohl die Stärke dieser Effekte als auch den Einfluß messen, den andere meßbare psychologische wie physikalische Faktoren – zum Beispiel Persönlichkeit, Entfernung oder Zeit – auf diese Effekte ausüben. Und wie wir gesehen haben, lassen sich diese Effekte als Nachweis für die Existenz eines Signals benutzen (siehe Ryzls *majority-vote*-Experimente), genauso wie sie auf die angebliche Existenz eines weiteren schwach ausgebildeten menschlichen Sinnes hingewiesen haben (siehe Honortons Ganzfeld-Experimente). Psi läßt sich durch menschliche Intention positiv und negativ beeinflussen. Doch lassen sich genauso signifikante Effekte auch nicht-intentional erzeugen, das haben wir bei Stanfords Experimenten gesehen. In anderen Fällen wiederum verhält sich Psi völlig anders als jeder menschliche Sinn. Und wenn Psi nun eine Art Signal ist, welche bekannte Energiequelle könnte es dann sein, die dieses Signal übermittelt?

Das kybernetische Modell der menschlichen Wahrnehmung stellt das Gehirn als einen Super-Computer dar, der verschlüsselte Informationen aus der Außenwelt verarbeitet und die entsprechenden Reaktionen ausformuliert.

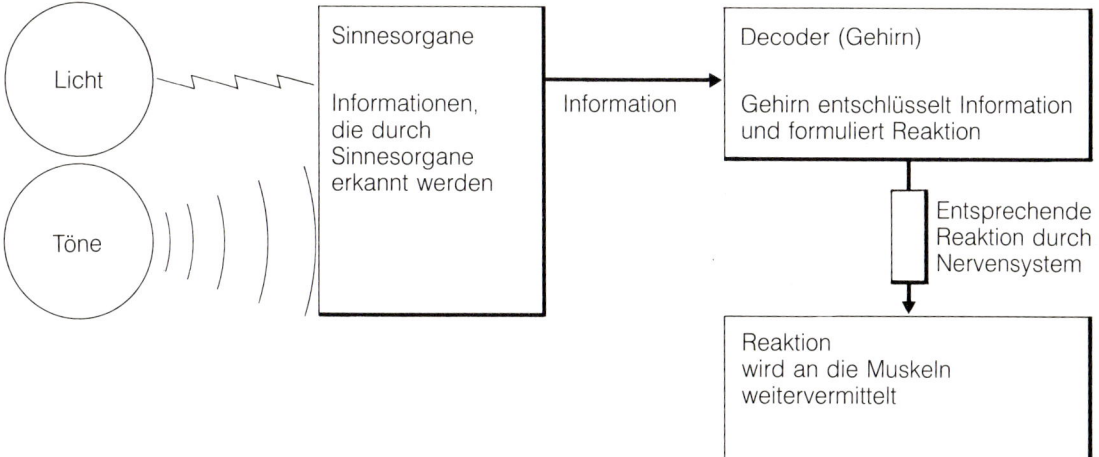

Das kybernetische Modell

Eines der Arbeitsmodelle, deren sich Wissenschaftler bedient haben, um menschliche Wahrnehmung und menschliches Handeln zu beschreiben, ist das *kybernetische* Modell: die Menschliche Maschine, das Gehirn-als-Computer. In diesem Modell gelangen die Informationen mit Hilfe der Sinnesorgane zum Gehirn, und übermittelt werden diese Informationen durch ein physikalisches Trägersignal (zum Beispiel Lichtstrahlen, die Informationen an unsere Augen übermitteln). Das Gehirn entziffert solche Informationen. Und wenn wir diesen Informationen entsprechend handeln sollen, dann sendet das Hirn über die Nervenbahnen Botschaften, die der jeweils zu unternehmenden Handlung entsprechen: Informationen gelangen vom Gehirn zu den Muskeln. Kurzum, der menschliche Organismus ist ein Informationsempfänger, der solche Information verarbeitet und entziffert und – falls nötig – nach ihr handelt, wobei solches Handeln in einer physischen Übermittlung der Information besteht (Nervenimpulse werden zu den Muskeln geschickt).

Die Frage ist nun, ob es möglich ist, Psi als eine Funktion der Menschlichen Maschine festzustellen? J. B. Rhine, der stets behauptete, Psi sei »nicht-physikalisch«, womit er meinte, man könne Psi nicht als einen Bestandteil dieses Robotermechanismus erforschen, prägte aus diesem Grund den Begriff »*extra*«-*sensory perception* (ESP), zu Deutsch: »Außersinnliche Wahrnehmung« (ASW). Und was dieser Begriff dann doch für Werturteile und Interpretationen nach sich gezogen hat! Längst sind wir – mittels unserer Sprache – daran gewöhnt, unter ASW etwas Besonderes zu verstehen, eine ganz besondere Art von Wahrnehmung, während dies bei der Psychokinese weniger stark der Fall ist. Unser erster Gedanke besteht darin, für ASW nach einer Art von physischem Transporteur Ausschau zu halten – einem Träger, der ähnlich arbeitet wie die Lichtstrahlen, die Informationen an unsere Augen übermitteln. Das ist sicherlich ein verständlicher Erklärungsversuch, doch stützt sich dieser weniger auf eine gesunde wissenschaftliche Ratio als auf gewohnte Denkmuster.

Anstatt bestimmte Kategorien von physikalischen Transportmitteln zu untersuchen, wie dies bei der furchtlosen Erforschung des Elektromagnetismus geschehen ist, könnte man doch bei der Frage anfangen, ob es überhaupt irgendeinen physikalisch meßbaren Transporteur geben könnte, der in der Lage wäre, ASW-Effekte zu übermitteln. Es gibt sowohl theoretische als auch gesunde experimentelle Gründe, die dafür sprechen, daß dies nicht der Fall sein kann. Nehmen wir zum Beispiel Experimente, bei denen die sogenannte Blind-Psychokinese zur Anwendung kommt. Bei diesen Versuchen wünscht sich die Person einen hohen Punktwert auf der Zielseite eines Würfels, ohne allerdings zu erfahren, welches diese Zielseite genau ist. Der physiologische Erklärungsversuch für Psi geht in diesem Fall von einem kybernetischen Prozeß aus, mit dessen Hilfe die Person sich der ASW bedient, um die Zielseite des Würfels herauszubekommen, und danach benutzt sie ihre Psychokinese-Fähigkeit, um den Fall des Würfels zu beeinflussen. Da ASW kein unbedingt zuverlässiges System zum Erwerb von Informationen ist, möchten wir bei Psychokinese-Blind-Versuchen eine niedrigere Punkt-

Ein elektrisch abgeschirmter Raum oder Faraday-Käfig. Wird das Gitter unter Strom gesetzt, so wird ein breites Spektrum von elektromagnetischen Wellen abgeblockt. Mit einem solchen Käfig haben Physiker versucht, eine elektromagnetische Basis für Psi zu finden – aber leider ohne Erfolg.

zahl erwarten als bei gewöhnlichen Psychokinese-Experimenten, bei denen der Testperson die Zielseite bekannt ist. Tatsächlich aber sind Experimente für Blind-Psychokinese ungewöhnlich erfolgreich verlaufen, und ihre Erfolgsquoten waren insgesamt nicht niedriger als die bei gewöhnlichen Psychokinese-Versuchen.

Auch wird dem aufmerksamen Leser sicher der Gedanke gekommen sein, daß die im letzten Kapitel behandelten Experimente um einiges mehr aussagen als es zunächst den Anschein hat. Denn bei den nicht-intentionalen Psi-Experimenten wissen die Versuchspersonen nicht einmal, daß sie getestet werden. Daher müssen wir die Möglichkeit in Betracht ziehen, daß sich diese Personen der ASW bedienen, um herauszufinden, daß sie an einem Experiment teilhaben, und daß sie danach noch einmal ASW benutzen, weil sie wissen müssen, worauf die Psychokinese-Aufgabe abzielt, und nun wenden sie schließlich ihre Psychokinese-Fähigkeit an (um einer langweiligen Experimentalsituation zu entrinnen, eine Prüfung erfolgreich zu bestehen usw.) In vielen Fällen müßte durch ASW eine ganze Menge Informationen eingeholt werden, um einen Erfolg bei diesen Experimenten zu ermöglichen. Trotzdem scheint die Performanz bei diesen Experimenten der Leistung bei konventionellen ASW-Versuchen überlegen zu sein. Eine fürwahr recht sonderbare Angelegenheit!

Doch es gibt einen Ausweg aus dieser widersprüchlichen Situation, wenn wir die kybernetische Sicht des Psi-Phänomens heranziehen. So könnten wir zum Beispiel davon ausgehen, daß irgendein anderer Faktor bei Blind-Psychokinese und bei nicht-intentionalen Psi-Experimenten zum Tragen kommt. Auch kann es durchaus sein, daß die Teilnehmer an Blind-Psychokinese und nicht-intentionalen Psi-Experimenten ihre Testangst dadurch reduziert halten, daß sie nicht bewußt wissen, was sie tun. Und uns ist bekannt, daß Angst einem Psi-Erfolg nicht förderlich ist.

Trotzdem haben wir es hier mit einem schwachen Argument zu tun, das wir mit Hilfe eines von Helmut Schmidt durchgeführten Experiments widerlegen können. Schmidt realisierte einen Psychokinese-Versuch, bei dem die Personen die Tätigkeit eines Zufallsgenerators einschätzen sollten, dessen Output auf einer Leinwand dargestellt wurde. In

Wirklichkeit benutzte man jedoch *zwei* Zufallsgeneratoren, deren Outputs man vermischte, was aber den Testpersonen verschwiegen wurde. Bei der einen Maschine handelte es sich um einen »einfachen« Generator. Dieser Apparat erzeugte bei jedem Durchgang auf Zufallsbasis lediglich einen elektrischen Impuls. Bei dem zweiten Gerät handelte es sich um einen »komplexen« Generator. Diese Maschine erzeugte für jeden Durchgang hundert Impulse, registrierte genau, ob diese positiv oder negativ waren, errechnete die größere Häufigkeit – und der häufigere Impuls wurde dann zum Ziel erklärt und als *einziges Ereignis* dargestellt. Wenn also das komplexe Gerät 53 positive und 47 negative Impulse hervorbrachte, dann bezeichnete es den positiven Impuls als den einzig hervorgebrachten, den es dann auch anzeigte.

Überraschenderweise waren die Punktwerte an den beiden Generatoren die gleichen. Das heißt der Punktwert war völlig unabhängig von der Komplexheit des Systems, auf das die Psychokinese einwirkte. Bei einem kybernetischen Modell kommt das für uns recht unerwartet, und da die psychologischen Bedingungen bei beiden Maschinen die gleichen waren, können wir auch nicht annehmen, daß bei dem einen Apparat Angst und bei dem anderen keine Angst im Spiel war.

Da wir nun – ganz allgemein – die kybernetische Begründung von Psi mit all ihren Problemen dargelegt haben, müssen wir auf einige besondere Aspekte von Psi eingehen, die eine Anerkennung des besagten Erklärungsmodells noch erschweren.

Psi auf Entfernung

Karlis Osis von der American Society for Psychical Research hat in bezug auf die Auswirkungen von Distanzen zwischen ASW-Sendern und -Empfängern die beeindruckendsten Versuche durchgeführt. Osis durchforstete 1965 die bisher zu diesem Gegenstand durchgeführten Arbeiten

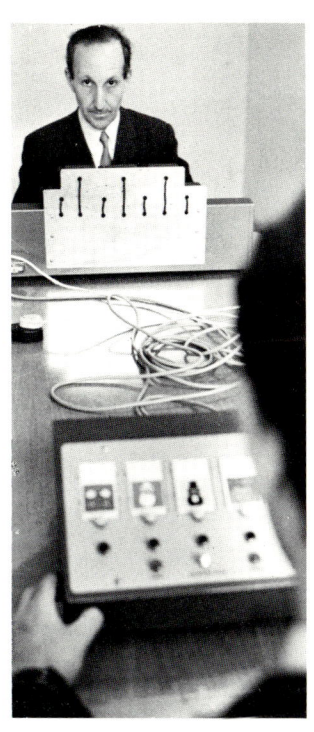

John Beloff mit seiner Frage: Wie kann Psi auf ein versiegeltes Päckchen Karten einwirken, deren Reihenfolge erst dann bekannt wird, wenn die Versuchsperson ihre Vermutungen oder Ansagen formuliert hat?

Der Apollo-Astronaut Ed Mitchell (links) ist der einzige Mensch, der bislang ein ASW-Experiment weit draußen im Weltraum durchführte.

und stellte dabei fest, daß andere Wissenschaftler eine klare Abnahme von ASW bei zunehmenden Entfernungen festgestellt hatten. In seinen eigenen Experimenten stellte Osis sicher, daß seine Empfänger keine Ahnung hatten, wo sich der jeweilige Sender befand, eine Vorsichtsmaßnahme, die man bei früheren Arbeiten nicht ergriffen hatte. Dabei entdeckte er nun ein geringes, aber unübersehbares Absinken der Punktwerte im Verhältnis zur zunehmenden Entfernung.

Diese Abnahme muß jedoch ins rechte Verhältnis gesetzt werden, denn Osis stellte fest, daß solches Nachlassen viel weniger markant war als die zunehmende Performanzminderung von Empfängern während einer der üblichen Testsitzungen – einem wahrscheinlich rein psychologischen Effekt.

Physikalische Eigenschaften von ASW- und Psychokinese-Zielen

Forschungsarbeiten haben ergeben, daß Psi bei allen möglichen Zielkategorien wirksam werden kann, ganz gleich, wie groß ein solches Ziel ist und welche physikalische Eigenschaften es besitzt. Auch liegen bereits einige bescheidene Ergebnisse vor, die bestätigen, daß man ASW benutzen kann, um Ziele auf Mikrofilmen auszumachen – eine Tatsache, die auf vortreffliche Genauigkeit schließen läßt. Allerdings sind nur wenige Vergleiche zwischen den Zielen üblicher Größe und Mikrofilm-Zielen durchgeführt worden. Immerhin belegen die vorhandenen Untersuchungsergebnisse, daß es keinen Unterschied gibt zwischen den Punktwerten, die bei den beiden Kategorien erzielt wurden. Auf ein ähnliches Paradoxon hat John Beloff hingewiesen, ein Parapsychologe aus Edinburgh, der sich bei dem diesbezüglichen Experiment eines ASW-Standardtests bediente, des sogenannten »Down Through« (DT). Bei diesem Versuch wird ein Päckchen mit 24 ASW-Karten versiegelt, *bevor* die Testperson mit ihren Vermutungen beginnt. Sind die 25 Vermutungen abgeschlossen, so wird das Päckchen geöffnet, und die Vermutungen werden mit den Zielen verglichen. Man hat bei den DT-Tests signifikante ASW-Resultate erzielt. Welche Art von Sinneswahrnehmung oder Strahlungskraft könnte es wohl sein, die bei einem einerseits so breiten Spektrum von Zielen und bei einem andererseits so eng übereinander liegenden Stoß von Symbolen Informationen gewinnt?

Bei Psychokinese-Experimenten stoßen wir auf ähnliche Fragen. So bleiben zum Beispiel bei Würfeltests die Punktwerte unbeeinflußt vom Gewicht und vom Material der benutzten Würfel. Beweismaterial dieser Art spricht natürlich ebenfalls gegen die Ansicht, wonach Psi seiner Natur nach physiologisch sein oder aber durch irgendeine Form von Strahlung übermittelt werden könnte.

Die Zeitbarriere

Von allen Psi-Phänomenen ist die Präkognition dasjenige, welches am meisten Kopfzerbrechen verursacht. Wenn ein Ereignis in der Zeit seiner Ursache vorausgeht – und die entsprechende Information also bereits in der Zukunft existiert – dann dünkt es einem alles andere als vernünftig, nach einer physikalischen Strahlung oder Energie zu suchen, die Informationen in der Zeit nach rückwärts übermitteln könnte. Es existieren sehr wenige Vergleiche von Präkognitionserfolgen bei einer Vielzahl von Zeitabschnitten unter experimentellen Bedingungen. Doch allein schon die Tatsache, daß ASW-Experimente erfolgreich verliefen, bei denen die Vermutungen sogar Stunden vor Erzeugung der Ziele angestellt wurden, ist eines der Hauptprobleme im Umfeld der physikalischen Psi-Theorien.

Es sei denn ... es handelt sich bei der sogenannten Präkognition in Wirklichkeit um Psychokinese. J. B. Rhine, der selbst einige Präkognitionsuntersuchungen durchführte, war sich dieses Problems sehr wohl bewußt, und so entwickelte er einen »Wetterschlüssel« – das heißt ein Gerät, das auf Zufallsbasis Ziele produzierte, die einige Zeit nach den angestellten Vermutungen an einem entfernten Ort durch eine Temperaturvariable ausgelöst wurden. Skeptiker meinten, daß die an diesen Präkognitionsexperimenten Beteiligten möglicherweise ihre Psychokinese-Fähigkeit benutzten, um irgendwelche Thermometer zu beeinflussen, die Hunderte oder Tausende von Kilometern weit entfernt waren. An diesem Punkt aber gab J. B. Rhine seine Bemühungen um dieses theoretische Problem auf.

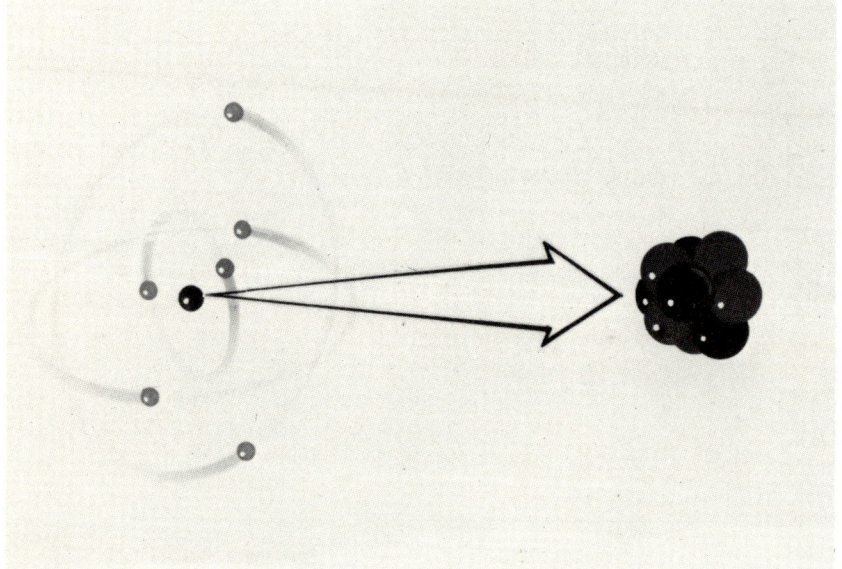

Das klassische Modell eines Atoms. Der zentrale Kern (im Vordergrund vergrößert) besteht aus ungeladenen Neutronen und positiv geladenen Protonen. Die um ihn kreisenden Teilchen sind Elektronen.

Natürlich kann man behaupten, daß alle Laborstudien zur Präkognition das jeweilige Psychokinese-Vermögen »anzapften«, und somit wäre das Problem aus der Welt geschafft. Doch wie steht es dann mit den spontanen Fällen? Wie steht es zum Beispiel mit den zahlreichen Präkognitionen, die vor der Aberfan-Katastrophe stattfanden? Man könnte sie alle als Zufall abtun und dadurch dem Problem aus dem Weg gehen, und wir selbst, das müssen wir gestehen, wären gern mit von der Partie. Doch hieße ein solches Vorgehen nichts anderes als das Kind mit dem Bad ausschütten.

Wenn alle subatomaren Teilchen eine bestimmte Geschwindigkeit und ge- nau bestimmbare Position hätten, könnte man sich das Universum als einen riesigen Billardtisch vorstellen.

Wenn man also von der Annahme ausgeht, daß Präkognition wirklich existiert, dann stellen sich unüberwindliche Probleme, ganz gleich, welche Energietransmission das Erklärungsmodel benutzt.

Auf der Suche nach einer neuen Psi-Definition

Alle Befunde und Materialien, die wir bislang anführten, lassen grundlegende Zweifel an unseren bisherigen Vorstellungen von Psi entstehen. Wir müssen uns nun neuen Theorien zuwenden, die nicht nur mit den Schwierigkeiten eines kybernetischen und/oder physiologischen Erklärungsmodells fertig werden, sondern solche Schwierigkeiten geradezu vorhersagen. Diese Theorien, in denen viele Ansätze zu präzisen Experimenten enthalten sind, wurden von Physikern entwickelt und berufen sich vor allem auf die Quantenphysik. Die zugrundeliegenden Ideen kommen einem seltsam vor und widersprechen oft dem gesunden Menschenverstand. Dazu sind zwei Dinge anzumerken. Das Seltsame an diesen Vorstellungen ist nicht darauf zurückzuführen, daß sie sich mit Psi befassen, sondern darauf, daß sie die Quantenphysik zur Grundlage haben. Der zweite Punkt ist ganz einfach folgender: Bei sonderbaren Ereignissen ist es mit einfachen Erklärungen zumeist nicht getan.

Eine Welt ohne feste Konturen

Um die jüngsten Versuche zu verstehen, die Psi in den Kontext der Physik setzen, sollten wir uns kurz damit auseinandersetzen, wie die Physiker heute über das Universum denken. Man war lange Zeit der Ansicht, das *Atom* bilde den Grundbaustein der Materie. Historisch ist die Erkenntnis, daß dem nicht so ist, erst jüngeren Datums, und so haben die Wissenschaftler den *sub-atomaren* Bereich zu erforschen begonnen. Alles in unserer Umwelt weist heute darauf hin – die Atomkraftwerke genauso wie die Atomwaffen.

Das Atom mit seinen Bauteilen sieht zwar so aus wie ein winziges

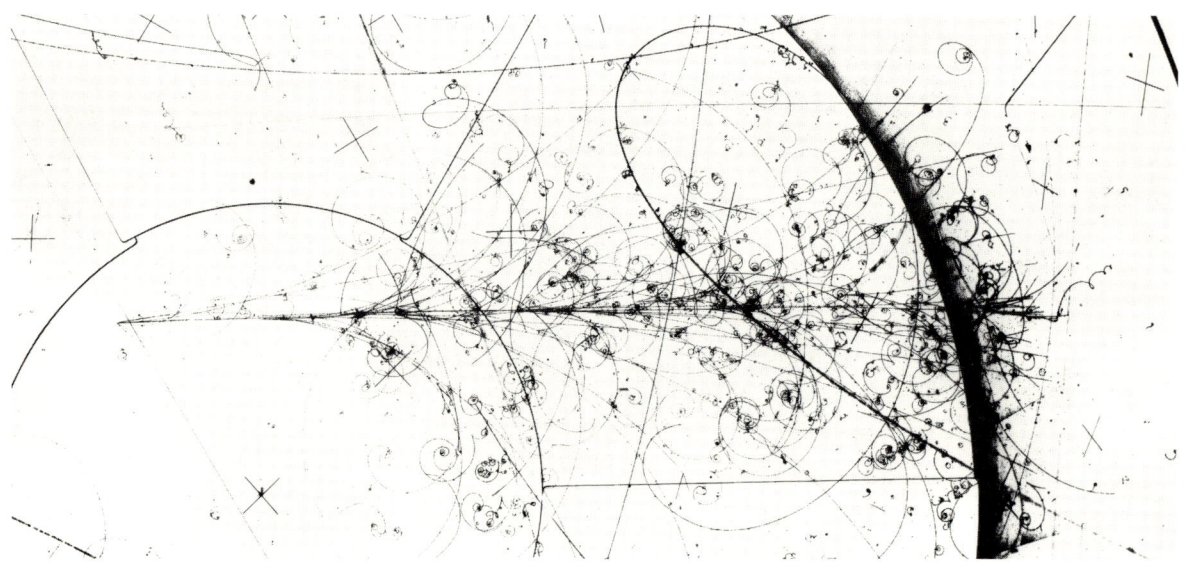

Sonnensystem und vermittelt einem die Vorstellung von einer wunderbar klaren Struktur, doch leider ist das Verständnis dieses ganzen Minia-
turbauwerks so einfach auch wieder nicht.

Denn gewisse Merkmale der Art und Weise, wie sich Elektronen
verhalten, belegen eindeutig, daß es schrecklich absurd sein kann, wenn
man sie lediglich als *Teilchen* betrachtet. Die heute akzeptierte Meinung ist
die, daß das Elektron sich manchmal wie ein Teilchen und manchmal wie
eine *Welle* verhält. Und um es noch genauer zu sagen: Manchmal ist es
nützlicher, sich das Elektron als ein Teilchen vorzustellen, und manchmal
erweist sich die Wellenvorstellung als geeigneter.

Das nächste Problem, auf das wir stoßen, ist in der »klassischen« Physik
begründet, die jedem Teilchen *definitive* Eigenschaften zuschreibt. Die
Teilchen zeichnen sich durch bestimmte Geschwindigkeiten und Positionen aus – so als sei das Universum, um die berühmte Analogie zu
verwenden – ein riesiger Billardtisch. Doch vom Standpunkt der Quantenmechanik aus gesehen (die, zusammen mit der Relativitätstheorie, die
Grundlage der modernen Physik bildet) ist das nicht der Fall. Denn die
Eigenschaften eines Teilchens sind vor einer Messung – also einer *Beobachtung* des Systems – *indefinitiv*. Es ist nämlich so, daß das Teilchen
gleichzeitig eine *Reihe* von Positionen (oder Geschwindigkeiten) ausfüllt.
Die Eigenschaften des Teilchens fluktuieren also oder sind »ohne feste
Konturen«. Eine nützliche Analogie, die von dem Physiker Harris Walker
stammt, geht von der Person aus, die in einem Hauseingang steht, mit
dem einen Fuß drinnen und dem anderen draußen: diese Person befindet sich gleichzeitig in- und außerhalb des Hauses. Ähnlich die Sache mit
dem Elektron: Es ist gleichzeitig an vielen Orten und das mit vielen
Geschwindigkeiten.

Angelangt an diesem Punkt könnte man die Vorstellung von der
Telepathie (um nur ein Beispiel zu nennen) als eine Art Analogie zu der
Vorstellung von einem im Grunde fluktuierenden Universum nehmen –

*Die Trajektorbahnen von
subatomaren Teilchen,
photographiert im CERN-
Teilchenbeschleuniger in
Genf.*

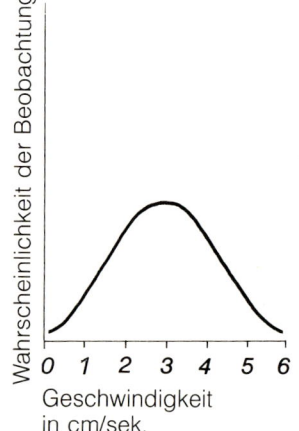

*Das Spektrum der
möglichen
Geschwindigkeiten für jedes
bei einer ganz bestimmten
Geschwindigkeit
beobachtetes Teilchen
erscheint hier in Form einer
Verteilungskurve.*

sicherlich ein einwandfreier Affront gegen den gesunden Menschenverstand. Aber Vorsicht, es kommt noch schlimmer.

Die »Konturlosigkeit« des Teilchens in der Quantenmechanik wird als *Wellenfunktion* dargestellt, das heißt als eine Funktion der Zeit und der besonderen Eigenschaft des zu messenden Teilchens. Diese Wellenfunktion ähnelt im Grunde jener Normalverteilung, der wir in einem völlig anderen Kontext im ersten Kapitel begegneten. Wenn wir es mit einem Teilchen zu tun haben, dessen Geschwindigkeit um etwa drei Zentimetern pro Sekunde (3 cm/sec.) fluktuiert, dann sieht die entsprechende Wellenfunktion so aus wie im Diagramm nebenan.

Diese Wellenfunktion aber bedeutet, daß wir *höchstwahrscheinlich* einem Wert von 3 cm/sec. begegnen, wenn wir besagtes Teilchen beobachten (das heißt eine Messung seiner Geschwindigkeit vornehmen). Wenn wir uns jedoch von diesem Durchschnittswert weiter entfernen, wird es weniger wahrscheinlich, daß wir diesen Wert beobachten können, weshalb 4 oder 2 cm/sec. wahrscheinlichere Meßwerte sind als 1 oder 5 cm/sec. Wir haben es hier mit dem Prinzip zu tun, wonach es weniger wahrscheinlich wird, daß man einen extremen Wert beobachtet, je weiter man sich vom Durchschnitt entfernt. Und genau dieses Prinzip wird bei statistischen Bewertungen von Psi-Experimenten benutzt. Tatsächlich könnte man behaupten, daß die Quantenphysik ihrer Natur nach grundlegend statistisch sei. Genauso wie uns die statistische Theorie mit präzisen Gleichungen versorgt, mit deren Hilfe wir bei Psi-Versuchen mit ASW-Karten oder Würfeln den Durchschnitt und die Streuung von Punktwerten vorhersagen können, genauso können ähnliche Gleichungen die Werteverteilung entlang der Wellenfunktion des Teilchens vorhersagen.

Die Geschwindigkeit eines subatomaren Teilchens A wird hier an Punkt B gemessen. Doch da die Geschwindigkeit von A unbestimmt ist, und da wir den Detektor B und die Meßuhr C als eine Ansammlung von subatomaren Teilchen – mit unbestimmten Werten – begreifen können, wie können wir dann einen einzigen definitiven Meßwert festhalten? Wir haben es hier mit einem grundlegenden Problem der Messung zu tun.

Nun können wir uns aber vorstellen, daß wir Messungen an einer hohen Anzahl von Teilchen vornehmen, die alle die gleiche Wellenfunktion aufweisen. Und wenn wir nun Geschwindigkeitsmessungen bei einer ganzen Reihe solcher Teilchen vornehmen, so entdecken wir, daß die Verteilung der gemessenen Werte in einem starken Maße der Verteilung ähnelt, der wir bei der Wellenfunktion des einzelnen Teilchens begegneten.

Unsere Serie von Messungen ist indes eine interessante Angelegenheit. *Denn diese Serie, bestehend aus Einzelmessungen, ist zufallsgebunden.* Was wir über unser System effektiv wissen, ist die Wahrscheinlichkeit gewisser Beobachtungen: wir wissen zum Beispiel, daß, wenn wir die Geschwindigkeit eines einzelnen Teilchens messen, ein ganz bestimmter Wert am wahrscheinlichsten ist, während andere Werte eine geringere Wahrscheinlichkeit aufweisen (auch hier wieder die Normalverteilung). Was wir *nicht* wissen, ist, *welchen* Wert wir genau für die Geschwindigkeit eines der einzelnen Teilchen finden werden. Das können wir nicht vorhersagen, und so ist das System in dieser Hinsicht echt zufallsgebunden. Genau das aber ist das Naturgesetz, dessen sich Schmidt beim Bau seiner Maschinen und im Zusammenhang mit dem radioaktiven Zerfall (und der Elektronenemission) von Strontium-90 bediente.

Ein weiterer wesentlicher Punkt ist der, daß das Teilchen, welches wir messen, eine *präzise* Geschwindigkeit nur dann erlangt, wenn wir es messen. Vor diesem Zeitpunkt besitzt es überhaupt keine genaue Geschwindigkeit – vielmehr fluktuiert es durch eine Reihe von verschiedenen Geschwindigkeiten. Und nun müssen wir uns damit auseinandersetzen, wie wir unsere Messungen genau durchführen, das heißt jetzt wird die Sache enorm interessant.

Das Meßproblem

Stellen wir uns jetzt einmal ein Elektron vor, das sich im Raum bewegt und dessen Geschwindigkeit wir messen wollen. Der gesunde Menschenverstand sagt uns, daß die Nadel des Meßgeräts, wenn wir eine Messung machen, einen präzisen Wert anzeigen muß. Doch leider ist dem nicht so. Denn der Detektor und das Meßgerät bestehen selbst aus einer großen Anzahl von Atomen und lassen sich daher in Form einer Wellenfunktion *aus vielen Teilchen* begreifen.

Diese merkwürdige Art, an dieses Problem heranzugehen, ist eine konsequente Folge aus der Logik der Physik. Von diesem Standpunkt aus läßt sich ohne weiteres zeigen, daß, wenn die Geschwindigkeit des Teil-

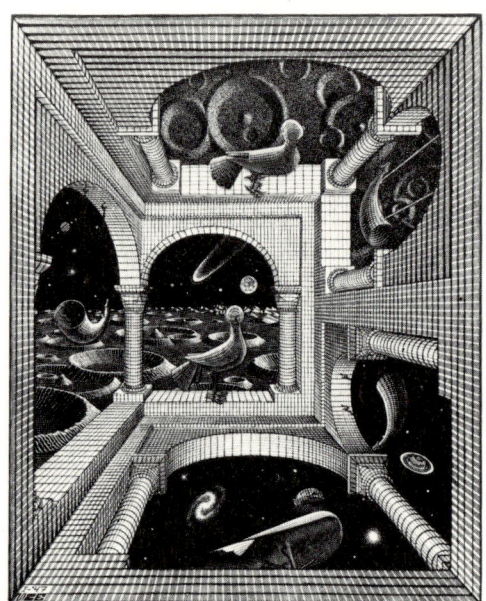

In der Meßtheorie, die von einem multiplen Universum ausgeht, erlaubt eine unbegrenzte Anzahl von identischen Universen einer unbegrenzten Anzahl von identischen Beobachtern die Messung aller möglichen Werte eines einzigen subatomaren Teilchens.

Der dänische Physiker Nils Bohr behauptet, Messungen fänden einfach statt und müßten akzeptiert werden.

chens unbestimmt ist (ein Axiom), auch *die Position der Nadel des Meßgerätes unbestimmt sein muß.* Das heißt diese Nadel muß genauso über verschiedene Meßpositionen hinwegfluktuieren wie die Geschwindigkeit des Elektrons fluktuiert. Das aber wiederum ist absurd. Denn der Beobachter sieht einen ganz bestimmten Wert: die Nadel verweilt an einer Stelle.

Evan Harris Walker benutzte das berühmte Paradox des Physikers Schrödinger, um zu veranschaulichen, wie gravierend dieses Meßproblem ist. Mit unserem Meßgerät versuchen wir die Geschwindigkeit eines Elektronenteilchens zu messen. Und nun stellen wir uns einmal vor, die Meßnadel sei an einem winzigen Hammer befestigt, der sich genau über dem Kopf einer Ratte befindet, so daß dieser Hammer, wenn sich die Nadel bewegt, auf den Rattenkopf schlägt. Die Geschwindigkeit des Elektrons aber ist unbestimmt, was bedeutet, daß die Stellung der Meßnadel fluktuiert, das heißt die Nadel nimmt viele Positionen gleichzeitig ein. Was aber, um zu unserem Gleichnis zurückzukehren, bedeutet, daß die Ratte gleichzeitig tot und lebendig ist! Das klingt zwar völlig absurd, doch ergibt sich diese Folgerung unweigerlich aus den Grundvorstellungen der modernen Physik.

So kann man also das Meßproblem in der Quantenphysik in folgende Frage fassen: Wie wird aus einem fluktuierenden System im Verlauf der Beobachtung ein bestimmter Meßwert? Auf diese Frage hat man mehrere Antworten zu geben versucht, und einige unter ihnen sind für uns hochinteressant.

Doch sollten wir sofort vorausschicken, daß uns die verbreitetste dieser Antworten für eine Erklärung der Psi-Phänomene offenbar wenig oder gar nichts nutzt. Nils Bohr und seine Mitarbeiter haben die sogenannte Kopenhagen-Lösung vorgeschlagen, die behauptet, daß makroskopische Systeme (wie zum Beispiel Meßvorrichtungen) nicht auf dieselbe Weise behandelt werden können wie mikroskopische (subatomare) Systeme. Kurzum, man kann sie nicht in Quantenbegriffen abhandeln. Ein Einwand gegen diesen Standpunkt geht von der Tatsache aus, daß gewisse Physiker (vor allem von Neumann) offenbar einen echten Erfolg zu verzeichnen hatten, als sie versuchten, Meßgeräte mit Hilfe von quantenmechanischen Begriffen zu beschreiben.

Eine alternative Lösung, die von dem Princeton-Physiker John Wheeler und anderen stammt, läuft auf die verblüffende Feststellung hinaus, wonach die Wellenfunktion *nicht* zu einem ganz bestimmten Wert gerinnt, sondern im Gegenteil – alle möglichen Messungen finden in der Tat irgendwo statt. In der Welt, in der wir leben, findet nur eine Messung statt, doch in einer unbestimmten Anzahl von anderen Welten ist eine unbestimmte Anzahl von Doppelgängern unserer selbst denkbar und eine ebenso hohe Anzahl von weiteren Messungen. Wir kennen sie nicht, aber sie existieren, und diese unbestimmte Anzahl von weiteren Welten oder weiteren Universen nimmt ständig zu und multipliziert sich jede Sekunde mit einer unbestimmten (oder nicht kalkulierbaren) Zahl. Doch zugegebenermaßen sind es nur wenige Physiker, die in dieser Theorie die Lösung für das Meßproblem sehen. Ein Kritiker hat seinen Standpunkt folgendermaßen formuliert: »Obgleich wir es hier mit einem in sich geschlossenen und schlüssigen Bild zu tun haben, wohnt ihm doch eine beunruhigende Qualität inne, wozu noch kommt, daß es keine Mittel gibt, um die Gültigkeit dieser Theorie auch wirklich zu testen.«

Noch interessanter ist jedoch die Behauptung von mehreren hochangesehenen Physikern, wonach es gewisse »versteckte Variablen« im Quantensystem geben müsse – Variablen, die zu einer vollständigen Beschreibung des Systems unerläßlich seien. Und es sind diese Variablen, die den Kollaps der Wellenfunktion bewirken. Doch wie sind sie beschaffen? Zwar hat man viele Jahre nach ihnen geforscht, aber ohne Erfolg. Und so begann sich schließlich der Verdacht einzuschleichen, daß es sich bei diesen Variablen um die Operationen des menschlichen Bewußtseins selbst handeln könnte. Im Jahre 1961 brachte Eugene Wigner diesen Denkansatz in spekulativer Form vor, und 1967 machte er eine ernsthafte Behauptung daraus. Seither sind auch andere Physiker zu dieser Schlußfolgerung gelangt. Obwohl diese Denkansatz in der üblichen Physik ketzerhaft wirkt, haben wir es hier mit einem Standpunkt zu tun, der von einer vernünftigen Minderheit von Theoretikern vertreten wird.

Es gibt gewisse Gründe, die für die Annahme sprechen, daß es von hier aus ein Verbindungsglied zur Parapsychologie geben könnte. Diese Gründe sind zwar rein spekulativ, doch führen sie zu testbaren Vorstellungen. In diesem Zusammenhang können wir uns nun einem weiteren sonderbaren Aspekt der Messung zuwenden. Nehmen wir einmal zwei Teilchen, die durch eine inter- oder intra-atomare Kraft zusammengebunden sind, und stellen wir uns vor, daß diese Dyade durch eine Explosion gespalten wird. Die beiden Teilchen werden in entgegengesetzte Richtungen davongeschleudert, und bei diesem ganzen Prozeß können wir uns Detektoren vorstellen, welche die Geschwindigkeit dieser Teilchen messen.

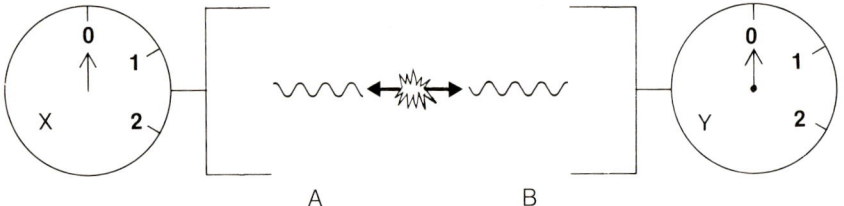

A   B

Wirkungen auf Distanz: die aus zwei Teilchen bestehende Dyade AB wird durch eine Explosion entzweigerissen. A fliegt in die entgegengesetzte Richtung wie B. Wird jedoch die Geschwindigkeit von A an einem Punkt X gemessen, so ist der festgestellte Wert der gleiche wie der von Teilchen B, das sich in gleicher Entfernung vom Explosionsort befindet, und auch dann der gleiche, wenn B nicht gemessen worden ist.

Wenn Teilchen A beobachtet wird, werden wir eine begrenzte oder endliche Geschwindigkeit »feststellen«, sagen wir 4 cm/sec. Die Wellenfunktion von Teilchen A ist nun aber zusammengebrochen. Doch der Impulssatz der Physik besagt, daß unter diesen Bedingungen Teilchen B eine Geschwindigkeit aufweisen muß, die der von A gleich und entgegengesetzt ist. So aber bringt die Beobachtung von A den Kollaps der Wellenfunktion von B mit sich. *Das ist Aktion auf Distanz.* Dieser »Distanzkollaps« der Wellenfunktion von Teilchen B durch eine Beobachtung an diesem Teilchen aus einer gewissen räumlichen Entfernung – dieser Kollaps also veranschaulicht das Problem, wonach die quantenmechanische Wellenfunktion *nicht-lokal* ist, das heißt nicht auf einen engen Bereich des Raumes begrenzt ist. Ein derartiger Distanzkollaps stellt sich immer dann ein, wenn sich ein Beobachter mit zwei (oder mehr) Systemen befaßt, die bis dato zusammen funktioniert haben, und von denen

Albert Einstein: seine Theorien implizieren, daß ein Beobachter ein weit entferntes Ereignis beeinflussen kann. Dann also ist Psi zumindest theoretisch möglich.

man deshalb sagt, daß sie *korreliert* sind. In unserem Beispiel wurde die Korrelation durch die Teilchen bewirkt, die einmal zusammengebunden gewesen sind.

Wir haben es hier mit dem berühmten Einstein-Podolski-Rosen-Paradox zu tun, und dieses Paradox impliziert einfach, daß ein Beobachter ein Ereignis beeinflussen kann, auch wenn es in nahezu jeder beliebigen Entfernung von ihm stattfindet. So kann also der Kollaps der Wellenfunktion *räumlich* invariant sein. Bei gewissen Behandlungen dieses Paradoxes kann der Kollaps Merkmale einer *zeitlichen* Invarianz aufweisen. Wir befassen uns indes mit Beobachtungseffekten, die weder durch Raum noch durch Zeit begrenzt sind. Diese Effekte haben eine große Ähnlichkeit mit Psi-Ereignissen.

Viele Physiker, die der Parapsychologie positiv gegenüber stehen, mögen so weit gehen – aber nicht weiter. Sie könnten erklären, daß es sich bei der Quantenphysik um eine viel zu unsichere Angelegenheit handle, als daß man jemanden hindern könnte, Psi-Ereignisse als unmöglich zu bezeichnen, daß aber das Denkmodell der Quantenphysik durchaus mit Psi-Ereignissen zurechtkommen könnte. Doch sind manche Physiker noch weiter gegangen. Nobelpreisträger Brian Josephson hat bemerkt, daß jeder einfallsreiche Theoretiker Psi-Ereignisse hätte voraussagen können, falls diese noch nicht festgestellt worden wären. Olivier Costa de Beauregard geht sogar noch weiter: er stellt kategorisch fest, daß nach den grundlegendsten Axiomen der Quantenphysik Psi-Ereignisse stattfinden *müssen*. Diese Behauptung ist an sich schon hochinteressant, doch Evan Harris Walker hat die Dinge vorangetrieben und eine Theorie aufgestellt, die zu einem Teil aus gediegener Physik, zu einem anderen Teil aus plausibler Intuition und zu einem dritten Teil aus wilder Spekulation besteht. Seine Theorie trifft einige klare Vorhersagen über Psi-Phänomene.

Bewußtsein und physische Welt

Von Walkers Theorie läßt sich behaupten, sie befasse sich mit den drei entscheidenden Variablen des Psi-Experiments: mit dem Beobachter, der Beobachtung und dem beobachteten System. In Walkers Theorie

Das Bewußtsein und die physikalische Welt: die Tätigkeit der Beobachtung einer Messung kann sich nicht bloß darauf beschränken, daß der vom Meßgerät registrierte Wert wahrgenommen wird. Zufallsprozesse im Gehirn können sowohl mit den subatomaren Ereignissen im Meßgerät als auch mit zu messenden Zufallsereignissen interagieren.

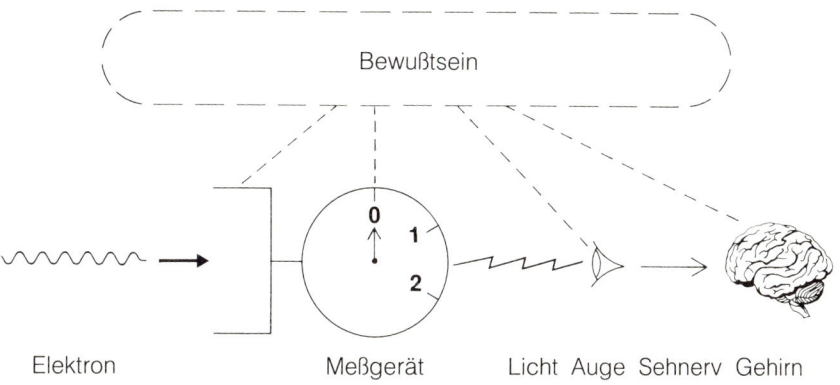

Elektron Meßgerät Licht Auge Sehnerv Gehirn

verwandeln sich diese Faktoren in Bewußtsein, Feedback und Zufälligkeit. Wie aber geht das vor sich?

Zum einen verfügt Walker über eine Theorie der Interaktion zwischen dem physikalisch meßbaren Gehirn und dem nicht meßbaren Geist oder Bewußtsein. Die Zufälligkeit kommt deshalb ins Spiel, weil das Gehirn mit seiner unglaublichen Komplexität viele Zufalls- oder Quasi-Zufallsprozesse aufweist. Das Bewußtsein aber kann, was die Funktion des Gehirns anlangt, starke Effekte erzeugen, indem es die Wellenfunktion dieser Prozesse zusammenbrechen läßt. So aber ist für Walker die Interaktion von Geist und Gehirn symmetrisch dem Zusammenwirken von Geist und Quantensystem. Einziger Unterschied ist nur, daß das eine innerhalb und das andere außerhalb des Körpers stattfindet.

Das aber kann uns nun absonderlich vorkommen, denn wir sind nicht daran gewöhnt, unser eigenes Gehirn als einen Zufallsoperator zu betrachten. In dem Walker-Modell besteht ein wesentlicher Punkt jedoch darin, daß das Gehirn nur einige Zufallsprozesse enthält. Und ein zweiter wichtiger Punkt ist wohl der, daß Sir John Eccles, Nobelpreisträger für seine Arbeit über die Funktion des zentralen Nervensystems, ganz ähnliche Vorstellungen entwickelt hat.

Aus technischen Gründen wesentlich in der Walker-Theorie ist der Faktor, daß das Bewußtsein in der Lage ist, nicht-lokal zu operieren, das heißt, daß es interagieren kann mit einem physikalischen System, das es beobachtet, anstatt vom Gehirn selbst eingeschränkt zu sein.

Das *grundlegende* Merkmal des Modells besteht darin, daß das Bewußtsein Zufallsereignisse direkt beeinflussen kann, und dies sowohl innerhalb als auch außerhalb des Körpers. Besagte Beeinflussung aber geschieht dadurch, daß die Wellenfunktionen jener Ereignisse durch den Akt der Beobachtung zusammenbrechen. Diese Vorstellung allein sagt uns freilich nicht viel. Wir müssen das Modell Stück um Stück überprüfen, um feste Vorhersagen aus ihm ziehen zu können. Die erste Variable, die wir untersuchen können, ist die Beobachtung selbst: die Verkoppelung von Bewußtsein und physikalischem System.

Beobachten und Beeinflussen

Die erste Vorhersage durch dieses Modell ist in ihren Implikationen ebenso einfach wie verheerend und lautet folgendermaßen: Wer ein

Wann kommt es zu Psychokinese? In dem Augenblick, in dem die Person die Würfel zu beeinflussen versucht, oder später, wenn die Ergebnisse festgestellt werden?

Die Prophezeiungen des Nostradamus, niedergeschrieben im 16. Jahrhundert, scheinen viele Ereignisse vorausgesagt zu haben, angefangen beim Aufstieg Napoleons bis hin zum Tod von Papst Johannes Paul I. Neue Theorien über die Wirkungsweise von Psi könnten das Phänomen der Präkognition erklären.

System nicht beobachtet, kann es nicht beeinflussen. Im Falle von Psi-Experimenten bedeutet das, daß, wer die Ergebnisse des Experiments niemals sieht, auch während des Experiments Psi nicht benutzen könnte. Diese Vorhersage führt zu einer Neuinterpretation von vielen alten Experimenten, klärt viele offenkundige Psi-Probleme, trifft einige aufregende Vorhersagen, aber bringt auch einzelne Paradoxa hervor.

Neuinterpretation: Wer aber ist es denn, der bei erfolgreichen Experimenten Psi erzeugt? Die Antwort lautet natürlich, daß die Versuchspersonen die Erzeuger sind. Die Walker-Theorie besagt, daß dem zwar so sein kann, doch wenn die Versuchspersonen die Ergebnisse nicht sehen, *dann können sie die erfolgreichen Resultate gar nicht produziert haben.* Nehmen wir als Beispiel die ASW-Experimente von Karlis Osis, die über weite Entfernungen gingen. Da Osis die Ergebnisse beobachtete, also als Feedback Resultate erhielt, während dies bei seinen Testpersonen nicht der Fall war, *muß es also Osis selbst gewesen sein,* der die Ergebnisse durch seine eigenen Psi-Kräfte hervorbrachte. Nach Walker aber handelt es sich bei der scheinbaren Abhängigkeit der ASW von der Entfernung, so wie sie uns durch Osis' Experimente belegt wird, um einen Irrtum. Denn es seien nicht die Versuchspersonen, sondern Osis sei es selbst gewesen, der die erfolgreichen Resultate herbeiführte. Es sei ein *Wunsch* gewesen, einen verminderten Punktwert aufgrund der Distanz zwischen den Versuchspersonen und den Zielen zu beobachten, und so fand diese Beobachtung denn auch statt. Osis' eigene Psi-Fähigkeit könnte dieses Ergebnis bewirkt haben, sei es nun dadurch, daß sein Bewußtsein die Wellenfunktion der zufälligen Zielproduktion kollabieren ließ, oder aber dadurch, daß die Wellenfunktionen der halbzufälligen Vermutungen seiner Versuchspersonen zusammenbrachen, und zwar ebenfalls durch sein Bewußtsein. Walker schreibt dazu folgendes: »[Das Bewußtsein] könnte den Kollaps bewirken sowohl der totalen Wellenfunktion seines eigenen Gehirns und des Gehirns einer anderen Person (Telepathie) als auch des Körpers einer anderen Person (*psychic healing*) oder eines entfernten Objekts (Psychokinese).«

Es sträubt sich etwas in uns gegen solche Erkenntnis, was freilich nicht hindert, daß sich zwei Punkte abzuzeichnen beginnen. Punkt Eins ist, daß Walkers Theorie *dem Psi-Faktor eine Begrenzung auferlegt.* Das aber ist entscheidend: ohne ein Feedback der Ergebnisse kann es keine Beobachtung und folglich auch kein Psi geben. Wenn Psi wirklich etwas leisten und alle Grenzen überschreiten könnte, würde es jeden Versuch seiner Erforschung zunichte machen. Nehmen wir zum Beispiel die ASW/Extraversions-Korrelation: Dürfen wir denn überhaupt sicher sein, daß diese Korrelation eine reale ist, oder waren es möglicherweise nur unsere Versuchspersonen, die sich der ASW bedienten, um zu erfahren, was der Experimentator wollte und diesem Wunsch dann nachzugeben? Alles, was wir jemals über Psi wissen könnten, ist, daß es existiert. Walker indes verschafft uns die Möglichkeit, Psi ein für allemal festzunageln. Hierin aber liegt der gewaltige Vorteil seines Modells.

Punkt Zwei, der uns nun klar wird, hat mit der Erkenntnis zu tun, daß wir bei unseren Untersuchungen von Psi möglicherweise die falschen Personen beobachtet haben. Wir hätten erheblich mehr replizierbare

Evan Harris Walker (Mitte) hat radikal neue Vorstellungen darüber entwickelt, wo und wann Psi-Ereignisse stattfinden.

Ergebnisse erzielen können, wenn wir unser Augenmerk auf die richtigen Objekte gerichtet hätten – das heißt auf die Leute, die die Ergebnisse beobachteten. So aber berechtigt Walkers Theorie zu der Hoffnung auf mehr replizierbare Experimente.

So daß diese Theorie nun zwei Vorteile aufweist: zum einen die Hoffnung, Psi einzugrenzen, und zum anderen die Möglichkeit, Psi auf eine zuverlässigere Weise zu erhalten. Und nun zum Wert dieser Theorie im Zusammenhang mit einigen Anomalien.

Erklärungen: Bei drei klassischen ASW-Experimenten stießen Sarah Feather – J. B. Rhines Tochter – und der Philosoph Bob Brier auf ein ganz ungewöhnliches Phänomen: die Person, die die Ergebnisse beobachtete, beeinflußte in einem hohem Maße die Punktwerte. In keinem der genannten Fälle wußten die Versuchspersonen jedoch über die Resultate Bescheid.

Wie kann nun aber ein Beobachter – und in einigen Fällen ein Beobachter, der den Versuchspersonen niemals begegnete – die Ergebnisse eines solchen Experiments beeinflussen? Wenn wir uns diesem ASW-Problem mit dem konventionellen Denkansatz nähern, müssen wir unseren Geist schon ziemlich verrenken, um zu einer Erklärung zu gelangen. Doch brauchen wir nur von Walkers Theorie auszugehen, und schon wird die Sache ganz einfach. Denn Walkers Theorie erklärt nicht nur dieses Ergebnis, *sie sagt dieses Ergebnis auch voraus.* Indem die Beobachter die Punktwerte registrieren, bewirken sie den Kollaps der Wellenfunktionen, und so beeinflussen sie selbstverständlich die erzielten Punktwerte! Das aber schaffen sie, ohne daß sie Kontakt zu den Leuten, die die Schätzungen ausführten, zu halten bräuchten – tatsächlich sind die Versuchspersonen für die Angelegenheit so wie wir sie hier meinen völlig unerheblich.

Diese Kategorie von »schwierigem« ASW-Versuchsergebnis und andere Ergebnisse werden durch Walkers Modell sogleich in offenkundige und vorhersagbare Effekte verwandelt.

Vorhersagen: Walkers Theorie sagt erstens vorher, daß Psi unabhängig von Raum und Zeit sein sollte (es sei denn, und das ist nun schon wieder amüsant, der Beobachter möchte nicht, daß sich solches in den Resultaten, die er beobachtet, bemerkbar macht!) Das geht hervor aus der Raum-Zeit-Unabhängigkeit von Beobachtungseffekten in der Quantenphysik. Diese Unabhängigkeit von der Zeit hat übrigens zu einigen herrlichen

Experimenten von Schmidt und anderen geführt, die niemals unternommen worden wären, wenn die Experimentatoren Anhänger ausschließlich der alten Psi-Vorstellungen gewesen wären. Ein ganz großer Vorteil der Walker-Theorie besteht also darin, daß sie zu neuen und entscheidenden Forschungsansätzen führen kann.

Helmut Schmidt baute einen Zufallsgenerator, der eine Reihe von Zufallsziffern hervorbrachte, die auf einem Magnetband gespeichert und von niemandem beobachtet wurden. Stunden oder Tage später zog Schmidt einige Versuchspersonen hinzu, die über Kopfhörer einer Serie von Klickgeräuschen lauschen mußten, die entweder im linken oder rechten Kanal auftauchten. Diese Personen sollten sich eine hohe Häufigkeit entweder in dem einen oder in dem anderen Ohr wünschen. Die Reihenfolge der Klickgeräusche wurde bestimmt durch die auf dem Magnetband gespeicherten Zufallsziffern. Das aber bedeutete, daß die Versuchspersonen, um in ihrer Aufgabe erfolgreich zu sein, sich der Psychokinese bedienen mußten, um *bereits in der Vergangenheit* die Aktivität dieser Schmidt-Maschine zu beeinflussen. Dieses Experiment verlief sehr erfolgreich, und die Resultate zeigten klar und deutlich, daß Personen zu solchem Tun in der Lage waren.

Darüber hinaus sagt Walkers Theorie voraus, daß, wenn die *psychische* Verfassung der Versuchspersonen zweimal gemessen worden wäre, nämlich erstens während der tatsächlichen Hervorbringung der Zufallsziffern durch den Generator und zweitens während die Versuchspersonen die Ergebnisse beobachteten – daß dann also nur die letzte Messung mit den Punktwerten der Versuchspersonen aus dem Experiment korrelieren würde. Das aber wäre eine klare Vorhersage, die testbar wäre. Es ist dringend vonnöten, Forschungsarbeiten aufgrund dieser Vorhersage durchzuführen.

Aber Walkers Theorie sagt nicht nur vorher, daß man sich einer Psi-Befähigung nicht bedienen kann, wenn kein Feedback von Ergebnissen erfolgt, sie sagt auch vorher, daß die Menge an Psi, die eine Person benutzen kann, begrenzt ist durch die Menge an Feedback, die diese Person erhält.

Geist und Maschine: die Maschine

Zufälligkeit: so heißt für Walker das Schlüsselmerkmal der menschlichen Maschine. Er behauptete, daß das Bewußtsein Psi-Ereignisse erzeuge, indem es die Wellenfunktion von Zufallsprozessen zum Kollaps bringe. Für Walker sind alle makroskopischen und rein zufälligen Prozesse Quantenvorgänge. Das ist ein mutiger und zunächst sicherlich umstrittener Gedankengang; doch auch aus ihm gehen gewisse Vorhersagen hervor.

Die erste Vorhersage ist eine ganz einfache: So lange ein System auf Zufallsbasis funktioniert, sind die Struktur, die Komplexität und die Einzelheiten der Funktion des Systems völlig unwichtig. Helmut Schmidts Befund, wonach die experimentellen Ergebnisse immer die gleichen sind, ganz egal, ob seine Testmaschine einfach oder kompliziert gebaut ist (Seite 135), dieser Befund ist genau das, was Walkers Theorie als Vorhersage meint. So lange es keine psychologischen Unterschiede in der Art gibt, in der Versuchspersonen auf verschiedene Testsysteme reagieren (und Schmidt umging dieses Problem geradezu glänzend, indem er besagte Maschinen für die Testpersonen ununterscheidbar machte), so lange ist auch kein Unterschied in der Psi-Performanz zu erwarten. Es gibt keine Ergebnisse, die diesem Standpunkt widersprechen, ja im Gegenteil: eine Menge Material bestätigt diesen Denkansatz.

Walker hat für seine Theorie weitere Unterstützung gefunden, indem er sich mit Würfelexperimenten zur Psychokinese-Erforschung befaßte. Seine Theorie sagt nicht nur vorher, daß die Beschaffenheit des zufälligen Systems irrelevant ist, *sondern daß auch die Menge an Zufälligkeiten unwichtig ist.* Je mehr Zufallsfunktionen in dem System sind, um so mehr Gelegenheit hat das Bewußtsein, die Zufallsereignisse zu beeinflussen und die Psychokinese-Aufgabe erfolgreich zu lösen. Während also die physikalische Beschaffenheit der Würfel offenbar nicht unmittelbar wichtig ist, hat Walker vorhergesagt, *daß die Anzahl der Würfe wesentlich ist.* Je mehr Würfe um so mehr Zufälligkeit; je mehr Zufälligkeit um so größer der mögliche Psychokinese-Effekt. Ergo: je mehr Würfe um so größer der mögliche Psychokinese-Effekt. Und Walker hat gezeigt, daß dem offenbar auch so ist.

Dieses Postulat zur Zufälligkeit aber hilft uns, mit einer skeptischen Argumentation zum Psychokinese-Problem fertigzuwerden, die am häufigsten von C. E. M. Hansel vorgebracht wurde. Warum, so fragt dieser rhetorisch, führte J. B. Rhine dann nicht Testungen durch, die sich mit dem direkten Effekt der wirksamen Psychokinese-»Kraft« auf das chemische Gleichgewicht befaßten und diese dann auch direkt maßen? Die

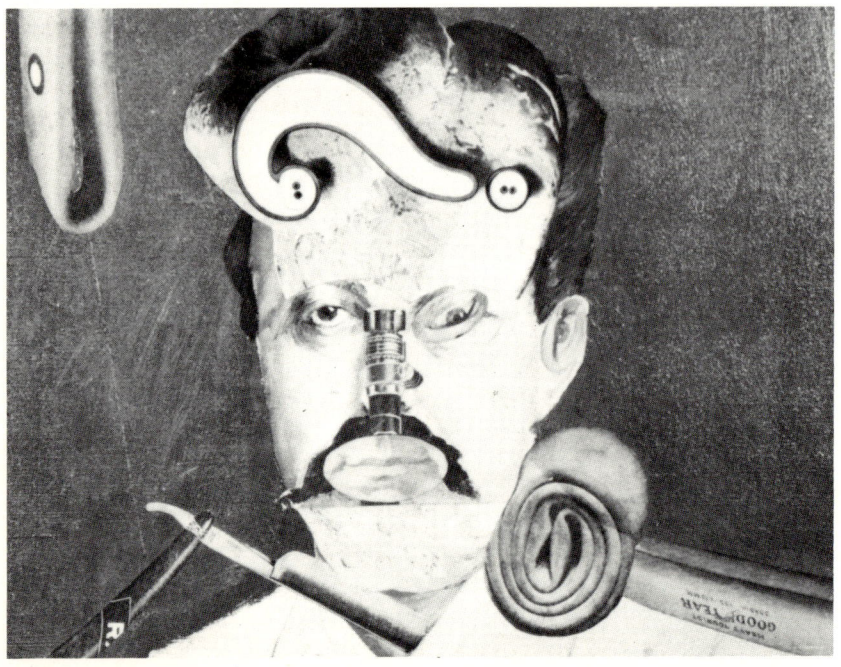

Der Geist in der Maschine: Könnte das Bewußtsein in irgendeiner Weise von dem Körper, den es bewohnt, unabhängig sein?

Antwort nach Walker liegt auf der Hand: Das dynamische System (Würfel) ist viel leichter zu beeinflussen als das statische System (Gleichgewicht). Dynamische Systeme mit der ihnen eigenen größeren Zufälligkeit sind wesentlich einfacher zu affizieren als statische Systeme. Es braucht wohl nicht erst betont zu werden, daß Hansels 1980 erschienenes Buch keinen Hinweis auf Walkers Argumente enthält.

Eine Reihe weiterer Vorhersagen hat mit der Beschaffenheit des Gehirns als Zufallssystem bei ASW-Experimenten zu tun, und diese Vorhersagen sind wahrscheinlich die am besten belegten. Doch auf sie werden wir später zurückkommen.

Geist und Maschine: der Geist

Und so haben diese Vorhersagen auch mit dem Bewußtsein zu tun, das einst von Gilbert Ryle spöttisch als »Geist in der Maschine« bezeichnet wurde. Und das ist es auch, obwohl ein – wie Walker behauptet – höchst effektiver Geist.

Die erste wichtige Komponente des Bewußtseins ist für Walker das erstrebte Ziel: Was wünscht der Beobachter zu sehen und weshalb wünscht er das? Dieser Parameter wird den Kollaps der Wellenfunktion beeinflussen. Es handelt sich hier um ein rein psychologisches Forschungsniveau, da man eine Antwort nur durch Fragen an den Beobachter (oder durch Manipulation seiner Wünsche) bekommen kann.

Allerdings behauptet Walker, daß der Fähigkeit des Bewußtseins, physikalische Systeme zu beeinflussen, Grenzen gesetzt seien. Und er erklärt, daß das Bewußtsein nur so und so viel pro Zeiteinheit leisten kann, wenn jene (übrigens mathematisch begriffene) *Informationsmenge* einem Limit unterliegt, die das Bewußtsein in ein zufallsgebundenes physikalisches System »einspeisen« kann, um die Ergebnisse von Zufallsprozessen in eine bestimmte Richtung zu lenken.

Damit uns klar wird, wie sich diese Vorhersagen testen lassen, wenden wir uns nun einigen von uns bereits behandelten Psi-Experimenten zu, die wir jetzt jedoch unter einem anderen Blickwinkel angehen.

Walkers Theorie produziert eine verblüffende Vorhersage: Verfügt der Testleiter über eine gute Versuchsperson, so beläuft sich die »Antizufallswahrscheinlichkeit« der durch diese Person vorgenommenen Schätzungen *auf immer den gleichen Wert,* ganz egal, ob wir es mit einer Zufallswahrscheinlichkeit von 50, 25, 20 oder 10 Prozent zu tun haben – oder meinetwegen auch von 70, 60 oder 90 Prozent. Zu dieser Vorhersage kommt es deshalb, weil die Statistik, mit deren Hilfe die »Antizufallswahrscheinlichkeit« errechnet wird, Informationen mißt, und Walker stellt fest, daß das Bewußtsein eine konstante Informationsmenge in das System einspeist. Daher wird sich die statistische Signifikanz unserer Ergebnisse – also die »Antizufallswahrscheinlichkeit« – als eine Funktion der grundlegenden Chancenwahrscheinlichkeit nicht ändern.

Diese Vorhersage unterscheidet sich stark von denjenigen, denen wir bei anderen Psi-Modellen begegnen würden. Nehmen wir zum Beispiel ein attraktives Psi-Modell, das behauptet, Psi werde bereits bei wenigen

Durchgängen wirksam, und wenn dem so ist, kann der Versuch als erfolgreich gelten (der Alles-oder-nichts-Effekt). Wie oft aber Psi wirksam wird – sagen wir bei einem oder zwei oder fünf Prozent der in einem ASW- oder Psychokinese-Experiment vorgenommenen Schätzungen – dieser Wert bleibt sich durch die Zeit hindurch mehr oder weniger gleich. Das ist eigentlich eine recht angenehme Vorstellung, nur daß die darin enthaltene Vorhersage eine völlig andere ist als die von Walker. Denn wenn die grundlegende Zufallswahrscheinlichkeit auf immer niedrigere Werte herabsinkt, müßte die »Antizufallswahrscheinlichkeit« stark zunehmen. Und warum? Weil, wenn die grundlegende Zufallswahrscheinlichkeit sehr hoch ist, die meisten Psi-Erfolge durch Zufallstreffer verundeutlicht werden.

Hier ein Beispiel. Wir haben eine Versuchsperson, die in der Lage ist, bei zehn Prozent aller Durchgänge Psi zu benutzen, ganz egal, ob es sich um Schätzungen bei einem ASW-Experiment oder bei einem Psychokinese-Würfel-Experiment handelt. Wir setzen diese Person vor einen Zufallsgenerator, der zehn Kanäle besitzt, und wir sorgen dafür, daß 90 Prozent der erzeugten Impulse Treffer sind. Unsere Person bedient sich ihrer Psychokinese-Fähigkeit bei zehn Prozent von 100 Durchgängen, das aber heißt, sie müßte zehn Extratreffer erzielen. Nur – so funktioniert die Sache nicht. Denn bei den restlichen 90 Durchgängen ist ebenfalls der Zufall im Spiel: bei 90 Prozent dieser 90 Durchgänge (das heißt also 81) werden ebenfalls Zufallstreffer registriert. Gesamtpunktwert: 91 Treffer, also genau ein Treffer über der Zufallserwartung.

Nun setzen wir die Person vor die gleiche Maschine, mit dem einzigen Unterschied, daß die Programmierung des Geräts nur zehn Prozent der Impulse als Zufallstreffer zuläßt. Dieses Mal verzeichnet die Person zehn Treffer durch Psychokinese und zehn Prozent der übrigen neunzig (also neun) durch Zufall – das sind insgesamt 19 Treffer, also neun über der Zufallserwartung.

Wie wir jetzt sehen, muß das Alles-oder-nichts-Modell vorhersagen, daß viel bessere Punktwerte erzielt werden, wenn die grundlegende Zufallswahrscheinlichkeit niedrig ist. Wie wir jedoch gesehen haben, sagt Walker vorher, daß die »Antizufallswahrscheinlichkeit« für die Punktwertung immer die gleiche bleiben wird, egal wie die grundlegende Zufallswahrscheinlichkeit beschaffen sein mag.

Mathematisch vorgebildete Psi-Forscher haben präzise Modelle konstruiert, die bei verschiedenen Psi-Versuchsanordnungen zeigen, wie sich die Punktwerte ändern sollten, wenn sich die Zufallswahrscheinlichkeit ändert.

Wir befassen uns hier mit etwas, das noch vor 20 Jahren so gut wie undenkbar gewesen wäre: mit präzisen mathematischen Feststellungen darüber, wie Psi operieren sollte. Die alles andere als zahlreichen Experimente, die sich für diese Vorhersagen relevant erweisen, scheinen Walkers Theorie zu stützen, doch hat man sie noch nicht auf ihre psychologischen Faktoren hin untersucht (beispielsweise auf Ermüdungserscheinungen oder Erfolgsmotivation).

Zufallsmuster: Könnte es nicht sein, daß Zufallsereignisse im Gehirn, in der Welt überhaupt und im subatomaren Bereich jene Phänomene erzeugen, die wir mit Psi bezeichnen?

Zusammenfassung

Angesichts einer so vielgestaltigen und schwierigen Theorie ist es nun an der Zeit, ihre guten und schlechten Seiten zusammenzufassen.

Vier Aspekte sprechen zugunsten dieser Theorie. Erstens ist sie logisch schlüssig. Zweitens dünken einem die zugrundeliegenden physikalischen Gesetze ungewöhnlich, doch sind sie nicht widersinnig. Drittens trifft die Theorie zahlreiche testbare Vorhersagen. Und viertens wird sie bestätigt durch viele experimentelle Ergebnisse, die sich bislang einer rationalen Analyse entzogen haben.

Trotzdem bleiben gewisse Schwierigkeiten bestehen. Die Theorie widerspricht dem gesunden Menschenverstand – doch wie wir sahen, tut das auch die Quantenphysik. Das Problem multipler Beobachtungen bildet die Crux der ganzen Theorie, und es wird so lange die Achillesferse des gesamten Modells sein, so lange man für diesen Bereich keine Lösung gefunden hat. Im Zusammenhang mit dem gesunden Menschenverstand, der sich an dieser Theorie stört, steht die Tatsache, daß diese Theorie weder spontane Psi-Ereignisse noch viele Experimente zu berücksichtigen scheint. Trotzdem haben wir es hier mit einem fruchtbaren Denk- und Forschungsansatz zu tun.

So wird zum Beispiel eine Neuinterpretation der erfolgreichsten Arbeit in der Parapsychologie möglich – wir meinen die Experimente mit den »veränderten Zuständen«, einschließlich der Traum-ASW, Hypnose, Ganzfeld-Technik usw.

Doch sollte hier ein weiterer Punkt berücksichtigt werden: wir meinen den *Experimentator-Effekt*. Obgleich die Unterschiede zwischen verschiedenen Forschern erheblich übertrieben werden, trifft es doch zu, daß es manche Forscher gibt – unter ihnen an hervorragender Stelle Helmut Schmidt, Charles Honorton und William Braud –, die offenbar bei fast allen ihren Untersuchungen Psi erzielen, während andere in keinem einzigen Fall auf Psi zu stoßen scheinen. Dieses Phänomen ist wahrscheinlich großenteils auf psychologische Faktoren zurückzuführen, doch gibt es noch eine weitere Erklärung (wobei sich die beiden Möglichkeiten nicht auszuschließen brauchen, ja es können beide ein Stück von der Wahrheit enthalten). Es kann nämlich durchaus sein, daß die erfolgreichen Experimentatoren deshalb so gut abschneiden, weil sie selbst paranormale Fähigkeiten besitzen – oder weil sie, wie Walker es ausdrückte, über »starke Psi-Quellen« verfügen.

Um diesen Punkt untersuchen zu können, hat man vorgeschlagen, diese erfolgreichen Experimentatoren sollten doch das Feedback, das sie aus ihren eigenen Untersuchungen beziehen, so gering wie möglich halten. Wenn Walkers Theorie richtig wäre, dann wären sie in diesem Fall nicht mehr in der Lage, ihre eigene Psi-Fähigkeit entscheidend einzusetzen. Brian Millar, seines Zeichens Forscher aus Utrecht und erfolgloser Experimentator in der Geschichte der Wissenschaft, behauptet, daß die Psi-Fähigkeit dann wirklich abnehmen würde. Und er fügt die provozierende Fußnote hinzu, wonach man sich nur an die heutigen Parapsychologen halten müßte, wenn man erfahren wollte, wo denn all die großartigen Medien von gestern geblieben seien.

Es gibt zwei wesentliche Wege, um sich mit Walkers Theorie auseinanderzusetzen. Die eine Möglichkeit ist die, daß man besagte Theorie als eine exakte Formulierung betrachtet, die man experimentell rasch überprüfen und für falsch oder richtig erklären kann. Und die andere Möglichkeit besteht darin, daß man etwas behutsamer vorgeht und von vornherein impliziert, daß dieses Modell einige Elemente enthält, an denen nichts auszusetzen ist, während andere von der intuitiven Kategorie sind und wieder andere einen bereits etwas zweifelhaften Charakter aufweisen. Man sollte sich nicht fragen: »Ist diese Theorie richtig?«, sondern: »Ist diese Theorie ein Schritt in die richtige Richtung?« Der Grund dafür, daß die letzte Frage aller Wahrscheinlichkeit nach die gewinnbringendere ist, läßt sich schon daraus ersehen, daß dieses Modell mannigfaltige Experimente möglich macht und klare Vorhersagen trifft über das, was geschehen wird. Das aber ist die wichtigste Aufgabe und Funktion einer guten Theorie und überdies ein Charakteristikum, das sie zum Beispiel John Hasteds Spekulationen über multiple Universen überlegen macht.

Hasted behauptet, daß Psi-Ereignisse dann stattfänden, wenn es zu einer Art Kommunikation zwischen parallelen Universen kommt (die wahrscheinlich durch ein Bewußtsein bewirkt wird, das – wie in Walkers Modell – auf Zufallsprozesse einwirkt). Eine interessante Spekulation, die möglicherweise mit gewissen Psi-Erscheinungen oder gar -gesetzmäßigkeiten übereinstimmt. Nur ist eben die große Frage, wie man diese Vorstellung experimentell denn auch testen könnte.

Neue Wege

Unserer Meinung nach werden sich in naher Zukunft viele Forscher mit Walkers Theorie auseinandersetzen. Es gibt auch schon einige europäische Wissenschaftler, die sich dieser Theorie widmen – die Ergebnisse sind bislang recht zufriedenstellend. Das mag den Leser kalt lassen. Trotzdem kommen wir nicht um die Frage herum, was denn nun das Verbindungsglied sein könnte zwischen spontanem, emotionalem Psi – also Telepathie, Hellsehen, Präkognition – und dieser sonderbaren Sprache, die mit Begriffen arbeitet wie Zufälligkeit, Beobachtungen, Wellenfunktionen und Zufallsgeneratoren?

Aber wahrscheinlich ist es falsch, diese beiden Dinge gegeneinanderzusetzen. Walker befaßt sich mit der Mechanik von Psi. Seine Theorie würde niemals behaupten, Aussagen über die Psychologie von Psi treffen zu können – wie sie funktioniert und welcher Art ihre Aufgaben sind. Walkers Theorie eignet sich ganz einfach nicht dazu, einem das Staunen über die spontanen Psi-Ereignisse zu nehmen, genauso wenig wie eine Erklärung des Wahrnehmungsmechanismus unserer Augen keinesfalls begründen könnte, warum wir zum Beispiel ein Van-Gogh-Gemälde als so wunderbar erleben. Versuche, die den Psi-Ereignissen zugrundeliegenden Gesetze zu erforschen sollten nicht als Bemühungen gewertet werden, mit dem Ziel, Psi fortzuinterpretieren, und genauso wenig sollte die ganze Forschungsarbeit als irrelevant für die Psi-Erscheinungen im Alltagsleben angesehen werden.

10 Gibt es ein Leben nach dem Tode?

Wir haben uns bis jetzt im wesentlichen mit dem anwachsenden wissenschaftlichen Material befaßt, das darlegt, wie Psi funktionieren könnte, wann es am effektivsten wirksam wird, von wem es am effizientesten genutzt werden kann, was es zu leisten in der Lage ist usw. Das hinderte uns freilich nicht, die Hauptfrage zu ignorieren, die die Vorstellungskraft der ersten systematischen Psychoforscher befeuerte: Überlebt der Mensch seinen körperlichen Tod? Für die Wissenschaftler, die im letzten Viertel des neunzehnten Jahrhunderts tätig waren, reichte der Glaube allein nicht mehr aus. Gedrängt durch den siegreichen Materialismus, durch die Evolutionstheorie und den wissenschaftlichen Atheismus ihrer Zeit, waren sie fest entschlossen, ein Überleben nach dem Tode nicht bloß zu vermuten, sondern, wenn irgend möglich, auch nachzuweisen.

Die Existenz von Psi läßt den Schluß zu, daß der Geist oder die Seele auch außerhalb des Körpers operieren können. Dieser Schluß wird durch die Existenz von Psychokinese bestätigt. So würde also der nächste Schritt logischerweise in der Suche nach einschlägigen Beweisen für die Loslösung des Geistes vom Körper bestehen. Das erste Phänomen, mit dem wir uns in diesem Zusammenhang befassen, sind die sogenannten »Erlebnisse außerhalb des Körpers« (OOBE – *out-of-the-body-experience*), die im Deutschen meist als Astralleib-Erfahrungen bezeichnet werden; die Begriffe Astralprojektion oder Astralexkursion bzw. Astralwanderung meinen das gleiche Phänomen. Hier ein typischer, wenn auch sehr kurzer und wenig detaillierter Bericht eines achtjährigen Jungen zu diesem Thema:

»Da ist mir eine komische Sache passiert. Ich lag gerade im Bett und las irgendwas, das spürte ich, wie ich mich in die Luft erhob. Ich schien mich zur Decke hinauf zu erheben. Dann schaute ich hinunter und sah mich selbst im Bett liegen. Langsam kam ich wieder runter. Ich schrie auf . . .«

Finden solche Erlebnisse wirklich statt oder handelt es sich dabei nur um Halluzinationen? Wenn der Geist (die Seele oder das Bewußtsein) auf diese Art zeitweise den Körper verlassen kann, kann er dies dann auch ein für allemal tun – zum Zeitpunkt des eintretenden Todes? Näher ins Auge fassen können wir diese Möglichkeit anhand einer bestimmten Astralexkursion – der sogenannten »Todesnähe-Erfahrung« (NDE – *near-death-experience*), bei der die Leute, als sie dem Tod schon sehr nahe waren, angeblich ihren eigenen Körper verließen, um jedoch später in diesen wieder zurückzukehren.

Unser nächster Schritt sollte darin bestehen, daß wir uns mit dem Standpunkt auseinandersetzen, der ein Weiterwirken des Geistes oder ein Weiterleben der Seele *nach dem Tode* postuliert – gemeint sind hier Apparitionen, Botschaften durch Medien und Belege für »vergangene Leben«, die aus hypnotischen Regressionen herrühren oder aber aus den

Die sogenannten Astralexkursionen – bei denen das Bewußtsein den Körper zu verlassen scheint und nach Belieben umherschweift – wurden von Psychologen unter der weniger romantischen Formel »Erlebnisse außerhalb des Körpers« (OOBE – out-of-the-body-experience) untersucht. Nebenstehende Illustration zu einer Edgar-Allan-Poe-Erzählung bebildert diese Erfahrung.

direkten Befragungen von Leuten, die von sich behaupteten, Reinkarnationen zu sein.

Kann es ein endgültiges wissenschaftliches Verdikt zur Frage eines Überlebens nach dem Tode geben? Die Antwort kann nur Nein lauten. So kann zum Beispiel ein Medium genaue Informationen über jemanden geben, der tot ist. Und wir selber können Dokumente konsultieren und Augenzeugen befragen, deren Aussagen uns dahingehend überzeugen, daß die erlangten Informationen den Tatsachen entsprechen und nur durch paranormale Mittel zu uns gelangten. Das aber beweist nicht, daß der oder die Tote irgendwie überlebt hat und uns nun diese Informationen zukommen läßt. Denn das Medium selbst kann sich ja seiner ungewöhnlichen Psi-Kräfte – oder seiner Super-ASW – bedient haben, um von lebenden Zeugen (Telepathie) oder aus Dokumenten (Hellsehen) Informationen einzuholen. Mit dieser Möglichkeit, wonach eine Super-ASW eine alternative Erklärung für ein Überleben nach dem Tode liefern könnte, werden wir uns später noch eingehender befassen.

Und auch wenn wir keine wissenschaftlich hieb- und stichfesten Schlußfolgerungen ziehen können, können wir doch das Für und Wider des vorhandenen Beweismaterials abwägen, wie dies eine Jury oder ein Richter tut. Lassen sich die Befunde, mit denen wir uns befassen werden, am vernünftigsten und triftigsten so interpretieren, daß wir wieder beim Überleben nach dem Tode landen? Wir verfügen zwar über kein endgültiges, wissenschaftliches Urteil in dieser Frage, aber ein provisorisches, vernünftiges können wir erreichen.

Der Geist außerhalb des Körpers

»Ich war sehr müde, körperlich erschöpft, aber mein Geist war rege. Ich legte mich an diesem Nachmittag für ein Weilchen auf mein Bett, um mich auszuruhen. Ich verspürte ein seltsames Prickeln in meinen Gliedmaßen und dann hörte ich einen Summton... Ich war mir irgendeines

Astralwanderungen: Zwei Übersichten

I Wie verbreitet sind Astralexkursionen?

Land	Erfassungs-jahr	Stich-proben-umfang	Prozent an Berichten von zumindest einer Astralleib-erfahrung
Duke University, USA	1954	155	27
Oxford University, England	1967	380	34
Southampton Univ., England	1967	115	19
USA (Haschischbenutzer)	1971	150	44
Island	1977	902	8
Surrey University, England	1978	132	11
Univ. of Virginia, USA	1979	268	25
Virginia (Ansässige), USA	1979	354	14
Univ. of New England Australien	1980	177	16

II Häufigkeit von Astralwanderungen

Prozentualer Anteil von Leuten mit Astralleib-erfahrungen

Eine Astralexkursion	60,9
Zwei	8,9
Drei	5,3
Vier	2,3
Fünf	1,7
Sechs oder mehr	20,9

Aus einer 1968 in Großbritannien durchgeführten Untersuchung

Drucks um mich herum oder in meinem Kopf bewußt, und dann hatte ich das Gefühl, sehr rasch durch einen dunklen Tunnel zu fahren ... das ging zu Ende, und als ich mich umschaute, entdeckte ich, daß ich selbst einige Handbreit in der Luft in meinem Schlafzimmer schwebte. Ich schaute hinunter und sah meinen Körper unter mir. Seltsamerweise hatte es mir ganz besonders eine Art Spinnwebmuster auf meinem Kleiderschrank angetan ... Ich bekam etwas Angst und wünschte mich selbst in meinen Körper zurück. Ich wurde wie an einer Schnur oder an einem Faden nach unten gezogen, und es schien mir, obwohl ich mir dessen nicht völlig sicher bin, als schlüpfte ich durch meinen Kopf in meinen Körper zurück. Ich tat einen kleinen Hüpfer und setzte mich auf. Es war alles völlig unerwartet gekommen. Als ich wieder zu mir gekommen war, beguckte ich mir den Kleiderschrank von oben ... und tatsächlich: das sonderbare Spinnwebmuster war wirklich da.«

Das ist also eine Astralleib-Erfahrung. Derartige Erfahrungen sind nicht selten. Manche Befragungen lassen vermuten, daß 10 bis 25 Prozent der Bevölkerung zumindest eine solche Erfahrung erlebt haben, während ein geringer Prozentsatz über *wiederholte* Astralwanderungen berichtete.

Kann die Behauptung, wonach der Geist den Körper verläßt, erhärtet werden durch Aussagen, wonach eben dieser Geist Ereignisse wahrnimmt, die in einiger Entfernung von seinem Körper stattfinden?

Zu diesem Problem hat man einige ausgezeichnete Experimente durchgeführt. Charles Tart in Kalifornien hat gezeigt, daß eine seiner weiblichen Versuchspersonen, die sich Astralexkursionen selbst induzieren konnte, eine fünfstellige Zahl korrekt erriet, die man in dem Zimmer, in dem die Frau lag, auf dem Kleiderschrank plaziert hatte. Und das schaffte diese Frau, obwohl ihr Kopf mit Drähten an ein EEG-Gerät angeschlossen war, das heißt sie hätte, um aufstehen zu können, diese Drähte erst einmal entfernen müssen. Ein noch ausgeklügelteres Experiment führte Karlis Osis in New York durch. Er bediente sich einer

Versuchsperson, die wiederholt Astralleib-Erfahrungen gehabt hatte. Diese Person hielt sich in einem Zimmer auf, während Osis selbst in einem anderen Zimmer ein Gerät aufbaute, das auf einem Bildschirm ein optisches Ziel zeigte. Dieses Ziel freilich konnte nur derjenige sehen, der direkt vor dem Gerät stand. Die Versuchsperson aber erriet dieses Ziel immer dann, wenn sie sich ihrer Wahl sicher gewesen war. Osis' Experiment wollte logisch beweisen, daß die Versuchsperson, um das Ziel richtig zu erraten, ihren Körper verlassen mußte. Leider aber hat diese Logik einen Haken, denn wir wisen, daß ASW auch die winzigsten Symbole entdecken und daß Psychokinese auch unbekannte Zielsysteme beeinflussen kann. Kurzum, es kann sich bei Osis' Resultaten auch um ganz gewöhnliche Psi-Effekte handeln. Die Astralwanderung kann nicht mehr und nicht weniger als eine gleichzeitige Halluzination sein.

Eine ähnliche Folgerung können wir aus zwei weiteren Experimenten ziehen, über die John Palmer berichtete. Bei diesen Experimenten induzierte Palmer einigen freiwilligen Versuchspersonen mit Erfolg Astralleib-Erfahrungen. Beim ersten Versuch benutzte er ein visuelles rotierendes Spiralfeld, während er beim zweiten Experiment mit der Ganzfeld-Technik arbeitete, das heißt den Versuchspersonen wurde suggeriert, daß sie eine Astralwanderung machen müßten, um ein Zielbild, das ein Gerät in einem anderen Zimmer zeigte, richtig zu identifizieren. Bei dem ersten Experiment lag der Gesamtpunktwert unter der Zufallserwartung, und die Personen, die Astralleib-Erfahrungen gehabt hatten, legten ein signifikantes Psi-Missing an den Tag. Beim zweiten Versuch war genau das Gegenteil zu beobachten.

Der springende Punkt ist, daß diese Ergebnisse *genau die gleichen* sind wie John Palmer sie bei gewöhnlichen Ganzfeld-ASW-Experimenten ohne Astralexkursions-Berichte erzielte, wobei die ausgeprägtesten ASW-Resultate von den Personen stammten, die durch das Experiment am stärksten affiziert wurden (das heißt von den Personen, deren Bewußtseinszustand sich am intensivsten geändert hatte). Daraus aber kann man schließen, daß die Astralleib-Erfahrung irrelevant sein könnte. Was wirklich zählt, sind die Entspannung und der Ganzfeld-Effekt.

Diese Möglichkeit wird noch unterstützt durch die Versuche von Targ und Puthoff in Kalifornien, bei denen die Empfänger eine Szene zu beschreiben versuchen, die irgendwo im Labor von einem Sender aufgesucht wird. Bei diesen Experimenten gab es einige Personen, die behaupteten, außerhalb ihres Körpers gereist zu sein und den Sender »gesehen« zu haben, doch hat es genauso zahlreiche andere Personen gegeben, die keine derartige Erfahrung zu verzeichnen hatten. Könnten Astralexkursionen also reine Illusion sein?

Obwohl Medizin und Psychiatrie einiges über die mögliche illusorische Qualität von Astralprojektionen zu sagen haben, sind bislang zu wenige Experimente durchgeführt worden, als daß man diese Phänomene als bloße subjektive Halluzinationen abtun könnte. Fairerweise muß auch gesagt werden, daß die Personen, die in Palmers Experimenten über Astralleib-Erfahrungen berichteten, eine qualitativ völlig andere Erfahrung machten als die üblichen Astral-Reisenden. Denn für die ersteren kann die Astralexkursion eine Illusion gewesen sein, was aber für die

Der kalifornische Psychologe Charles Tart berichtet, daß eine seiner Versuchspersonen während einer Astralexkursion Informationen aus der Ferne einholen konnte.

letzteren nicht der Fall gewesen zu sein braucht. Daher ist es wichtig, daß man in solchen Experimenten häufiger »kampferprobte« Astralreisende benutzt.

Und das war auch der Fall bei einer Untersuchung, die Robert Morris und seine Kollegen im Jahr 1976 durchführten und in deren Verlauf Stuart Blue Harary, ein erfahrener Astralreisender, getestet wurde. Morris meinte, man könnte die Frage, ob wirklich irgendetwas Hararys Körper während einer Astralwanderung verließ, dadurch beantworten, daß man sich eines Menschen oder eines Tieres als Monitor bediente, der auf dieses etwas reagieren könnte. Als einen solchen Monitor wählte man Hararys Hauskatze aus. Die Katze wurde in einer gewissen Entfernung von Harary in einen abgeschirmten Raum gebracht, und dann unternahm Harary während einer Hälfte des Versuches seine »Reise« zu dieser Katze. In der Zeit, in der Harary seine Astralleib-Erfahrung hatte, saß die Katze ganz still und zufrieden da. Sie miaute kein einziges Mal. Doch während der zweiten Hälfte des Experiments wurde die Katze unruhig und miaute 37 Mal. Zwischen Null und 37 besteht ein gewaltiger Unterschied, und Harary scheint das Tier tatsächlich beeinflußt zu haben. Interessanterweise waren bei einer anderen Katze, zu der Harary keine Beziehung hatte, nicht die geringsten signifikanten Resultate zu verzeichnen.

Hat also Harary wirklich seinen Körper verlassen? Abgesehen von der Reaktion der Katze gab es während eines Stadiums des Experiments einen Apparitionsschatten, den einer der Experimentatoren beobachtete. Doch selbst damit ist noch nichts bewiesen, denn Harary könnte ja auch Psychokinese benutzt haben, um die Katze und besagten Experimentator zu beeinflussen. Das gleiche Problem gilt für einige Experimente, die Karlis Osis in jüngerer Zeit durchführte. Bei diesen Versuchen wurde ein »Sehen des Zieles« durch ASW von Signalen begleitet, die (wie bei Hasteds Untersuchungen zum Metallbiegen) von einem in der Nähe befindlichen Meßgerät stammten.

John Palmer meinte, man könne Astralexkursionen klarer nachweisen, wenn es einem gelänge zu belegen, daß Psi-Effekte, die mit Astralexkursions-Berichten zusammengehen, *ihrem Typus nach* sich von Psi-Effekten ohne Astralprojektion unterschieden. Das ist sicherlich ein interessanter Denkansatz. Doch haben andere Forscher, die im Verlauf von Astralwanderungen eine Veränderung der Hirnwellenaktivität festzustellen versuchten, nur widersprüchliche Ereignisse erzielt.

So aber können wir heute keine klare Aussage darüber treffen, ob es sich beim »Erlebnis außerhalb des Körpers« um ein subjektives oder reales Phänomen handelt. Doch da Astralexkursions-Berichte mit starken Psi-Effekten einherzugehen scheinen, könnte die Astralwanderung dem Psi-Geschehen stark förderlich sein.

Todesnähe-Erfahrungen

Robert Crookall, einer der frühen Chronisten des Astralwanderungs-Phänomens, stellte fest, daß Astralwanderungen, teilweise durch starke

Merkmale von Erfahrungen in Todesnähe

1. *Unbeschreiblichkeit.* Sehr schwierig, alle Aspekte der Erfahrung in Worte zu fassen.

2. *Wissen über andere.* Obwohl buchstäblich bewußtlos, bekommen manche Leute durchaus mit, was um sie herum vor sich geht.

3. *Ruhe.* Starker Eindruck von Ruhe und Frieden.

4. *Sirrendes oder schwirrendes Geräusch.* Auditive Erlebnisse wie »Sirren«, »Läuten einer lauten Glocke«, »Pfeifen wie vom Wind«. Häufig als unangenehm erlebt.

5. *Der schwarze Tunnel.* Das Erlebnis, sich rasch durch einen »schwarzen Tunnel«, durch einen »langgestreckten Keller« oder ein »Tal« zu bewegen.

6. *Der Astralleib-Aspekt.* Das Gefühl, neben dem physischen Körper noch einen anderen zu besitzen. Wird als große Überraschung erlebt.

7. *Begegnungen.* Diese finden mit den »Geistern« von Leuten statt, die man gekannt hat und die bereits gestorben sind.

8. *»Verstörte Geister«* (selten). Manche Personen begegnen Leuten, die tot und an ein bestimmtes Objekt, eine Person oder eine Gewohnheit gebunden sind; diese Leute vermitteln einen gequälten Eindruck; auch kommen sie einem menschlicher vor als andere »Geister«.

9. *Das Lichtwesen.* Die Erscheinung eines Wesens, das aus leuchtendem, aber nicht blendendem Licht besteht und intensive Freude, Liebe und Wärme ausstrahlt. Kaum beschreibbar. Häufig als ein Führender bewertet.

10. *Der Rückblick.* Dieses Lichtwesen lenkt die Aufmerksamkeit zurück auf das eigene vergangene Leben, auf die eigenen Taten und ihre Konsequenzen. Dieses Erlebnis ist nicht-verbal, ohne Anschuldigung.

11. *Die Vision vom Wissen* (selten). Kurze Einblicke in eine völlig separate Daseinsdomäne, worin alles Wissen in einem zeitlosen Zustand zu koexistieren scheint. Gar nicht beschreibbar.

12. *Städte aus Licht* (selten). Manchmal auf fast schon biblische Weise als Himmelreich beschrieben; Flüsse wie Glas, Gebäude aus Kristall; alles von Licht durchtränkt.

13. *Die Grenze.* Sie besteht aus Wasser, aus einer Linie, einem Gatter, einer Tür oder einem grauen Nebel; deren Überschreitung bedeutet, daß man den Tod akzeptiert hat.

14. *Errettung oder Begnadigung* (selten). Der Glaube, daß das Lichtwesen oder eine andere Kraft einen begnadigt oder vom Tod errettet.

15. *Die Rückkehr.* Sie wird häufig zunächst als enttäuschend erlebt; vor allem dann, wenn die betroffene Person bereits klinisch tot gewesen ist.

16. *Auswirkungen auf das spätere Leben.* Sie sind als sehr positiv zu bezeichnen. Keine Angst vor dem Tod mehr und gelegentliche Berichte darüber, daß ein stärkeres Einfühlungsvermögen gegenüber anderen Leuten einsetzte. Mögliche Entwicklung von Psi.

17. *Reaktionen von Mitmenschen.* Häufiges Unverständnis, Ungläubigkeit. Die Leute reden deshalb nicht gerne über Erfahrungen in Todesnähe.

Die christliche Vorstellung von der Hölle. Manche Personen mit todesnahen Erfahrungen wußten über eine Art Urteilsspruch zu berichten und über Zwischenreiche, bewohnt von unglücklichen und verstörten Geistern.

Ängste, Streß oder andere Schädigungen erzeugt würden. Interessant dabei ist, daß Crookall und andere es vermieden, zu viel Nachdruck auf streßinduzierte Astralexkursionen zu legen, weil sie befürchteten, die Astralwanderungen könnten als Halluzinationen vom Tisch interpretiert werden. Doch hat man in den letzten Jahren den Astralprojektionen die streßinduziert waren, erhöhte Aufmerksamkeit gezollt. So hat Raymond Moody über 300 Fälle sogenannter »Todesnähe-Erfahrungen« gesammelt. Bei diesen Fällen handelte es sich um Personen, die stark gestreßt, schwer verletzt oder klinisch sogar für tot erklärt worden waren, sich aber später wieder erholten. Hier nun ein ziemlich typisches Beispiel für eine Todesnähe-Erfahrung, über die einem von uns berichtet wurde (die in Klammern genannten Zahlen beziehen sich auf die Merkmale dieses Phänomens, die wir auf Seite 160 zusammengetragen haben).

»Das ist sehr schwierig zu erklären für mich, schwer auszudrücken ... es sind da so manche Dinge, die ich nur schwer vermitteln kann (1).

Ich war in einen Autounfall verwickelt [es folgen Einzelheiten]. Ich war mir dunkel der Aktivitäten um mich herum bewußt, und Leute schrien herum, aber an viel davon kann ich mich nicht erinnern (2). Ich fühlte mich sonderbar ruhig, sehr gelassen, so als würde mich das alles kaum mehr was angehen (3). Und langsam das Bewußtsein, als führe ich irgendeinen langen Wasserfall hinunter (5), und weiter ging's, immer mit einer Trübung um mich herum. Ich glaube nicht, daß ich wußte, was ich nun war. Doch in der Ferne sah ich ein Licht ... einen Lichtball sozusagen. Er bewegte sich langsam auf mich zu, und als er näherkam, da war dieses Licht so hell, so rein, aber nicht daß es blendete (9) ... Dieses Licht, ich kann einfach nicht sagen, was es wirklich war ... es war nicht Gott oder Christus oder irgendwas in der Art, sondern es war jemand, eine wirksame Kraft ... Ich hatte das erstaunliche Gefühl, daß mir dieses Licht völlig wohlgesinnt war. Dahinter tauchten Gebäude oder sowas auf, alle hell erleuchtet (12) ... auch gab es noch andere Lichter, von denen ich heute meine, daß es sich um Geister oder sowas handelte, doch erinnere ich mich an keinen von ihnen als jemanden, den ich mal gekannt hätte ... Das Licht machte plötzlich eine Bewegung auf mich zu. Es zeigte oder schien sich irgendwie nach unten zu orientieren ... Ich realisierte, daß ich zu mir selbst zurückkehrte, in meinen Körper, in mein Leben. Obgleich es merkwürdig klingen mag, war ich mir doch nicht so sicher, ob ich das als angenehm empfand. Dieses Licht war so angefüllt mit allem Guten, daß ich fast meine, ich hätte bleiben wollen. Doch es verging ... und schließlich kam ich wieder zu mir (15). Ich war bei dem Autounfall sehr schwer verletzt worden.«

Nun hatte aber diese Person von Moody und seiner Arbeit nie etwas gehört, weshalb es um so verblüffender ist, daß viele Merkmale der hier geschilderten Erfahrung den von Moody zusammengetragenen Erfahrungswerten stark ähneln. Die Hauptkomponente, die diesem Bericht freilich abgeht, ist das, was Moody *the review* (den Rückblick) nennt. Dabei lenkt das Lichtwesen auf nicht-verbale Weise die Aufmerksamkeit der betreffenden Person auf deren Leben und vergangene Ereignisse, und zwar in Form von wortlosen Fragen wie: »Was hast du mit deinem Leben angefangen? Bist du bereit zu sterben?« Moodys Interviewpartner erzählten, daß diese Fragen niemals anklagender Art gewesen seien, und daß sie selbst das Gefühl gehabt hätten, dieses Wesen hege eine vorbehaltlose, ja unendliche Liebe für sie. Viele der von Moody Befragten erklärten, daß sie alle Todesangst verloren hätten, obgleich sie nicht zu sterben wünschten. Eine große Mehrzahl derjenigen, die eine so todesnahe Erfahrung gehabt haben, behalten diese in liebevoller Erinnerung, und sie leben und denken danach wesentlich positiver.

Die Möglichkeit eines Überlebens nach dem Tode scheint sich dadurch zu bestätigen, daß die Leute in ihrer Todesnähe-Erfahrung offenbar Kontakt mit bereits Gestorbenen hatten, und daß diese Erfahrung selbst durch keinen klinischen Tod abgeschlossen wird. (Ja in einem der Fälle dauerte die ganze Erfahrung in Todesnähe über fünfzehn Minuten lang.) Der Inhalt einer Todesnähe-Erfahrung erinnert manchmal an die visionären Aussagen von Mystikern: manche Personen berichten über ein »Reich von verwirrten Geistern«, das heißt von Wesen, die ihr Lebensziel verfehlt oder gar Selbstmord begangen haben. Die Idee vom Jüngsten Gericht und von der Verurteilung zu Himmel oder Hölle ist in diesem Rückblickaspekt der Erfahrung in Todesnähe mitenthalten; im »Rückblick« bekommt die Person die Konsequenzen ihres Handelns in bezug auf sich selbst und andere gezeigt. Raymond Moody, der sich über die Naziverbrechen Gedanken machte, schrieb, daß sich diese Grausamkeiten für die Täter niederschlagen würden »in zahllosen individuellen Tragödien … in einer Unzahl von lang sich hinziehenden Todeserfahrungen, aber auch in kurzen und brutalen Sterbeakten … in schrecklichen Erniedrigungen, in Jahren von Hunger und Tränen und Qualen. Wenn das, was meinen Informanten zustieß, an diesen Unmenschen geschehen würde, so müßten sie all jene Dinge und viele andere noch einmal erleben, und zwar auf die allerlebendigste Weise. Selbst in meinen wildesten Fantasien wäre ich ganz und gar unfähig, mir eine so schreckliche, eine so unerträgliche Hölle vorzustellen.«

Der Psychiater Ronald Siegel aus Los Angeles hat eine ebenso umfangreiche wie kritische Zusammenstellung von Todesnähe-Erfahrungen erarbeitet. Er behauptet, diese Erlebnisse ließen sich mittels starker psychischer Bedürfnisse und Wünsche erklären, zu denen ein medizinisches Trauma hinzukäme. Den meisten Merkmalen, so fährt er fort, würde man auch in Berichten von Personen begegnen, die LSD oder andere Halluzinogene eingenommen hätten. Doch dürfte das nicht der springende Punkt sein. Denn wieso sollten die LSD-Leute denn unbedingt andere Erlebnisse haben? Wenn es eine Art von Kontinuität zwischen »Erlebnissen außerhalb des Körpers« und »Erfahrungen in Todesnähe« gibt, weshalb sollten wir dann davon ausgehen, daß sich die letztgenannten Erlebnisse total unterscheiden von gewissen Erfahrungen lebender und gesunder Menschen?

Hierzu kommt noch, daß viele Merkmale, denen man meint in Berichten von Todesnähe-Erfahrungen begegnen zu müssen, hier gar nicht auftauchen, es sei denn, es handelte sich um reine Wunscherfüllungen. Auch möchte man von religiösen Menschen annehmen, daß sie häufiger über Todesnähe-Erfahrungen berichteten als Glaubenslose, doch ist dies nicht der Fall. Berichte über kulturelle Stereotypen wie Himmel und

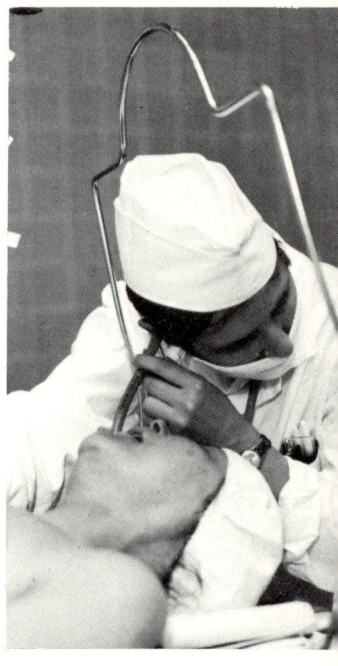

Sogar klinisch tote Patienten sind manchmal ins Leben zurückgekehrt – sie haben in dieser »Todesphase« klaren Sinnes die Ereignisse in ihrer Umgebung wahrgenommen.

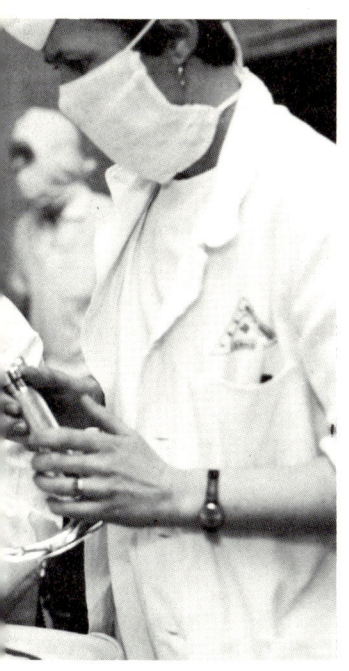

Hölle sind äußerst selten, und Engeln oder Teufeln begegnen wir selten. Auch die soziale Schichtung, der Bildungsgrad oder der wirtschaftliche Status korrelieren nicht mit der Bilderwelt einer todesnahen Erfahrung. Auch scheint es so, daß irgendein kulturell bedingter Unterschied die Häufigkeit von Todesnähe-Erfahrungen oder ihre spezifische Charakteristika nicht beeinflußt. Bis heute gibt es keine überzeugende Erklärung für die Ursachen von Erfahrungen in Todesnähe.

Raymond Moody hegt einige Skepsis gegenüber medizinischen Begründungen von Todesnähe-Erfahrungen, und da die von ihm selbst erarbeiteten Daten nicht ausreichen, um ein Überleben nach dem Tode zu belegen, hat er für sich selbst und andere ein Forschungsprogramm entwickelt, das sich in den kommenden Jahren eingehend mit der Sache befassen soll. Zur Zeit ist die Erforschung von »Erfahrungen in Todesnähe« noch ein sehr junger Gegenstand, der nur von einer sehr kleinen Anzahl von unvoreingenommenen Forschern ernstgenommen wird. Doch sind diese Erlebnisse für die Menchen, die über den entsprechenden Erfahrungswert verfügen, von einer enormen Bedeutung, auch wenn sie sich in diesem Punkt anderen mitgeteilt haben und auf völliges Unverständnis gestoßen sind.

Bevor wir nun die Dimension Todesnähe-Erfahrung verlassen, sollten wir uns fragen, ob nicht auch hier Psi-Kräfte im Spiel sind. Diese Möglichkeit ergibt sich aus Fällen, in denen völlig anästhetisierte (oder sogar klinisch für tot erklärte) Menschen hörten und später den Ärzten erzählten, was sie selbst gesagt hatten. Einer dieser Ärzte berichtete Moody:

»Eine meiner Patientinnen erlebte einen Herzstillstand, bevor ein Chirurg und ich sie operieren sollten. Ich selbst war dabei und sah, wie sich ihre Pupillen erweiterten. Wir probierten es eine Zeitlang mit Wiederbelebung, aber erfolglos, und so dachte ich, daß es nun aus mit ihr sei. Ich sagte zu meinem Arztkollegen, der mit mir arbeitete: ›Versuchen wir's noch einmal, dann geben wir's auf.‹ Und dieses Mal kam sie wieder zu sich. Später fragte ich sie, was sie von ihrem Tod denn erinnere ... Und sie sagte, sie habe mich sagen gehört: ›Versuchen wir's noch einmal, dann geben wir's auf‹.«

Natürlich kann es sich bei solchen Fällen um reine Zufälle oder eine unbewußte Art von Wahrnehmung handeln, doch kann ASW genauso eine Möglichkeit sein.

Wichtig an diesen Erfahrungen in Todesnähe für die Parapsychologie als Gesamtbereich ist die Tatsache, daß hier eine Erfahrung außerhalb des eigenen Körpers Befunde bestätigt, die für ein Überleben nach dem Tode sprechen und aus dem Mediums- und anderen Bereichen stammen. Die Ähnlichkeiten zwischen Astralexkursionen und Todesnähe-Erfahrungen sind erstaunlich, das beweisen uns Moodys Materialien wesentlich stärker als Crookalls Stichprobe von streßinduzierten Fällen. Und die wenigen existierenden Berichte, in denen bereits gestorbene Personen mittels eines Mediums angeblich ihren Sterbeprozeß beschreiben, ähneln ebenfalls unmittelbaren Darstellungen von Erfahrungen in Todesnähe. Einer ähnlichen Querbeziehung begegnen wir bei den Apparitionen.

Apparitionen: die Lebenden und die Toten

Sind Gespenster oder Apparitionen nichts als Halluzinationen? Zahllose Leute wissen von einer Gespenstererfahrung zu berichten – solche Erlebnisse sind zumindest genauso alt wie die ersten Aufzeichnungen der Menschheit. Hier ein ziemlich typischer Bericht über die Heimsuchung durch ein Gespenst:

»Ich arbeitete damals in einer Boarding School für halberwachsene Mädchen in Kent. Ich war neunundzwanzig und in bester gesundheitlicher Verfassung, mein Sehvermögen war normal, und das gilt auch für meine wenig erregbare Seelenlage.

Eines Nachts stieg ich die Treppe hinunter und hatte bei mir, was wir eine Aladin-Lampe [sic] nannten, die ziemlich niedrig brannte ... und als ich das obere Ende einer weiteren langen Treppe erreichte, erblickte ich die Gestalt eines älteren Mannes, der vor mir die Stufen hinunterstieg. Er war, als ich ihn sah, fünf oder sechs Stufen unter mir. Er kehrte mir den Rücken zu, sein Haar war grau, und seine Hand lag auf dem Treppengeländer.

Ich blieb stehen und schaute ihm zu, wie er hinunterstieg, den Treppenabsatz erreichte, die eine Hand auf dem Treppenpfosten – und verschwand. Ich hörte keine Schritte, obwohl kein Teppich auf der Treppe lag.

Ich wußte auf der Stelle, daß das ein ›Gespenst‹ war, doch war ich mir vor allem meiner Faszination bewußt. Das Haus war uralt, auch wußte man, daß hier Gespenster umgingen, und natürlich gab es eine ganze Menge Leute, die in ihm lebten, obwohl, wie ich annehme, die meisten um diese Zeit bereits schliefen.

Obwohl ich vier Jahre in diesem Gebäude lebte, was das meine einzige Erfahrung dieser Art, und obgleich andere Leute gelegentlich ebenfalls ›Gespenster‹ sahen, sahen sie doch nie die Gestalt dieses alten Mannes.«

Es gibt vier Gründe, die dafür sprechen, daß es sich hier um ein rein halluzinatorisches Erlebnis gehandelt haben könnte. Erstens waren die Beobachtungsbedingungen schlecht, denn es gab ja nur diese Nachtlampe. Zweitens war dies ja offenbar sowieso ein Gespensterhaus, so daß möglicherweise die Maxime, wonach wir sehen, was wir sehen wollen, zum Tragen kam. Drittens sahen andere Leute völlig andere »Gespenster«, was einen schließen lassen möchte, daß es sich hier um keine objektiven, sondern überaus subjektive Wahrnehmungen gehandelt haben könnte. Und schließlich birgt dieser Bericht nichts, was einen mehr als eine Halluzination vermuten lassen könnte.

Aber unter welchen Gegebenheiten wäre nun eine Apparition nicht halluzinatorisch? Unserer Meinung nach gibt es vier nicht-halluzinatorische Möglichkeiten von »Gespenstern«.

(1) *Kollektive Apparitionen.* Das sind Fälle, bei denen mehrere Personen unabhängig voneinander die gleiche Apparition am selben Ort und zur selben Zeit erblicken.

(2) *Gespenster.* Hier haben wir es mit wiederholten Beobachtungen einer Apparition durch verschiedene Personen zu tun, und zwar am gleichen Ort, aber zu verschiedenen Zeiten.

Ein Spukhaus in Cambridgeshire. Läßt das Wissen, daß es in einem Haus spukt, in den Leuten die Bereitschaft entstehen, Apparitionen zu sehen? Gertrude Schmeidlers Experimente haben gezeigt, daß übersinnlich begabte Menschen die Örtlichkeiten feststellen können, von denen tatsächlich Spukberichte vorliegen.

(3) *Krisen-Apparitionen.* Das sind Erscheinungen von Sterbenden, die um die Zeit ihres Abgangs vor einen Lebenden hintreten.
(4) *Informative Apparitionen.* Dieses Phänomen übermittelt der betreffenden oder betroffenen Person eine Nachricht, die sie auf andere Weise nicht hätte bekommen können.

Die beiden ersten Kategorien sind nicht sehr weit verbreitet, obgleich es genügend Fälle gibt, die eine genaue Erforschung rechtfertigen würden. Ein typisches Beispiel für eine Gespenstererscheinung liest sich wie folgt:

»Ich hatte in Trondheim vier Jahre lang gelebt und verließ die Stadt im Jahr 1938, doch habe ich sie seither immer wieder besucht. Ich interessierte mich vor allem für die Wiederaufbauarbeiten an der Kathedrale...

An einem sonnigen Morgen nun ging ich in die Kathedrale. Ich benutzte den Nordeingang...Als ich nach dem südlichen Kirchenschiff hinüberschaute, bemerkte ich eine Nonne, die still in einer der vielen Wandnischen saß... Ich fragte mich verwundert, was sie um diese Tageszeit hier zu schaffen hätte, und ich dachte, als ich mich näherte, daß ich sie ansprechen würde. Doch als ich nur mehr wenige Meter von ihr entfernt war, da verschwand sie – einfach so, und ich sah sie nicht mehr. Ich muß sagen, ich war wirklich verdutzt. Und als ich in den westlichen Teil der Kathedrale ging, da blieb ich stehen und sprach eine der Frauen an, die dort die Kirche putzten, und ich sagte zu ihr: ›Ich meinte, ich hätte eine katholische Nonne dort drüben in einer der Nischen sitzen sehen, doch als ich näherkam, verschwand sie. Ist denn sowas möglich?‹ ›Oh‹, sagte die Frau, ›diese Nonne sehen wir oft.‹ Und diese Aussage wurde mir später von anderen bestätigt.«

Derartige Fälle – wenn Beobachtungen unter guten Bedingungen angestellt, unabhängige Zeugen von Forschern befragt und die Einzelheiten nachgeprüft wurden – solche Fälle also können nicht einfach als Halluzinationen abgetan werden. Das gleiche kann man von kollektiv erlebten Halluzinationen sagen.

Krisen- und informative Apparitionen sind jedoch um einiges wichtiger. Krisenfälle sind ziemlich verbreitet, und es besteht die Möglichkeit, ihre Authentizität nachzuprüfen.

Wenn eine Person berichtet, sie habe eine Apparition von jemandem gehabt, der andernorts genau um besagte Zeit gestorben sei, so ist es möglich, diese Behauptung durch Befragen von Zeugen nachzuprüfen. Ist dies geschehen und kein Zufall im Spiel, so dürfen wir zumindest behaupten, daß bei dieser Apparition, wenn sie schon eine Halluzination gewesen sein soll, ASW wirksam war.

Die wichtigste Untersuchung auf diesem Gebiet wurde im neunzehnten Jahrhundert von den Gründern der British Society for Psychical Research durchgeführt. Diese fleißigen Männer und Frauen erstellten die monumentale Untersuchung mit dem Titel *Census of Hallucinations*, in deren Verlauf 17 000 Personen nach ihren halluzinatorischen Erfahrungen und Apparitionen befragt wurden. Die Kosten einer derartigen Studie würden heutzutage astronomisch sein! Etwa 2300 Leute erklärten, sie hätten zumindest eine solche Erfahrung gehabt. Als man die Fälle, die auf Träume, Drogen und dergleichen zurückzuführen waren, ausgeschieden hatte, blieben etwa 1700 »Fallgeschichten« übrig. Unter diesen befanden sich ungefähr achtzig, bei denen es sich um Apparitionen handelte, die mit dem Tod von jemandem zusammenfielen, und zwar in einem zeitlichen Umfeld von zwölf Stunden. Sorgfältige Untersuchungen und Befragungen ließen diese 80 Fälle am Ende auf 32 zusammenschmelzen, bei denen der Tod nicht vorhergesagt hätte werden können. Auch waren in fast jedem dieser Fälle Zeugen vorhanden. Auf diese Weise gelangte man zu einem Prozentsatz von 1,5 für die »authentischen« Fälle der gesamten Stichprobe. Aus den Tabellen des Registrar-General zog man den Schluß, daß damals die Wahrscheinlichkeit des Todes einer Person an irgendeinem bestimmten Tag 1:19 000 betrug. So aber überstieg die Anzahl der Krisen-Apparitionen eindeutig die zu erwartende Zufallsrate, und die Forscher folgerten, daß ein zufälliges Zusammentreffen von Umständen keine Erklärung sein könnte: zumindest Telepathie mußte hier im Spiel sein. Leider enthielten diese Bewertungen zahlreiche subjektive Aspekte, die sie heute als statistisch unzuverlässig erscheinen lassen. Aber selbst wenn die Methoden der Forscher zu einigen schiefen Ergebnissen geführt hätten, sind die Berichte immer noch beeindruckend.

Und wenn wir nun, um ein Argument fürs erste bestehen zu lassen, einräumen, daß sich Apparitionen nicht nur durch Zufall oder subjektive Halluzinationen erklären lassen, könnten wir dann annehmen, daß sich eine Theorie vom Überleben nach dem Tode besser zur Erklärung eignen würde? Oder lassen sich solche Vorgänge am besten mittels einer besonders ausgeprägten ASW deuten – einer Super-ASW, wenn man so will? Es gibt Dinge, die für beide Erklärungsmodelle sprechen. Wobei wir sagen müssen, daß die Super-ASW-Hypothese wahrscheinlicher klingt, obgleich zum Beispiel kollektiv erlebte Apparitionen anhand solcher Kategorien nur schwer zu erklären sind.

Einen möglicherweise entscheidenden Fortschritt bei der experimentellen Erforschung von Apparitionen haben kürzlich Gertrude Schmeid-

ler und ihre Kollegen erzielt. Sie untersuchten Örtlichkeiten, wo es angeblich spukte und stellten Listen über die Tätigkeiten zusammen, die die verschiedenen Augenzeugen an den »Gespenstern« beobachtet hatten. Danach hat man kleine Gruppen von paranormal oder übersinnlich begabten Personen aufgefordert, in eben diesen Spukhäusern auf einer Liste, die richtige wie falsche Daten enthielt, die »richtigen« Handlungen und Handlungsorte der Gespenster abzuhaken. Getrude Schmeidler fand heraus, daß einige ihrer paranormal Begabten in einem höchst signifikanten Umfang feststellten, was die Gespenster wo genau getan hatten, wobei besagte Informanten behaupteten, sie hätten ihr Wissen aus den *vibrations* des Hauses bezogen. Eine Kontrollgruppe, bestehend aus Skeptikern, gaben ihre Antworten zu dieser Aufgabe auf einer reinen Zufallsbasis ab, und die so erzielten Punktwerte wiesen einen recht uniformen Charakter auf. Aus verschiedenen komplexen Gründen haben wir es hier mit einem besonders interessanten Resultat zu tun. Wenn wir zum Beispiel davon ausgehen, daß Skeptiker eher dazu neigen, »Gespenster« als Halluzinationen oder aufgrund von Beleuchtungsmängeln zu interpretieren, und wenn wir annehmen, daß dies wirklich *die* Erklärung für Gespenster sei, dann hätte man von den Skeptikern doch erwarten können, daß sie punktemäßig gut abschnitten, da sie natürlich genau jene dunklen Winkel und Nischen ausgesucht haben würden, die optische Täuschungen begünstigten. Doch dem war nicht so. Die paranormal Begabten hingegen können ohne weiteres durch gewöhnliche ASW zu ihrem Erfolg gelangt sein, doch kann man ihre Behauptung, sie hätten die Spukhäuser sozusagen selbst angezapft, nicht widerlegen.

Ist jemand da?

Im zweiten Kapitel befaßten wir uns mit der erstaunlichen Karriere des Mediums D. D. Home, der offenbar mit »Geistern« kommunizierte und dessen Anwesenheit allein schon psychokinctische Effekte zu haben schien. Doch wo es sich nun um die Frage nach einem Überleben nach dem Tode handelt, dreht es sich wohl eher um mentale, um geistige Medien. Solche mentale Medien übermitteln Informationen, von denen sie gewöhnlich behaupten, sie hätten sie auf paranormalem Wege von den »Geistern« der Toten erlangt, die in einer anderen Welt lebten. Es ist natürlich immer möglich, daß derartige Informationen die Folge einer Super-ASW sein könnten. Als vorrangige Aufgabe sollten wir jedoch feststellen, ob hier ein paranormaler Faktor wirksam ist oder nicht.

Das »Goldene Zeitalter« für diese mentalen Medien dürfte in der Zeit von 1880 bis 1940 gelegen haben. In diesem Zeitabschnitt hat man sechs weibliche mentale Medien – alle von ihnen hoch angesehen – gründlichen Überprüfungen unterzogen, und in jedem dieser Fälle wurde eine klare Psi-Befähigung festgestellt. Seither sind keine solchen Befunde mehr erzielt worden (obgleich eines dieser sechs Medien, die beeindruckcnde irischgebürtige Eileen Garrett, erst vor etwa zehn Jahren starb). Warum seit 1940 diese mageren Jahren? Skeptiker würden behaupten, daß die Forscher heute alles über die Tricks der Medien wissen, weshalb Nach-

Kathedrale von Trondheim (Norwegen): Hier erlebten Leute kollektiv die Apparition (Erscheinung) der Gestalt einer katholischen Nonne.

weise für eine »echte« mediale Begabung gar nicht mehr erbracht werden könnten. Es gibt jedoch noch eine andere Erklärung, auf die wir gleich kommen werden. Wie dem auch sei, die Behauptung unserer Skeptiker lassen sich leicht entkräften – wir brauchen ihnen nur einen einzigen Mann entgegenzusetzen: den australischen Forscher Richard Hodgson. Dieser Mann befaßte sich eingehend mit dem ersten großen und vermutlich mächtigsten Medium aller Zeiten – wir meinen Mrs. Leonore Piper. In der Tat sind die Einzelheiten von Mrs. Pipers Entwicklung wesentlich aufschlußreicher und wertvoller als es ein allgemeiner Überblick über die Geschichte der Medien je sein könnte.

Das Medium Mrs. Leonore Piper...

Im Jahre 1884 war Mrs. Piper eine ganz gewöhnliche Bostoner Hausfrau, das heißt ganz gewöhnlich bis zu dem Zeitpunkt, als sie einen medial begabten Wunderheiler besuchte, in Trance fiel und eine Botschaft von einem anderen Medium erhielt. Danach begann sie Séancen für ihre Freunde abzuhalten, während derer immer wieder ein anderer Geist durch sie sprach – ein Franzose namens Dr. Phinuit. Dieser Phinuit war eine Art Mittelsperson zwischen Mrs. Pipers Séance-Teilnehmern und den »Geistern«, mit denen diese zu kommunizieren wünschten. Gerüchte über diese Sitzungen kamen dem Psychologen William James zu Ohren, der sich durch seine Wißgebierde veranlaßt fühlte, an einer der Séancen von Mrs. Piper teilzunehmen. Das war 1885. Später schickte James andere Forscher zu Mrs. Piper, aber immer unter Pseudonym. Viele dieser Leute erhielten von Mrs. Piper Informationen, die oft von einer recht persönlichen, ja intimen Natur waren, so daß die Teilnehmer nicht glaubten, Mrs. Piper könnte dieses Wissen auf normalem Wege erhalten haben. Einer der Augenzeugen schrieb James freilich von dieser »abgeschmackten« Prophetin – Mrs. Piper war weder sonderlich klug noch besonders gebildet.

Im Jahr 1887 kam Richard Hodgson nach Boston, wo er bei der American Society for Psychical Research die Stelle eines Schriftführers antrat. Natürlich wohnte er einigen von Mrs. Pipers Séancen bei. Aus seinen eigenen Briefen und den Schreiben von anderen Leuten geht ziemlich klar hervor, daß es sich bei diesem Hodgson um eine äußerst mißliebige Person gehandelt haben muß – um einen überaus intelligenten, aber ebenso streitsüchtigen wie gefühllosen und zu Schmähreden neigenden Mann. Es wäre sicherlich schwierig gewesen, eine Person zu finden, die sich weniger durch Scharlatanerie hinters Licht führen ließ wie dieser Hodgson. Trotzdem gelangte der Mann zu der Überzeugung, daß Mrs. Piper eine ausgesprochene Psi-Fähigkeit besaß, und daß ihr Fall die Realität eines Überlebens nach dem Tode bewies.

Hodgson wurde 1855 in Australien geboren und studierte Jura in Melbourne und Ethik in Cambridge. Außerdem war er Gründungsmitglied der britischen Society for Psychical Research. Im Jahr 1884 schickte ihn diese Gesellschaft nach Indien, wo er Madame Blavatsky und die Theosophen studieren sollte, und er hatte die Aufgabe, sich mit den paranormalen Ereignissen auseinanderzusetzen, von denen die Theosophen behaupteten, daß sie während ihrer Treffen stattfänden. Hodgsons Bericht war niederschmetternd. Für ihn war Helene Blavatsky eine Betrügerin, und die meisten Theosophen gefühlsduselige Gimpel. Bei anderen Gelegenheiten gelang es ihm, die Glaubwürdigkeit von Augenzeugen zu unterminieren, die an spiritistischen Sitzungen teilgenommen hatten. Kurzum, Hodgson war ein gefürchteter Mann und es gibt zahlreiche Nachweise, daß er feinfühlig wie eine Holzaxt war und doppelt so unangenehm.

Den Fall Mrs. Piper ging Hodgson genauso gewissenhaft an, wie er dies immer getan hatte. Über die Sitzungen wurden Protokolle geführt, und von den Teilnehmern wurden unterschriebene Zeugenaussagen eingesammelt. Auch wurden sogenannte Stellvertretersitzungen (*proxy sittings*) organisiert. Das sind Sitzungen, zu denen man eine Person hinschickt, die sich – sagen wir einmal – nach einem Alfred Robinson erkundigt, obwohl sie nicht die geringste Ahnung hat, wer nun dieser Alfred Robinson eigentlich ist. Durch dieses Verfahren wird dem Medium die Möglichkeit genommen, durch unfreiwillige »Hinweisreize« der hergeschickten Person Informationen einzuholen.

Im Jahr 1889 exportierte Hodgson Mrs. Piper nach England. Auch hier fanden viele Stellvertretersitzungen statt. Bei ihrer Ankunft im Haus des Wissenschaftlers Sir Oliver Lodge wurde Mrs. Pipers Gepäck nach Informationsmaterial durchsucht, das sie über irgendwelche mögliche Séance-Teilnehmer hätte besitzen können. Tatsächlich mietete Hodgson bei einer anderen Gelegenheit sogar mehrere Privatdetektive, die Mrs. Piper und ihre Familie beschatten und herausfinden sollten, ob diese Leute nicht insgeheim Material über künftige Séance-Teilnehmer einholten. Sir Oliver Lodge aber hatte zu jener Zeit sein ganzes Dienstbotenpersonal neu rekrutiert, so daß Mrs. Piper hier überhaupt keine Informationsquelle erschließen konnte. Und nun nahmen an den Séancen Personen teil, die von Hodgson »auf einer größtmöglichen Zufallsbasis« ausgesucht worden waren. In manchen Fällen wurden diese Teilnehmer sogar erst dann ausgesucht, wenn Mrs. Piper bereits in ihrem Trancezustand war, was nun wirklich die Möglichkeit ausschloß, daß sie im vorhinein über diese Personen hätte Informationen sammeln können. Bei einer dieser Sitzungen präsentierte Lodge Mrs. Piper eine Uhr, die einem seiner Onkel gehörte, den er jedoch vor Jahren nur flüchtig gekannt hatte. »Onkel Jerry« kündigte sich nun selbst an, nannte seinen Bruder beim Namen und bezeichnete sich als Besitzer der Uhr. Lodge erwiderte, daß er (ihm selbst bis dato unbekannte) Informationen über Jerrys früheres Leben haben wollte, damit er die Richtigkeit der Mediumaussage verifizieren konnte. Diese Informationen wollte er dann mit dem noch lebenden Bruder Jerrys durchgehen. »Onkel Jerry« stimmt zu. Und Lodge schrieb dazu:

»›Onkel Jerry‹ erinnerte sich an Episoden, in denen die beiden Jungen im Fluß zusammen schwammen und beinahe ertrunken wären; und wie sie auf dem Feld von Smith eine Katze umbrachten; und wie er ein kleines Gewehr besaß, und eine lange sonderbare Haut, wie eine Schlangenhaut, von der er glaubte, daß sie sich nicht im Besitz von Onkel Robert [dem noch lebenden Bruder] befände.

Und all diese Aussagen konnten mehr oder weniger verifiziert werden...«

Was Lodge jedoch *nicht* berichtete, war, daß diese richtigen und

... und Richard Hodgson, der vergeblich versuchte, Mrs. Piper des Betrugs zu überführen.

manchmal ungemein spezifischen und ungewöhnlichen Daten durchsetzt waren mit Banalitäten und fehlerhaften Kommentaren. Doch eine Lektüre der gesamten Aufzeichnungen läßt den Schluß zu, daß die richtigen Informationen in dieser Séance im Übergewicht waren. Natürlich kann man behaupten, dies sei ein Zufall. Doch wenn eine Person sich immer wieder in der Lage zeigt, im wesentlichen richtige Informationen weiterzugeben, dann wirkt diese Behauptung schon etwas fadenscheinig. Obgleich die Lodge-Séance keine Stellvertretersitzung war, kam sie einer solchen doch recht nahe, denn hier wurden Informationen mitgeteilt, die jedem Anwesenden völlig unbekannt waren.

Bei einem weiteren Experiment, das man mit Mrs. Piper nach ihrer Rückkehr in die USA durchführte, darf man den Zufall ebenfalls ausschließen. Phinuit war nun meistens schon ersetzt durch »G. P.«, das war offensichtlich der »Geist« eines jungen Mannes namen George Pellew, der 1892 bei einem Unfall ums Leben gekommen war. G. P. erkannte unter insgesamt 150 Séance-Teilnehmern jene 30 und nur jene 30, die er selbst, als er noch am Leben war, gekannt hatte. Es unterlief ihm kein einziges Mal ein Fehler. Die Wahrscheinlichkeit, daß solches durch Zufall geschehen könnte, ist enorm gering. Ein zwar weniger quantifizierbarer, aber genauso wichtiger Punkt ist, daß sich G. P. immer auf eine etwas andere Weise verhielt, so wie dies bei jedem Individuum der Fall ist. Sein Auftreten und seine Art zu reden seien genau so gewesen wie zu G. P.'s Lebzeiten, behaupteten seine Freunde, die nun mit ihm sozusagen als Gespenst verkehrten. Und während G. P. auftrat und kontrolliert wurde, besaß Hodgson einen fast vollkommenen Überblick über das Séance-Geschehen, auch führte man überaus vollständige Protokolle.

Was sich als besonders bemerkenswert an Mrs. Piper herausstellte, war, daß jeder Forscher, der sich mit ihr über einige Zeit auseinandergesetzt hatte, am Ende überzeugt war, daß hier paranormale Fähigkeiten mitspielten. Die Berichte über all diese Sitzungen umfassen übrigens mehrere tausend Seiten, die wir natürlich nicht vollständig durchackern konnten, doch trotzten und trotzen die angesammelten Daten jeglicher Skepsis. Hodgson und andere Skeptiker seines Schlages waren am Ende von Mrs. Pipers Fähigkeiten völlig überzeugt. Ja, Hodgson glaubte nicht nur an Mrs. Pipers paranormale Kräfte, er ging sogar noch weiter und war überzeugt, daß Mrs. Pipers mediale Fähigkeiten auf ein Leben nach dem Tode schließen ließen. Diese Überzeugung soll auf Daten basieren, die er *nicht* veröffentlichte – so ging zum Beispiel das Gerücht, Mrs. Piper habe ihm eine äußerst persönliche Information über eine verstorbene Frau zukommen lassen. Hat diese Information sein Urteilsvermögen beeinflußt?

Welche Folgerungen können wir aus Mrs. Pipers Werdegang ziehen? Nun, diese Frau lieferte ganz gewiß Informationen über Personen und Ereignisse, von denen sie unmöglich etwas gewußt haben kann. Doch wurden ihr diese Informationen durch die Geister von Toten übermittelt? Oder lag hier eine ebenso erstaunliche wie unbewußte Super-ASW vor? Daß diese Frau bestimmte Psi-Fähigkeiten besaß, steht außer Frage. Andererseits gibt es gute Gründe für eine Ablehnung der Hypothese, wonach Mrs. Pipers Leistungen ein Überleben nach dem Tode demon-

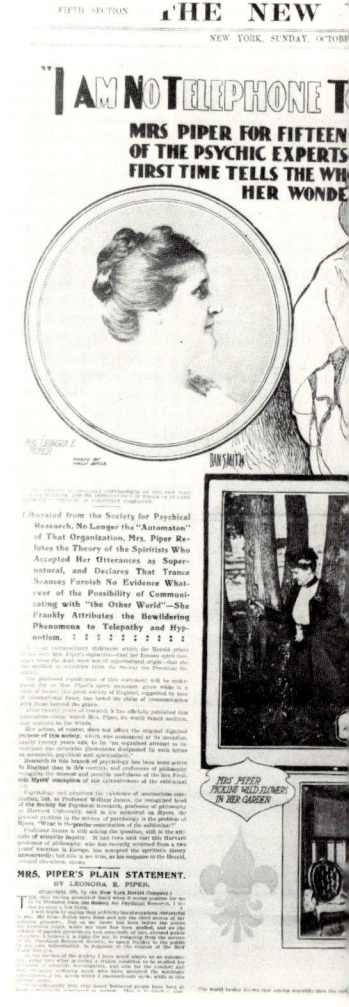

Mrs. Pipers Ansehen sorgte auf beiden Seiten des Atlantik für Schlagzeilen. Natürlich sollte man diese sensationelle »Konfession« nicht zu ernst nehmen. Doch immerhin verweist sie auf das gewaltige Interesse der Öffentlichkeit an dem Thema.

striert haben sollen. »G. P.«, ihr zweiter Geist, war insofern eine recht ungewöhnliche Erscheinung, als er eine historische Existenz aufzuweisen hatte; denn bei den üblichen Séance-Geistern könnte es sich eher um sekundäre oder alternative Persönlichkeiten der Medien selbst handeln. Untersuchungen von Medien, die sich in Trance befanden – und Wortassoziationstests, EEG-Messungen und anderen Überprüfungen unterzogen wurden – haben indes häufig ergeben, daß sich der »Geist« in psychologischer Hinsicht vom Medium selbst sehr stark unterscheidet. Viel mehr als das kann man jedoch auch nicht sagen.

Freilich gibt es ein weiteres Beweisstück, das offenbar gegen die Super-ASW-Hypothese spricht. Es stammt von Alan Gauld (Nothingham University). Er untersuchte Fälle, in denen die Informationen, welche durch die »Geister« über ihr eigenes Leben auf Erden gegeben wurden, durch historische Quellen belegt werden konnten. Gauld hatte das Glück, auf archiviertes Material zu stoßen, das 20 Jahre zuvor von einigen Amateuren gesammelt worden war, die eine gewisse Zeitlang Séancen abgehalten hatten. Dabei hatte man genau Protokoll geführt und diese Protokolle geordnet und abgelegt. In diesem Archiv stöberte Gauld mehrere Fälle auf, in denen die »Geister« von Personen, welche den Partizipanten unbekannt waren, Aussagen über ihr Leben machten, die sich später als richtig erweisen sollten, obwohl sie ursprünglich bei damaligen Veröffentlichungen falsch zitiert worden waren. In einem solchen Fall kann nicht die Rede davon sein, daß einer der Séance-Teilnehmer über die betreffende Person im vorhinein etwas hätte erfahren können – oder daß sie sich zu solchem Zwecke einer Super-ASW hätte bedienen können.

Hier nun eines dieser recht ungewöhnlichen Beispiele. Es handelt von einem gewissen »Harry Stockbridge« – es ist dies ein Pseudonym, dessen sich Gauld für besagten jungen Mann bediente. Der »Geist« dieses Harry Stockbridge (der seinerseits keinem der Partizipanten bekannt war) erschien bei der Séance ohne Vorankündigung und lieferte zu seinem einstigen Leben folgende Details. (Die Ergebnisse von Gaulds eigenen Recherchen setzen wir in Klammern.)

»Zweiter Leut bei Northumberland Fusiliers. Starb vierzehnten Juli sechzehn.« (Ein Zweiter Leutnant bei den Northumberland Fusiliers namens Harry Stockbridge kam am 14. Juli 1916 ums Leben. Das Todesdatum in den offiziellen Listen des War Office erwies sich als *falsch*.)

»Tyneside Scottish.« (Stockbridge gehörte ursprünglich zu einem Tyneside Irish Bataillon der Northumberland Fusiliers, doch war er vor seinem Tod zu einem Tyneside Scottish Bataillon versetzt worden, eine Tatsache, die offenbar nicht veröffentlicht wurde.)

»Groß, dunkel, schlank. Besondere Kennzeichen: große braune Augen.« (Bestätigt durch Verwandte und durch ein Foto, allerdings nicht in irgendeiner gedruckten Quelle erwähnt.)

»Ich wohnte in Leicester.« (Was auch stimmte.)

Befragt, was seine Vorlieben und Abneigungen seien, erklärte er: »Jegliche Probleme, Pepys-Lektüre. Wasserfarben.« (Er hatte Mathematik und Physik studiert. Auf seine Universitätsjahre wird in einer gedruckten Quelle hingewiesen, aber nicht auf seine Studienfächer. Die letztgenannten Punkte konnten von Verwandten nicht genau beantwortet werden.)

Befragt, ob er eine »Powis Street«, von der einer der Partizipanten geträumt hatte, kenne, sagte er: »Ich kannte sie gut.« (Und wie sich später herausstellte, gab es eine Straße dieses Namens in der Nähe seines Geburtshauses.)

Nun, an manchen Punkten wären wir um mehr Details recht dankbar gewesen – zum Beispiel über jene Powis Street. Doch wenn wir uns mit den ersten drei Punkten auseinandersetzen – das heißt mit dem richtigen Namen, dem Todesdatum und der Zugehörigkeit zu besagtem Bataillon – und zugeben, daß der Zufall keine Erklärung ist, dann haben wir es hier entweder mit einem erstaunlichen Psi-Fall oder einem noch erstaunlicheren, weil so geschickt durchgeführten Betrug zu tun.

Tradition und mathematischer Apparat der Astrologie könnten über die Tatsache hinwegtäuschen, daß sich der Astrologe, um Informationen aufzudecken, durchaus einer ASW-Fähigkeit bedienen kann.

Geister und UFOs: nützliche Sündenböcke?

Ein faszinierendes Experiment, das in diesem Zusammenhang nicht unwichtig ist, wurde von Iris Owen und anderen in Toronto durchgeführt. Eine kleine Gruppe passionierter Forscher verfaßte die völlig fiktive Biographie eines »Geistes« namens Philip. Danach hielten diese Leute eine Reihe von Séancen ab, mit dem Ziel, mit diesem Philip Kontakt aufzunehmen. Und schließlich kommunizierte besagter Philip tatsächlich mit ihnen, und zwar durch ein Ouija-board (eine Buchstaben- und Zahlentafel; Anm. d. Übers.). Aber noch interessanter war, daß dieser Philip Tische hochzuheben und Psychokinese-Effekte zu produzieren

Sind UFOs die »Gespenster« des technologisch fortgeschrittenen 20. Jahrhunderts?

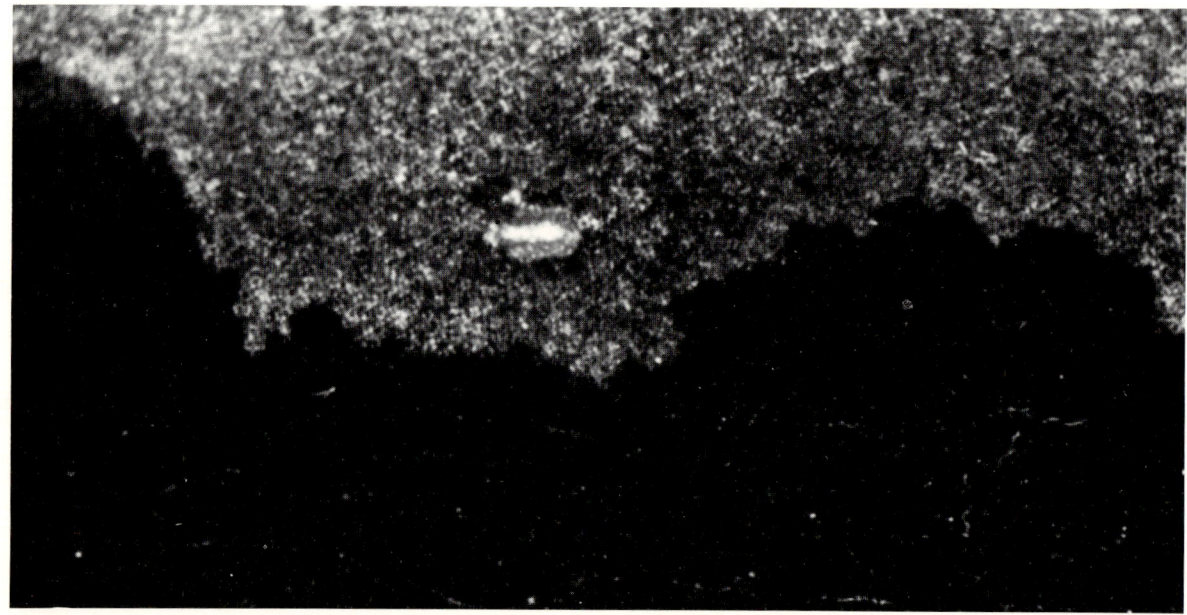

begann! Dieses Experiment wurde leider nicht auf eine befriedigende Weise wiederholt, doch läßt es stark vermuten, daß »Geister« für das Medium nichts anderes sein könnten als eine Art psychologisches Requisit.

Dieses Argument gewinnt an Glaubwürdigkeit, wenn wir uns mit den Ausführungen von Rex Stanford und anderen befassen – daß nämlich Psi-Ereignisse (vor allem besonders starke) ich-fremd sind. Wir fühlen uns nicht besonders wohl bei solchen Erlebnissen. Und deshalb sind unsere Möglichkeiten, Psi-Effekte zu produzieren, größer, wenn wir diese Effekte jemand anderem oder einem anderen Umstand zuschreiben können. Die »Geister« aber sind ein solcher anderer Umstand. Dieser Bericht muß sich auch mit der unzweifelhaften Tatsache auseinandersetzen, daß wir den großen Medien nur in der Vergangenheit begegnen. Im 19. und (wenn auch schon in einem geringeren Maße) Anfang des 20. Jahrhunderts waren die »Geister« bis zu einem gewissen Punkt »gesellschaftsfähig«. Diese Gesellschaftsfähigkeit hat seither abgenommen. Heute bedient man sich anderer Arten von psychologischen Requisiten. In diesem Zusammenhang begegnen wir drei Möglichkeiten. Aus der Behauptung, wonach es in der Parapsychologie die *Experimentatoren* seien, die Ergebnisse aufgrund ihrer eigenen Psi-Fähigkeit erzeugen, könnte man folgern, daß die an diesen Experimenten teilnehmenden Personen die psychologischen Requisiten darstellen könnten! Eine zweite (aber schon weniger untersuchenswerte) Möglichkeit ist die, daß es sich auch bei den UFOs um derartige Requisiten handeln könnte. UFO-Forscher haben über spontane ASW- und Psychokinese-Erfahrungen bei solchen Leuten berichtet, die behaupteten, von UFOs kontaktiert worden zu sein. Freilich sind die einschlägigen Berichte zu diesem Thema nicht sonderlich beeindruckend – was freilich nicht hinderte, daß man die zugrundeliegende Hypothese zu testen versuchte. Bei der dritten wie-

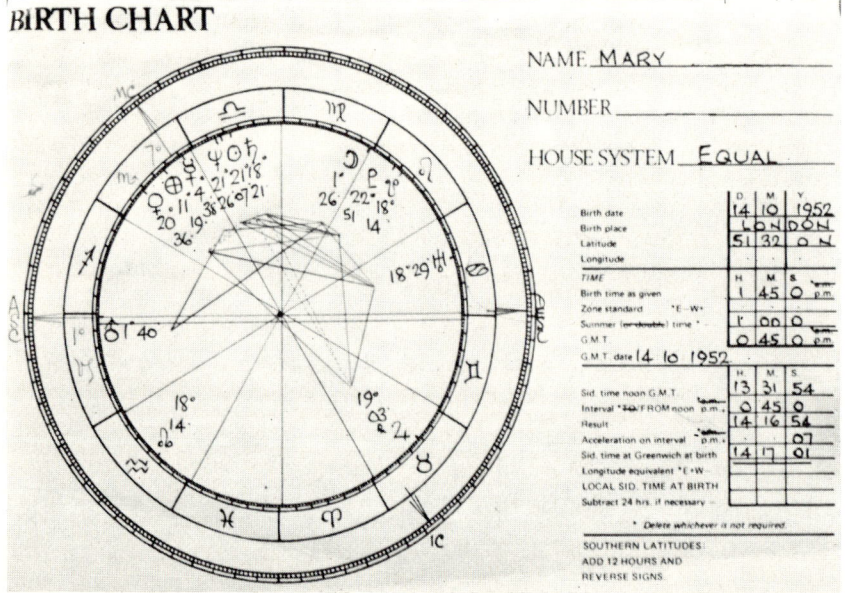

Wir sehen hier ein Geburtshoroskop mit den Positionen der Planeten (Symbole im inneren Kreis) im betreffenden Sternkreiszeichen (Zeichen in den zwölf mittleren Kreissegmenten). Aus der großen Informationsmenge – da sind die Planeten, ihre Verbindungen untereinander (Querverbindungen im inneren Kreis) und die Zeichen, in denen sie stehen – können manche Astrologen klare Rückschlüsse auf die betreffenden Leute ziehen. Ist es aber nicht auch möglich, daß sie sich ihrer ASW-Fähigkeiten bedienen und das Geburtshoroskop lediglich als eine Art Inspirator benutzen, der ASW unterstützt?

Gibt es wissenschaftliche Belege dafür, daß die Astrologie funktioniert? Die Forschungsarbeiten der Gauquelins in Frankreich haben Beweismaterial in diese Richtung erbracht. Nebenstehende Abbildung zeigt die Häufigkeit der Geburten von Sport-champions zu Zeiten, wenn Mars am Himmel verschiedene Positionen einnimmt: die Geburten sind am häufigsten, wenn Mars dem östlichen Horizont (Aufgang) am nächsten oder aber direkt im Zenit (Kulmination) steht. Gauquelinsche Daten zeigt die obere Kurve und die linke Skala, und unabhängigen Daten begegnen wir in der unteren Kurve und der rechten Skala.

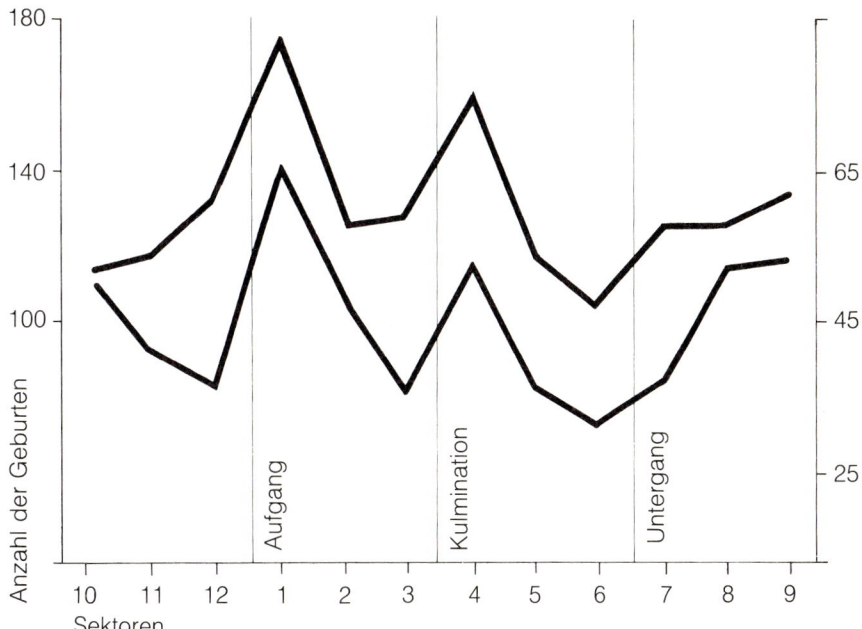

derum faszinierenden Möglichkeit haben wir es mit der Astrologie zu tun. Obgleich es nur wenige Daten gibt, welche die Validität der *traditionellen* Astrologie belegen könnten, existiert doch einiges Material, welches uns vor Augen führt, daß Astrologen nur mit Hilfe von Geburtshoroskopen richtige Informationen liefern können. Natürlich könnten sie dies auch mit Hilfe von ASW tun – und tatsächlich haben uns zwei Astrologen diese Möglichkeit vorgeschlagen. Wie dem auch sei, der Astrologe besitzt wohl das beste psychologische Requisit von allen – ein System, das – zumindest im Prinzip – auf einer wissenschaftlichen Theorie basiert! Man könnte sich für das späte 20. Jahrhundert kaum ein besseres psychologisches Requisit vorstellen.

Diese Spekulationen besagen, daß die Super-ASW-Hypothese alles in allem eines Vorhersagewertes nicht gänzlich entbehrt. Doch spekulieren wir, was das Überlebensthema anlangt, noch etwas weiter. Wenn wir davon ausgehen, der Geist könnte den Körper verlassen und unabhängig von diesem fortleben, könnte er dann nicht in der Lage sein, sich mit einem anderen Körper zusammenzutun? Die Reinkarnation ist in jüdisch-christlichen Religionen kein weitverbreiteter Glaube, doch gilt das nicht für andere Kulturen. Wenn es nun gelänge, die Reinkarnation als Faktum zu belegen, dann müßten wir wohl auch ein Überleben nach dem Tode akzeptieren.

Reinkarnation: direkte Untersuchungen

Im Jahr 1977 veröffentlichte das renommierte *Journal of Nervous and Mental Diseases* zwei Aufsätze zum Thema Reinkarnation, verfaßt von dem an der University of Virginia tätigen Dr. Ian Stevenson. Die Tatsache, daß eine solche Zeitschrift sich mit einem so ungewöhnlichen Thema auseinandersetzt, ist ein Indiz dafür, daß Stevensons Arbeiten selbst von Skeptikern gewürdigt werden.

Es gibt zwei triftige Gründe, weshalb Stevensons Untersuchungen relativ leicht zu begreifen sind. Erstens befassen sich Stevensons Forschungsarbeiten mit *sehr kleinen Kindern,* und zweitens stammen Stevensons Fälle in erster Linie aus verhältnismäßig unterentwickelten Ländern, wo Quellen für Kommunikationen dieser Art sicher nicht sehr häufig sind.

Hervorstechendstes Charakteristikum von Stevensons Arbeit ist ihre hohe fachliche Qualifikation. Durch eine seiner mannigfachen Kontaktpersonen erfährt er zum erstenmal von einem Fall möglicher Reinkarnation. Dabei geht es fast ausnahmslos um sehr kleine Kinder (ungefähr die Hälfte seiner Fälle ist zwei Jahre oder jünger), deren Äußerungen und Verhalten auf Reinkarnation schließen lassen. Stevenson unternimmt als erstes eine Reise, um den Fall an Ort und Stelle zu untersuchen, sei es nun in Alaska, im Libanon, auf Ceylon, in Indien oder Brasilien ... buchstäblich überall in der Welt. Stevenson spricht übrigens fließend Französisch und Deutsch, und in Fällen, wo er mit seinen Sprachkenntnissen nicht weiterkam, betraute er Dolmetscher mit der Aufgabe der Zeugenbefragung. Diese Zeugen werden meistens mehrmals befragt, um die Stichhaltigkeit ihrer Aussagen zu erhärten. Bei jedem dieser Fälle setzt Stevenson mindestens zwei und zuweilen sogar drei oder vier Dolmetscher ein, um die erlangten Daten und die Richtigkeit der Übersetzung zu überprüfen. Stevenson besitzt ein gewaltiges Archiv mit Tonbandinterviews. Dokumente, Register, Aufnahmen und andere Belege sind hier fein säuberlich geordnet, damit man sie besser und rascher abrufen kann. Stevensons Systematisierung ist wirklich bemerkenswert.

Befassen wir uns zunächst einmal mit einem ungewöhnlich beweiskräftigen Fall, den Stevenson untersuchen konnte noch bevor sich die beiden beteiligten Familien kennenlernten – das heißt die Familie des Kindes und die Familie der verstorbenen Person, deren Reinkarnation das Kind zu sein schien. Solche Fälle aber setzten den Forscher in die Lage, Beweismaterial bereits zu einer Zeit nachzuprüfen, in der das Erinnerungsvermögen der Beteiligten noch nicht durch das Kennenlernen der beiden Familien beeinträchtigt ist.

Im Jahr 1964 reiste Stevenson in den Libanon – ein junger Libanese, der ihm zwei Jahre davor bei seinen Untersuchungen in Brasilien assistiert hatte, hatte ihm erzählt, daß es in seiner Heimat viele Fälle von Reinkarnation gebe. So sei zum Beispiel unter den Drusen, die einer islamischen Sekte angehören, der Glaube an Reinkarnation weitverbreitet: in der Tat sei dieser Glaube eine Grunddoktrin ihrer Religion. Trotzdem äußerten sich viele Drusen ziemlich skeptisch gegenüber bestimmten Fällen von Reinkarnation; sie sind nämlich kein leichtgläubiges Volk. Als Stevenson sich aufmachte, um unter diesen Leuten nach Reinkarnation zu forschen, erzählte man ihm von einem interessanten Fall aus dem 15 Kilometer östlich von Beirut gelegenen Dorf Kornayel. Dabei entdeckte er, daß der Vater des Kindes, um das es ging, ein Vetter des Mannes war, den er eigentlich besuchen wollte. Am ersten Abend der Begegnung protokollierte Stevenson das Gespräch, das er mit diesem Mohammed Elawar und seiner Frau führte. Zu diesem Anlaß war lediglich ein ungeschulter Dolmetscher zur Hand, doch in den nächsten vier

Mitglieder einer Drusen-Gemeinschaft im Libanon. In dieser islamischen Sekte ist der Glaube an Wiedergeburt weit verbreitet.

Reinkarnation: Der Fall Imad Elawar

Bei jedem Item gab es mindestens einen Informanten und mindestens einen Zeugen. In vielen Fällen waren es jedoch zwei oder mehr Informanten und Zeugen.
Die Aussagen von Imad Elawar stammen aus der Zeit vor dem Besuch Stevensons in Khriby.

Item	*Kommentare*
1. Sein Name war Bouhamzy und er lebte in Khriby.	1. Der Vorname (also Ibrahim) wurde nie benutzt.
2. Seine Frau hieß Jamileh.	2. Richtig: Ibrahims Gattin.
3. Sie war schön.	3. Jamileh war in Khriby bekannt wegen ihrer Schönheit.
4. Sie trug Stöckelschuhe.	4. Richtig, und sehr ungewöhnlich unter drusischen Frauen.
5. Er hatte einen Bruder namens Amin.	5. Amin war ein naher Verwandter. Solche Verwandte werden auch »Bruder« genannt.
6. Amin arbeitete in Tripolis.	6. Richtig.
7. Amin arbeitete in einem Regierungsgebäude.	7. Amin war Beamter der libanesischen Regierung. Sein Büro befand sich in einem Gerichtsgebäude.
8. Es gab da jemanden mit Namen Mehibeh.	8. Vetter von Ibrahim Bouhamzy.
9. Er hatte Brüder mit Namen Said und Toufic.	9. Ibrahim hatte Vettern namens Said und Toufic: siehe auch Punkt 5.
10. Er hatte eine Schwester, die hieß Huda.	10. Richtig.
11. Ein Lastwagen überfuhr einen Mann, brach dessen Beine und quetschte seinen Unterleib.	11. Alle diese Einzelheiten treffen auf Said Bouhamzy zu.
12. Er (Ibrahim) war ein Freund von Kemal Joumblatt.	12. Ibrahim war tatsächlich ein Freund des drusischen Politikers und Philosophen.
13. Er war ein begeisterter Jäger.	13. Ibrahim war wirklich ein begeisterter Jäger. Imad bat seinen Vater häufig, ihn doch auf die Jagd mitzunehmen.
14. Er besaß eine Schrotflinte.	14. Richtig.
15. Und ein Gewehr dazu.	15. Richtig.
16. Er hielt seine Flinte versteckt.	16. Richtig. Bezieht sich aber wahrscheinlich auf das Gewehr, dessen Besitz im Libanon verboten ist.
17. Er hatte einen braunen Hund, und einen anderen Hund hat er einmal geschlagen.	17. Ibrahim besaß einen braunen Hund, der sich einmal mit einem anderen Hund raufte. Es war dieser Hund, den Ibrahim schlug.
18. Sein Haus war in Khriby: davor ein Abhang.	18. Richtig.
19. Es gab zwei Brunnen bei diesem Haus, einer voll, der andere leer.	19. Richtig. Es handelte sich aber um keine Quellen, sondern um ausbetonierte Höhlungen, in denen früher Traubensaft gelagert wurde. In der Regenzeit füllte sich die eine Höhlung mit Wasser, während in der flacheren Höhlung das Wasser gleich wieder verdunstete. Also war die eine Höhlung voll, die andere leer.
20. Sie bauten einen neuen Garten, als er starb.	20. Als Ibrahim starb, wurde der Garten tatsächlich neu gestaltet.
21. Es gab Apfel- und Kirschbäume in dem Garten.	21. Richtig.
22. Er besaß einen kleinen gelben Wagen und einen Minibus.	22. Beides richtig.
23. Aber auch einen Lastwagen.	23. Richtig.
24. Mit dem Lastwagen schaffte er Felsbrocken fort.	24. Richtig.
25. Sein Haus hatte zwei Garagen.	25. Beinahe richtig. Ibrahim stellte seine Fahrzeuge im Freien ab, direkt vor zwei *Schuppen*.
26. Die Werkzeuge für das Auto lagen in der Dachkammer.	26. Richtig.
27. Er besaß eine Ziege und Schafe.	27. Richtig.
28. Er hatte fünf Kinder.	28. Falsch: wohl aber hatte Said (siehe Punkt 9) fünf Söhne.

Tagen arbeitete Stevenson mit zwei anderen ausgebildeten Dolmet-
schern. Bei einem zweiten Besuch fünf Monate später nahm sich Stevenson wieder einen anderen Dolmetscher, und er überprüfte nun sein
Material und fügte ihm neue Informationen hinzu.

Bei seinem ersten Besuch erfuhr Stevenson, wie Mohammeds Sohn
Imad im Dezember 1958 geboren wurde. Man hätte meinen mögen, daß
da schon sonderbare Dinge im Spiel waren, als das erste Wort, welches
Imad aussprach, »Jamileh« war; aber was man eben nicht wußte, war, daß
Jamileh der Name der Gattin des Ibrahim Bouhamzy war, und Bouhamzy wiederum war offenbar der Mann, dessen Reinkarnation Imad
darstellte. Sowie Imad Sätze bilden konnte, erzählte er von seinem
früheren Leben. Sein Vater rügte ihn wegen dieser »Lügen«, doch Imad
blieb bei seinen Behauptungen. Im Alter von zwei Jahren erkannte er auf
der Straße spontan einen Nachbar Bouhamzys. Und mittlerweile hatte er
schon viele Einzelheiten erzählt über sein (das heißt Bouhamzys) Haus,
sein Leben und seine Verwandten. Trotzdem hielt es Imads Familie nicht
für nötig, dem Ganzen nachzugehen. Mohammed, Imads Vater, hatte
zwar einmal in der Stadt Khriby, wo die Bouhamzys gelebt hatten, einem
Begräbnis beigewohnt, doch hatte er bei diesem Anlaß kein Mitglied der
Bouhamzy-Familie kennengelernt.

Die beiden Dörfer lagen dreißig Kilometer auseinander, doch reisten
die Bewohner dieser Region damals nur wenig, und die Mitglieder der
Elawar- wie auch der Bouhamzy-Familie behaupteten fest, daß sie sich
nicht kennengelernt hatten. Nachdem Stevenson alle Informationen
über Imad eingeholt hatte, machte er sich auf den Weg nach Khriby, um
dort so viele Daten wie möglich über die Bouhamzy-Familie selbst zu
erlangen.

Schließlich brachte man Imad und seinen Vater nach Khriby, wo Imad
mit der Bouhamzy-Familie bekannt gemacht wurde. Er erkannte viele
der Familienangehörigen spontan und redete sie in der genau richtigen
Weise an. Die Bouhamzys zeigten sich erstaunt über die Art, wie sich
Imad *betrug*. Das aber ist nicht der unwichtigste Aspekt bei solchen Fällen.
Dieses fünf Jahre alte Kind verhielt sich genau wie sich Ibrahim verhalten
hatte. Das erklärten die Bouhamzys.

Eine Liste der von Imad gemachten richtigen Feststellungen über sein
früheres Leben, darunter sehr private Details über sein einstiges Zuhause
und seine ehemaligen Verwandten findet sich auf Seite 177. Diese
Informationen aber sind so umfassend, daß der Zufall als Erklärung
entfällt. Von 57 Aussagen, die Stevenson nachprüfte, erwiesen sich nicht
weniger denn 51 als richtig.

Welche mögliche Erklärung gäbe es – wenn wir von der Reinkarnation
einmal absehen – für einen solchen Fall denn noch? Da die beiden
Familien fest behaupteten, einander niemals kennengelernt zu haben,
besteht auch nicht die Möglichkeit, daß ein Mitglied der einen Familie
sich mit einem Angehörigen von Imads Familie über Ibrahim hätte
unterhalten können, und daß diese zweite Person getäuscht worden wäre
und geglaubt hätte, mit Imad gesprochen zu haben. Vielleicht ist es
dennoch möglich, daß ein oder zwei zufällige Treffen stattgefunden
hatten und vergessen worden waren, doch ist es höchst unwahrscheinlich,

daß soviele richtige Aussagen Imads auf ein derartiges Treffen zurückgehen könnten.

Auch wissen wir von einigen Einzelheiten, die die Bouhamzys sicherlich nicht publik machen wollten. Zu ihnen gehört Ibrahims Geliebte. Ein Betrug ist wirklich sehr unwahrscheinlich, wenn das Leben einer Familie Gefahr läuft, öffentlich an den Pranger gestellt zu werden. So aber darf man ganz einfach folgern, daß ein Komplott mit 17 Personen und ohne jegliche Motivation viel unwahrscheinlicher ist als eine Reinkarnation.

Stevenson hat über zahlreiche Fälle von möglichen Reinkarnationen berichtet. Die üblichen Begründungen lauten auf Gedächtnisfehler, falsche Aussagen oder gar Betrug, nur daß eben in Stevensons Fällen all diese Erklärungsversuche nicht standhalten. Stevenson selbst ist der Ansicht, daß die gewonnenen Daten eine paranormale Begründung rechtfertigen. Und wie wir in diesem ganzen Kapitel bereits gesehen haben, handelt es sich beim »Überleben nach dem Tode« und bei der »Super-ASW« um die beiden wesentlich miteinander rivalisierenden Erklärungsmodelle.

Stevenson räumt ein, daß eine Super-ASW die richtigen Informationen erklären könnte, die von den Kindern in Reinkarnationsfällen gegeben wurden. Doch weist er gleichzeitig darauf hin, daß es schwierig sei, die Tatsache zu begründen, wonach diese Kinder ASW nur *in bezug auf eine einzige Person* aufzuweisen scheinen, und zwar die Person, deren Reinkarnation sie offenbar darstellen. Vor allem aber, so erklärte Stevenson, sei es der *Persönlichkeitsaspekt,* der stark für ein Überleben nach dem Tode spreche. So erinnerte zum Beispiel das normale Verhalten von Imad sehr stark an das des toten Bouhamzy. Und es hat Fälle gegeben, bei denen die Familienangehörigen spontan Ähnlichkeiten entdeckten zwischen dem Verstorbenen und dem Kind, in dem dieser seine mutmaßliche Reinkarnation erfuhr. Wie könnte es sich hier also lediglich um eine Super-ASW handeln? Alan Gauld erzählt, daß er sich eingehend mit den Arbeiten von vielen älteren Psychoforschern auseinandergesetzt habe, und daß er folglich mehr über diese Menschen wisse als man durch ASW erfahren könnte; doch genauso sicher ist er sich, daß er selbst keine dieser Personen auch nur einen Augenblick lang verkörpern könnte. Nun, natürlich gibt es im Show Business hervorragende Gaukler und Blender, doch ist es denkbar, daß auch nur einer von ihnen der Mutter eines Verstorbenen vormacht, er und nur er sei die Reinkarnation des Toten?

Obgleich wir uns eingehend mit Stevensons bahnbrechenden Forschungen befaßt haben, möchten wir an dieser Stelle einen negativen Punkt nennen, von dem wir glauben, daß selbst Stevenson ihm nicht widersprechen würde. Es geht darum, daß jedem gründlichen Forscher daran gelegen ist, einmal erzielte Ergebnisse zu replizieren. Nun ist es aber so, daß es zwar einige Forscher gegeben hat, die Fälle von Reinkarnation untersuchten, doch keiner von ihnen hat durch die Jahre hindurch derart erschöpfende und umfassende Untersuchungen durchgeführt wie Stevenson. Der Grund hierfür liegt auf der Hand: der Aufwand an Zeit und Geld wäre immens. Dennoch ist dies der entscheidende nächste Schritt, der in der Reinkarnationsforschung getan werden muß.

Das Problem des Überlebens nach dem Tode

Vor einigen Jahrzehnten wäre es J. B. Rhine um ein Haar gelungen, das Überlebensproblem, mit dem wir uns hier befassen, aus dem Reich der Parapsychologie zu verbannen. Für ihn war dieses Problem keine wissenschaftliche Frage wert, denn die Super-ASW-Hypothese stand ja immer als Alternative bereit, und so war es denn so gut wie unnötig, ein Leben nach dem Tode wissenschaftlich nachzuweisen.

Dieser von Rhine vertretene Standpunkt war – selbst für seine Zeit – ziemlich ungewöhnlich. Denn genau die gleiche Geisteshaltung wird von jenen Skeptikern praktiziert, die der Ansicht sind, daß alle Parapsychologie Betrug sei. Diesen Standpunkt zu widerlegen ist im Grunde unmöglich. Es könnte tatsächlich der Fall sein, daß sich Dutzende von Wissenschaftlern verschworen haben, ihre Kollegen (das heißt auch die beiden Autoren dieses Buches) hinters Licht zu führen. Wir aber lehnen diese Erklärung ab, so wie sie von jedem intelligenten Menschen abgelehnt würde, denn zwar ist diese Behauptung nicht unmöglich, aber doch in einem extremen Maße unvernünftig. Dazu kommt noch, daß die beweiskräftigsten Daten, die die Forschung auf diesem Gebiet erzielt hat (dazu gehören vor allem die behavioralen Belege aus Stevensons Reinkarnationsstudien), die Super-ASW-Hypothese zusehends widerlegen, obwohl man diese noch nicht ganz ausschalten kann. Die Frage, die sich uns hier stellt, läßt sich nicht wissenschaftlich, aber doch mit Hilfe unserer Vernunft beantworten, genauso wie wir mittels unserer Ratio die Vorstellung, wonach *alle* signifikanten ASW-Resultate das Produkt eines gigantischen Komplotts sein sollen, schlichtweg von uns weisen.

J. B. Rhine lebte und arbeitete in einer Zeit, in der der Tod tabu war. Es ist ein gutes Stück Wahrheit in der Behauptung enthalten, daß das zwanzigste Jahrhundert anstelle des nicht gesellschaftsfähigen Themas Sexualität das Thema Tod gesetzt hat. Doch auch diese Einstellung beginnt sich allmählich zu ändern. Das zunehmende Interesse an Fragen der Euthanasie, die Freitodbewegung, die Experimente von Stanislaw Grof mit Halluzinogenen, die todkranken Menschen das Sterben erleichtern sollten, all diese Dinge und viele andere mehr sind ein Indiz dafür, daß wir bereits versuchen, mit dem Todesproblem zu Rande zu kommen, und ein Beweis hierfür ist auch das zunehmende Interesse der Parapsychologen an der Überlebensforschung. Die Einstellungen zu einem Überleben nach dem Tode sind natürlich sehr unterschiedlich. So gibt es Spiritisten, die ihrem Tod mit dem Bewußtsein eines glücklichen Lebens danach entgegensehen, während der in Cambridge wirkende Philosoph C. D. Broad die Hoffnung äußerte, daß es kein Leben nach dem Tod geben möge, denn warum noch eine weitere Welt, wo diese hier schon schlimm genug sei. Andere Philosophen sind zu ihrer eigenen persönlichen Befriedigung zu dem Schluß gelangt, daß ein Leben nach dem Tode undenkbar sei, da eine linguistische Analyse klar belege, daß unsere Vorstellung von der »Persönlichkeit« unwiederbringlich mit der Vorstellung einer physischen Kontinuität verbunden ist. Nur eines bleibt sicher: der Tod ist die Erfahrung, um die kein Mensch herumkommt.

11 Psi und Wissenschaft und die Zukunft

Wie wir gesehen haben, ist eine klare Mehrheit von Wissenschaftlern davon überzeugt, daß ASW entweder ein erwiesenes oder höchstwahrscheinliches Phänomen ist und daß es sich bei der Parapsychologie um ein wissenschaftliches Unternehmen handelt, dem die Existenzberechtigung längst nicht mehr abgesprochen werden kann. Außerdem haben wir gesehen, daß die Behauptung, Psi sei mit der Physik unvereinbar, unhaltbar ist.

Die Ansicht, es habe in der Parapsychologie keine Fortschritte gegeben, läßt sich nur mit Ignoranz begründen. Wie wir gesehen haben, sind die neueren Forschungsunternehmungen (zum Beispiel die Experimente mit den »veränderten Zuständen« oder die »verdeckten« Psi-Testungen) älteren Untersuchungen in verschiedener Hinsicht überlegen. Erstens sind jene Experimente replizierbar, das heißt sie lassen sich unter kontrollierten Bedingungen wiederholen. Zweitens sind die zu verzeichnenden Psi-Effekte in der Regel viel stärker. Drittens hat man mittlerweile mehrere klare Theorien und Modelle entwickelt, welche die neuere Forschung untermauern. Nun können aber einige Wissenschaftler trotzdem den Standpunkt vertreten: »Die Effekte sind noch nicht hinreichend replizierbar; sie sind noch nicht stark genug; die Theorien noch nicht überzeugend genug.« Diesen Standpunkt soll vertreten wer will, doch er ist subjektiv und nicht der unsrige. Der springende Punkt indes ist wohl, *daß die Parapsychologie in all diesen fraglichen Bereichen Fortschritte gemacht hat.* Daß aber viele Wissenschaftler keine Ahnung davon haben, kann nur darauf zurückzuführen sein, daß sie keine Fachzeitschriften lesen und neue Forschungsansätze ignorieren.

Psi: historische und experimentelle Probleme

Wir selbst haben die Erfahrung gemacht, daß viele Wissenschaftler ein Unbehagen überkommt, wenn parapsychologische Fragen diskutiert werden. Sie wissen, daß sie nur wenig darüber wissen; sie sehen, daß sie mehr darüber wissen sollten; trotzdem aber verwahren sie sich dagegen. Was ist die Ursache dafür?

Eine Teilursache dürfte in der etwas zwielichtigen Geschichte der Parapsychologie selbst zu suchen sein. Die medialen Personen sind mit einem ganzen Brimborium, mit einer ganzen Aura aus Betrug und Unwahrscheinlichkeit umgeben. Die Parapsychologie ist aus einem etwas trüben, vorgeschichtlichen Bereich hervorgegangen. Allerdings gilt dies auch für andere Wissenschaftsbereiche. Als Beispiel sei hier nur die Hypnose angeführt. Auch ist es doch so, daß die modernen experimentellen Techniken der Psi-Forschung im Labor so gut wie alle Betrugsmög-

lichkeiten ausschalten. So daß die Befürchtung, hier könnten immer
noch Scharlatane am Werk sein, fehl am Platz ist.

Doch nun deuten die Skeptiker voller Freude auf einen Fall von
Betrug, den man effektiv nachgewiesen hat, und in den ein parapsycholo-
gischer Forscher verwickelt war – dieser Mann hatte sich 1974 mit Psi bei
Tieren befaßt. Doch solche Betrügereien gibt es gewiß nicht bloß in der
Parapsychologie. Und in diesem Zusammenhang stellt sich die Frage, ob
denn alle IQ-Tests zweifelhaft sein müssen, nur weil ein gewisser Sir Cyril
Burt in diesem Bereich wahrscheinlich einmal herummanipuliert hat.
Und muß nun auch die Krebsforschung als zwielichtig eingestuft werden,
nur weil dem Sloan-Kettering-Institut auf diesem Gebiet Betrug nachzuweisen war (übrigens ebenfalls 1974)? Soll die Genetik nur deshalb zu
einer unwissenschaftlichen Forschungskategorie deklariert werden, weil
Mendel oder seine Assistenten einige Ergebnisse verfälschten? Wir glauben nicht. Und wenn man entdeckt, daß ein bestimmtes experimentelles
Ergebnis von zehn verschiedenen Forschern in fünf verschiedenen Ländern repliziert worden ist (das war tatsächlich der Fall mit Untersuchungen zur Korrelation Extraversion/ASW), dann scheidet Betrug doch mit
allergrößter Sicherheit aus. In diesem Sinne schrieb einer der beiden
Autoren dieses Buches schon vor einem Vierteljahrhundert:

»Wenn wir nicht davon ausgehen, daß wir es mit einer Riesenverschwö-
rung zu tun haben, in die etwa dreißig Universitäten auf der ganzen Welt
und mehrere hundert hochangesehene Wissenschaftler der verschiedensten Fachbereiche verwickelt sein müßten, so bleibt dem unvoreingenommenen Beobachter nur die eine Schlußfolgerung, daß es nämlich wirklich
eine kleine Anzahl von Leuten geben muß, die durch bislang der Wissenschaft nicht bekannte Mittel zu einem Wissen gelangen, das entweder im
Mentalbereich anderer Menschen oder aber in der Außenwelt zu suchen
ist.«

Diese Feststellung müßte heute lediglich in einem einzigen Punkt
korrigiert werden – die Anzahl dieser Leute hat seit damals zuge-
nommen!

Natürlich ist es verständlich, wenn sich Leute wegen möglicher betrü-
gerischer Manipulationen in den Wissenschaften Sorgen machen. Doch
alles und jedes mit diesem Betrugsargument erklären zu wollen zeugt
ganz einfach von Unredlichkeit.

Ein weiterer historischer Faktor, mit dem sich manche Wissenschaftler
herumschlagen, findet seinen Ausdruck in der Behauptung, daß die
Parapsychologie nach Magie und dergleichen mehr rieche, wobei natürlich diese Magie ein alter Erzfeind der Wissenschaft überhaupt ist. Und so
befürchten denn einige Wissenschaftler, daß der Versuch, Psi wissenschaftlich zu begründen, eine abergläubische und irrational antiwissen-
schaftliche Einstellung begünstigen könnte. Eine perfekte Antwort auf
diese Frage hat der Astronom Carl Sagan gegeben, als er einen abwerten-
den Leitartikel zur Astrologie in der amerikanischen Zeitschrift *Humanist*
angriff:

»Grundlegend ist nicht, daß die Ursprünge der Astrologie im Aber-
glauben wurzeln. Denn das gilt – um nur drei Fachbereiche zu nennen –
genauso für die Chemie, die Medizin und die Astronomie.«

Auch gibt es Skeptiker, die sich wegen des Problems der Wiederholbarkeit oder Replizierbarkeit Sorgen machen. Sie behaupten, daß ein Experiment in der Regel ähnliche Ergebnisse nach sich ziehen müßte, wenn es zur gleichen Frage und innerhalb einer gewissen Hypothese durchgeführt wird. Am nahesten kommen wir einer solchen Replizierbarkeit in der Parapsychologie wahrscheinlich dann, wenn wir uns mit den Ganzfeld-Entspannungs-Studien befassen, denn hier sind es immerhin 50 bis 60 Prozent der Experimente, bei denen Resultate zu verzeichnen sind, die weit über der Zufallserwartung liegen, das heißt die Zufallserwartung wird um das zehn- bis zwölffache übertroffen. Trotzdem ist dies den Skeptikern zu wenig, und sie fordern eine höhere Erfolgsquote.

Doch wie hoch soll denn nun diese Quote liegen? Welcher Wert ist befriedigend und welcher nicht? Da wir überhaupt keine schriftlichen skeptischen Aussagen zu dieser Frage kennen, müssen wir uns dieses Problem an dieser Stelle klar durch den Kopf gehen lassen. So könnten wir zum Beispiel ASW-Experimente mit Untersuchungen aus anderen Forchungsbereichen der Psychologie vergleichen – zum Beispiel mit Forschungsarbeiten, die ein so schwach ausgebildetes Sinnesorgan wie den Geruchsinn zum Gegenstand haben. Bie diesem Versuch stoßen wir nun auf einen interessanten Punkt, der da heißt, daß sich die Psychologen um eine Replizierbarkeit gar nicht so sehr kümmern. So hat zum Beispiel T. X. Barber, ein angesehener Methodologe auf dem Gebiet der Psychologie, nachgewiesen, daß nur zehn Prozent der Lehrbücher, die eine Einführung in die Psychologie versprechen, den Begriff Replizierbarkeit (oder Wiederholbarkeit) in ihrem Register auszuweisen haben! Doch da die Replizierbarkeit eines Experiments ein entscheidendes wissenschaftliches Kriterium ist, müssen wir uns fragen, wo denn die besseren Wissenschaftler sitzen? Wer kümmert sich mehr um die wesentlichen Fragen? Barbers Kommentar dazu lautet, daß die Parapsychologie der hochentwickeltste Bereich der experimentellen Psychologie überhaupt ist.

Wir wollen hier nicht behaupten, wir wüßten, ob die Ergebnisse der besten ASW-Experimente hinreichend replizierbar sind oder nicht, denn es gibt keine objektiven Regeln, um dies zu beurteilen. Was wir jedoch wissen, ist, daß hier Fortschritte gemacht werden, und daß alle Diskussionen über die entsprechenden Daten und Standards von Parapsychologen selbst durchgeführt werden und nicht von ihren Kritikern.

Eine Antwort an die Kritiker

Außerdem haben Wissenschaftler die Forschungsmethoden und Statistiken der Parapsychologie in Frage gestellt – allerdings nur in vereinzelten Scharmützeln. So aber scheint es hier um ein Symptom ihres Anliegens und weniger um dieses selbst zu gehen. Die statistischen Fragen wurden schon vor vielen Jahren geklärt, so daß die heutigen Parapsychologen in der Regel überaus sorgsam an ihre Experimente und deren Bewertungen herangehen. Dabei gibt es natürlich einige Fälle, in denen den Forschern Fehler unterliefen. Doch die Ausnahme bestätigt auch in diesem Fall die Regel. Das gleiche gilt für die experimentellen Methoden. Diese Methoden sind im Durchschnitt besser als vor – sagen wir – 30 Jahren, und eine Spitzenleistung wie die von Helmut Schmidt hat bei Parapsychologen wie Skeptikern so manchen lobenden Kommentar hervorgerufen. Wer immer es auch versuchte, die Parapsychologie von einem statistischen Gesichtspunkt aus gründlich und umfassend anzugreifen, wäre von vornherein zum Scheitern verurteilt (und so ist ein derartiger Angriff in den letzten 30 Jahren auch nicht vorgekommen). Und ein Angriff, der sich einzig und allein auf eine Kritik der Forschungsmethoden stützte, könnte nur dann wirksam werden, wenn er sich eifrig des Betrugsarguments bediente. Das aber ist, wie wir gesehen haben, ein ebenso unwissenschaftliches wie unqualifiziertes Argument.

Damit aber sind alle rationalen, skeptischen Argumente, die sich gegen die Parapsychologie ins Feld führen ließen, erschöpft. Andererseits liegt es jedoch auf der Hand, daß ein rein rationaler Standpunkt einfach nicht ausreicht, um gewisse wissenschaftliche Standpunkte zu erklären. Was geht denn in einer Person vor, wenn sie – wie John Taylor – derart emotionale (und amüsante) Sätze äußert wie: »ASW ist tot«? Was veranlaßte einen Kollegen von Carl Sargent im Verlauf einer Diskussion über Sargents ASW-Ganzfeld-Forschungen zu der Äußerung: »Die von Ihnen dargelegten Ergebnisse könnten mich sicherlich überzeugen, nur ist da ein einziger Haken – *ich kann es nicht glauben* und ich weiß nicht warum?«

Wir alle sind vertraut mit einem Zustand, den wir als *irrationalen Unglauben* bezeichnen möchten. Doch gibt es Leute, die sich wirklich jedem Glauben verweigern möchten. Ein hervorragendes Beispiel ist der große Wissenschaftler Hermann von Helmholtz, dem wir folgende Feststellung zu verdanken haben: »Weder die Zeugenaussagen aller Fellows der Royal Society noch meine eigenen Sinneswahrnehmungen könnten mich glauben machen, daß es eine Gedankenübertragung von Person zu Person gäbe, die sich nicht über die bekannten Sinneskanäle abwickelt.« Kurzum, Helmholtz stellte fest: Ich habe meinen Standpunkt, und den wird keiner verändern können. Freilich steht eine solche Einstellung in einem akuten Widerspruch zu den meisten Regeln und Grundsätzen, zu denen sich die Wissenschaft bekennt.

Aber weshalb wird ein so irrationaler Unglaube nicht als das erkannt, was er seinem Wesen nach ist? Weshalb liefern die Zeitungen die leichtgläubigsten Exzesse, ohne sich je dieses Themas anzunehmen? Möglicherweise haben uns die irrationalen Zweifler einen klassischen Streich gespielt: sie behaupten, »echte« Wissenschaftler zu sein, und verteidigen die Reinheit der Wissenschaft gegen den gefährlichen Unsinn der Parapsychologie. Bei näherem Hinsehen macht man eine völlig andere Entdeckung: *Diese Wissenschaftler sind überhaupt keine Skeptiker!*

Befassen wir uns einmal mit dem, was der irrationale Zweifler sagt: Es gibt gesicherte Naturgesetze (hier liebt es der »Skeptiker«, Autorität ins Feld zu führen) – und diesen widerspricht Psi. Also kann Psi überhaupt nicht vorkommen und man kann jeden »Beweis«, der für Psi spricht, einfach in den Bereich des Absurden verweisen – es muß sich in solchen Fällen um schlechte Experimente, um Betrug oder um ein Komplott handeln (alles »Argumente«, die mit einem wissenschaftlichen Diskurs nichts mehr zu tun haben).

So aber wird der Parapsychologe selbst zum wahren Skeptiker. Denn er erklärt: »Es existieren Beweise, die erkennen lassen, daß es Phänomene gibt, die von der Wissenschaft zunächst nicht akzeptiert und infolgedessen auch nicht in wissenschatliche Theorien integriert werden können. Doch bin ich deshalb nicht bereit, irgendeiner Fachgröße oder einer Gruppe von Fachgrößen das Wort zu reden und ebenfalls zu behaupten, daß solche Phänomene schlichtweg unmöglich sind. *Ich ziehe eine solche Orthodoxie in Zweifel,* und wenn die Wissenschaft bereit ist, eine andere Meinung sogleich als Häresie zu disqualifizieren, dann um so schlimmer für sie. Ich selbst werde mich mit den Tatsachen auseinandersetzen, aber ohne Vorurteil.«

Neues Wissen wird häufig von solchen Leuten erworben und entwikkelt, die sich weigern, die sogenannten Naturgesetze einfach hinzunehmen, und die sich gegen autoritäre Feststellungen zu dem, was möglich und was unmöglich ist, sträuben. Die Parapsychologen aber stehen genau in dieser Tradition. Sie haben neues Wissen, einen neuen Wissensstand hervorgebracht.

Die Psi-Forschung der Zukunft

Der Parapsychologe hat bereits seinen Platz in den wissenschaftlichen Forschungslabors der Zukunft. Er wird sich den wissenschaftlichen Anforderungen gewachsen zeigen – und dafür sorgen, daß dies auch andere Fachleute tun! So wurde zum Beispiel kürzlich eine parapsychologische Zeitschrift ins Leben gerufen, die am liebsten dann Aufsätze und Abhandlungen veröffentlicht, wenn darin der Entwurf eines Experiments und eine Voraussage der experimentellen Ergebnisse enthalten sind, so daß eine Überprüfung und Kritik der durchzuführenden Untersuchungen schon im vorhinein möglich wird. Das aber führt zum Beispiel dazu, daß statistische Manipulationen ausgeschaltet werden. Die Reaktionen gewisser unserer psychologischen Kollegen auf dieses Unternehmen lassen sich in zwei Punkten klar zusammenfassen: (1) Es ist eine hervorragende Idee, daß Parapsychologen so vorgehen, und (2) Was für ein Glück, daß ich mich diesen Anforderungen nicht stellen muß. Die Kollegen des einen experimentierfreudigen Parapsychologen werden schon dafür sorgen, daß dieser sauberste Arbeit leistet – und für den umgekehrten Fall gilt dies natürlich auch!

Das parapsychologische Forschungslabor der Zukunft wird viele Disziplinen umschließen. Da in diesen Labors Menschen getestet werden, wird man Psychologen brauchen; aber genauso wird man Physiker benötigen, Physiologen, Elektroniker und so weiter. Derartige Laboratorien sind derzeit erst im Entstehen begriffen – so an der Duke-University in North Carolina und an der Washington-University inSt. Louis, Missouri. Und es werden die Forscher in solchen Laboratorien sein, denen es gelingen wird, das Unerklärliche zu erklären und die Geheimnisse des Menschen mehr und mehr zu offenbaren – diese Geheimnisse, die sich in einem einzigen Wort von drei Buchstaben zusammenfassen lassen, und dieses Wort heißt: *Psi.*

Das Psi-Faktor-Experiment

Hier können Sie an einem kollektiven ASW-Experiment teilnehmen und herausfinden, ob Sie einen ASW-Faktor besitzen, der über das übliche Maß hinausgeht.
Darüber hinaus wird dieses Experiment uns selbst dabei helfen, unsere bisherigen Forschungsdaten mit einer umfassenden Stichprobe aus der Bevölkerung zu
vergleichen.

Alle richtig ausgefüllten Formulare werden bewertet. Da dies jedoch eine
Menge Zeit in Anspruch nimmt, werden wir nicht alle Beteiligten über ihre
Punktwerte informieren können. Nur Leute mit ungewöhnlich hohen Werten
werden von uns benachrichtigt und gefragt werden, ob sie an weiteren Experimenten teilnehmen möchten.

Dieses Experiment bedient sich der fünf Symbole, die in der Regel bei ASW-
Karten-Experimenten benutzt werden:

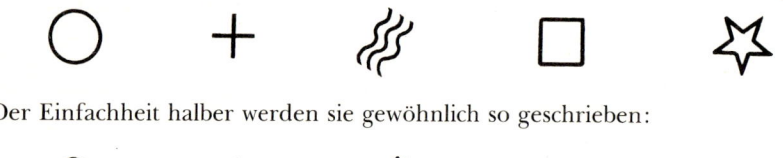

Der Einfachheit halber werden sie gewöhnlich so geschrieben:

1	✳
2	▢
3	✳
4	◯
5	+

In jedes der 50 Kästchen auf der gegenüberliegenden Seite müssen Sie *eines* der
fünf Symbole eintragen. In der Randspalte finden Sie ein Beispiel, wie Sie
anfangen *können*.

Bei den Zielobjekten dieses Experiments handelt es sich um eine Serie von 50
Symbolen, die auf Zufallsbasis durch Computer erzeugt wird. Dabei muß der
Computer für jede vollständige Serie, die wir von unseren Lesern bekommen,
eine Zufallsserie hervorbringen. So hat jede Person, die an diesem Experiment
teilnimmt, ihre eigene Zielserie. Aus diesem Grund haben wir es hier mit einem
Präkognitions-Experiment zu tun; und so bitten wir Sie, die Anordnung von 50
Symbolen zu erraten, die erst *nachdem* Sie Ihre Ansagen eingereicht haben, von
einem Computer erstellt wird. Das mag Sie zwar irritieren,doch sollten Sie nicht
vergessen, daß viele Experimente dieser Art klare Beweise für ASW erbracht
haben. Es gibt keinen Grund, warum es in IhremFall nicht genauso sein könnte.
Vielleicht haben Sie den Wunsch, vor dem Experiment zu entspannen – setzen Sie
sich einfach in einen bequemen Sessel, an einen ruhigen Platz.

Bitte tragen Sie in *jedes* der 50 Kästchen ein Symbol ein. Wenn Sie dies nicht
tun, können wir Ihre Ansagen leider nicht in das Experiment einbeziehen.

Viel Glück also!

1			11			21			31			41	
2			12			22			32			42	
3			13			23			33			43	
4			14			24			34			44	
5			15			25			35			45	
6			16			26			36			46	
7			17			27			37			47	
8			18			28			38			48	
9			19			29			39			49	
10			20			30			40			50	

Wir würden gerne einiges erfahren über die physische und psychische Verfassung, in der Sie sich befanden, als Sie sich dem vorliegenden Test unterzogen. Bitte beantworten Sie deshalb folgende Fragen.

(1) Als Sie Ihre Vermutungen vornahmen, wie haben Sie sich da gefühlt? (Bitte kreuzen Sie *eine* der Antworten an)
Sehr entspannt
Ziemlich entspannt
Weder entspannt noch angespannt
Ziemlich angespannt
Sehr angespannt

(2) Wie war Ihre Stimmung während des Tests?
Sehr gut
Gut
Neutral
Schlecht
Sehr schlecht

(3) Zu welcher Tageszeit machten Sie den Test? Tageszeit ....

Geben Sie nun Ihren Namen und Ihre Adresse an. Sie können auch anonym bleiben, wenn Sie dies wünschen – Ihre Antworten werden uns auch dann bei dem ganzen Experiment von Hilfe sein. Doch können wir Sie in diesem Fall nicht benachrichtigen, wenn Ihr ASW-Punktwert ungewöhnlich hoch sein sollte.

Name   männlich ☐
                                                                        weiblich ☐

Adresse

Wir danken Ihnen herzlich für die Unterstützung bei diesem ASW-Experiment. Bitte schreiben Sie diese Seite 187 ab oder machen Sie eine Fotokopie davon und senden Sie sie an: *Dr. C. L. Sargent, The Psychological Laboratory, University of Cambridge, Cambridge CB2 3EB (Großbritannien).* – Senden Sie Ihr Testergebnis bitte *nicht* an Professor Eysenck oder die Verleger dieses Buches.

Empfehlenswerte Lektüre

Kapitel 1 und allgemein

Beloff, J. (Hg.): *Neue Wege der Parapsychologie*. Olten: Walter 1980.
Randall, J. L.: *Parapsychology and the Nature of Life*. London: Souvenir 1974 (besonders empfehlenswert).
Rhine, L. E.: *Verborgene Wege des Geistes*. Freiburg: Aurum 1979.
Rhine, L. E.: *Psi – was ist das?* München: Goldmann 1979.
Ryzl, M.: *Parapsychologie*. Genf: Ramon F. Keller 1971.
Stelter, A.: *Psi-Heilung – Parapsychologie und Medizin*. München: Goldmann 1977.
Targ, R./Puthoff, H.: *Jeder hat den 6. Sinn*. Köln: Kiepenheuer & Witsch 1977.
Woltersdorf, H. W.: *Aufbruch in neue Psi-Dimensionen*. Zürich: Schweizer Verlagshaus 1980.
Thouless, R. H.: *From Anecdote to Experiment in Psychical Research*. London: RKP 1972.

Kapitel 2

Burton, J.: *Heyday of a Wizard*.
(Home, D. D.) Earl of Dunraven: »Experiences in Spiritualism with D. D. Home.« In: *Proceedings of the Society for Psychical Research* 35 (1924), 1–285.
Medhurst, R. G./Goldney, K. M./Barrington, M. R. (Hg.): *Crooks and the Spirit World*.
Milbourne, Ch.: *Geister, Götter, Gabelbieger – Die Tricks der Psi-Begabten*. Düsseldorf: Econ 1977.
(Stepanek) Pratt J. G.: »A decade of research with a selected ESP subject: an overview and reappraisal of the work with Pavel Stepanek.« In: *Proceedings of the American Society for Psychical Research* 30 (1973), 1–78. Sowie das Kapitel von J. G. Pratt in: J. Beloff (ibid).

Kapitel 3

(Helmut Schmidt) Für Schmidts Arbeiten gibt es nur Fachaufsätze. Einzelheiten über seine Maschine erfährt man aus einer Abhandlung »Anomalous Prediction of Quantum Processes by some human subjects.« In: Boeing Scientific Research Laboratories Document DI.82.0821, Plasma Physics Laboratory (Feb.) 1969. Von Schmidt verfaßte Aufsätze finden sich im *Journal of Parapsychology* und im *Journal of the American Society for Psychical Research* ab 1969.

Kapitel 4

Angoff, A./Barth, D. (Hg.): *Parapsychology and Anthropology*. New York: Parapsychology Foundation 1974.
Palmer, J.: *Kapitel in: B. B. Wolman (Hg.): Handbook of Parapsychology*. New York: Van Nostrand Reinhold 1977.
Schreiber, H.: *Wörterbuch der Parapsychologie*. München: Kindler 1976.
Rao, K. R.: Kapitel in: J. Beloff (ibid).
Sargent, C.: »Extraversion and Performance in ›Extrasensory Perception‹ Tasks«. In: *Personality and Individual Differences* 2 (1981), 137–143.

Kapitel 5

Honorton, C.: Kapitel in: B. B. Wolman (ibid).
Honorton, C.: Kapitel in: B.Shapin/L. Coly (Hg.): *Psi and States of Awareness*.
Ullman, M./Krippner, S./Vaughan, A.: *Dream Telepathy*. London: Tumstone 1973.
Van de Castle,R. L.: Kapitel in: B. B. Wolman (ibid).

Kapitel 6

Honorton, C.: Kapitel in: B. B. Wolman (ibid).
Honorton, C./Krippner, S.: »Hypnosis and ESP: a review of the experimental literature.« In: *Journal of the American Society for Psychical Research* 63 (1969), 214–252.

Kapitel 7

Bender, H.: *Unser sechster Sinn. Telepathie, Hellsehen, Spuk*. München: Goldmann 1981.
Gauld, A. O./Cornell, A. D.: *Poltergeists*. London: RKP 1979.
Hasted, J. B.: *The Mental Benders*. London: RKP 1980.
Rhine, L. E.: *Die Reichweite des menschlichen Geistes*. Stuttgart: DVA 1950.
Stanford, R. G.: Kapitel (Seite 324–381) in: B. B. Wolman (ibid).

Kapitel 8

Stanford, R. G.: Kapitel (Seite 823–858) in: B. B. Wolman (ibid).
Stanford, R. G.: *Journal of the American Society for Psychical Research* 68 (1974), 34–57 und 321–356.

Kapitel 9

Puharich, A. (Hg.): *The Iceland Papers.* Essentia Associates 1979. Die Kapitel von Walker & Mattuck und de Beauregard.

Kapitel 10

Gauld, A. O.: »A series of drop-in communications.« In: *Proceedings of the Society for Psychical Research* 55 (1971), 273–340.
Gauld, A. O.: Kapitel in: B. B. Wolman (ibid).
Moody, R.: *Leben nach dem Tode.*
Osis, K./Haraldsson, E.: *Der Tod – ein neuer Anfang.* Freiburg: Bauer 1978.
Scott, Rogo D. (Hg.): *Mind Beyond the Body.* New York / Harmondsworth: Penguin 1978.

Stevenson, I.: Kapitel in: B. B. Wolman (ibid).
Stevenson, I.: *Twenty Cases Suggestive of Reincarnation.* Virginia: The University Press 1974.
Wilson, I.: *Mind Out of Time?* London: Gollancz 1981.

Kapitel 11

Ransom, C.: »Recent Criticisms of Parapsychology: A review.« In: *Journal of the American Society for Psychical Research* 65 (1971), 289–307.
Rawlins,D.: »sTarbaby.« in: *Fate,* Oktober 1981.
Rockwell, T. R. und W. T.: »Irrational Rationalists: A critique of *The Humanist's* crusade against parapsychology.« In: *Journal of the American Society for Psychical Research* 72 (1978), 23–34.

Bildnachweis

Umschlagbild: René Magritte, *Der falsche Spiegel* (1928). Öl auf Leinwand, 54,0 × 80,9 cm. Collection, The Museum of Modern Art, New York.
Anglia TV 16; Athena 83A, 83C; Cambridge Evening News 83B, 83D; Cambridge University Psychology Department 41; Camera Press 11 oben, 52 oben rechts, 62, 87, 93, 119, 129, 136, 137; Colorific Frontispiece 111 oben; Colour Library International 47, 114–115; CERN/Science Photo Library 140; John H. Cutten 18, 33, 34, 39, 45, 54, 56, 71, 107, 116, 125, 148, 158, 169; Escher Foundation 142; Oskar Estabany 113; Mary Evans 10 oben, 13, 18, 26, 27, 29, 59 unten, 100, 103 links, 149, 168, 170–171; Fotomas 173; GEOS Paris 172; Professor Bernard Grad 112; Green-Armytage 139; Grisewood & Dempsey Ltd 138; Sonia Halliday 49; Professor John Hasted 120–121, 121, 122; Michael Holford 93 rechts; Alan Hutchinson 176; Hulton Picture Library 30, 86; Kobal Collection 11 unten, 109; L. Kristal 50–51; Manchester University Psychology Department 12–13; Mansell Collection 25, 85 links, 146–147; Multimedia 65 (mit Dank an Netherne Hospital), 135 (freundlicherweise durch Professor John Hasted); Museum of Modern Art, New York, Abby Aldrich Rockefeller Bequest 73; Novosti 63, 89; Popperfoto 58, 126–127, 136, 143; Rex Features 8, 15, 17, 23, 59 oben, 67, 69, 70, 74, 86 oben, 90–91, 94, 103 rechts, 106–107, 111 unten, 123, 145, 146, 174; Carl Sargent 77, 79; Ronald Sheridan 10 unten; Dr. Ernesto Spinelli 60 rechts; Frank Spooner/GAMMA 68, 72, 78, 127; Vision International 15, 76, 110, 111 oben, 131, 148, 150, 160–161, 165, 166–167; Wellcome Institute 85 rechts; Zefa 124–125, 152–153, 162–163.

Register